国家社科基金
GUOJIA SHEKE JIJIN HOUQI ZIZHU XIANGMU
后期资助项目

重大工程交易治理
理论与方法

Theories and Methods of Mega Infrastructure
Project Transaction Governance

王卓甫　丁继勇　著

U0361597

清華大学出版社
北京

内 容 提 要

重大工程在我国经济社会发展中发挥着重要作用,在实现国家治理体系和治理能力现代化目标的引领下,如何促进重大工程治理现代化为各界所关注。本书为"重大工程交易治理理论与方法"课题的研究成果,主要内容包括:重大工程及其交易的内涵和特征分析、重大工程治理体系理论的框架构建、重大工程项目顶层治理及其优化研究、重大工程交易治理结构模式的优化研究、重大工程咨询服务类项目交易治理的机制研究、重大工程承发包项目交易治理机制的研究,以及数字建造时代重大工程交易治理理论的发展研究。本书可供政府相关部门、项目法人/建设单位和项目管理/治理研究人员参考,也可供高等院校相关专业师生参考。

图书在版编目(CIP)数据

重大工程交易治理理论与方法/王卓甫,丁继勇著. —北京:清华大学出版社,2022.5
ISBN 978-7-302-60009-1

Ⅰ.①重… Ⅱ.①王… ②丁… Ⅲ.①重大建设项目–项目管理–研究 Ⅳ.①F282

中国版本图书馆 CIP 数据核字(2022)第 022700 号

责任编辑:王如月
封面设计:傅瑞学
责任校对:王凤芝
责任印制:杨 艳

出版发行:清华大学出版社
      网 址:http://www.tup.com.cn, http://www.wqbook.com
      地 址:北京清华大学学研大厦 A 座   邮 编:100084
      社 总 机:010-83470000   邮 购:010-62786544
      投稿与读者服务:010-62776969, c-service@tup.tsinghua.edu.cn
      质量反馈:010-62772015, zhiliang@tup.tsinghua.edu.cn
印 装 者:三河市国英印务有限公司
经 销:全国新华书店
开 本:165mm×238mm   印 张:18   插 页:1   字 数:304 千字
版 次:2022 年 5 月第 1 版   印 次:2022 年 5 月第 1 次印刷
定 价:99.00 元

产品编号:095544-01

前　言

近 20 年来,本课题组对国内 20 余项重大工程的建设管理开展了广泛调查和相关研究,从北部的黑龙江省三江治理工程到南部的珠江三角洲水资源配置工程,从东部的山东海阳核电站工程到西部的四川省紫坪铺水利枢纽工程,以及举世瞩目的南水北调工程等。结果发现,我国重大工程项目实施的总体制度框架是“政府主导+市场机制”,其本质是在政府主导下,以项目法人为责任主体,由其组织工程实施/交易;工程交易具有“边生产,边交易”“先订货,后生产”等特点。传统工程项目管理理论与方法,主要沿用美国项目管理协会(Project Management Institute,PMI)的项目管理知识体系(Project Management Body of Knowledge,PMBOK),而这套体系主要适用于组织内的项目管理,如工程承包方内部的管理问题,并不适合项目法人/发包方与工程承包方等组织之间的交易管理/治理活动。鉴于此,2006 年我们申请并获批了国家社科基金项目“建设工程交易理论与交易模式”(06BJY085),开启了相关研究。

通过十余年的努力,我们进一步认识到,在推进国家治理体系和治理能力现代化的总要求前提下,重大工程项目治理现代化理应走在前列,其中,项目交易治理现代化是重要一环。在项目治理视角下,重大工程项目实施过程不仅是组织间的交易过程,也伴随着交易参与各方之间的治理过程。现有工程项目治理的研究虽然较多,但研究视角发散、研究范围宽泛,并呈“碎片化”状态,理论体系远未形成,对重大工程项目实践的指导作用不足,或在工程应用中缺乏解释力。究其原因,主要是相关研究没有抓住问题的本质,也没有选准与工程实践相配的视角和路径,因而难以将研究引向深入并形成理论体系,更难以对重大工程项目实践起指导作用。

本研究在对重大工程管理/治理实践进行广泛深入调研的基础上,针对重大工程项目特点,将其治理问题分层分类,并对这些问题进行分析和归纳;然后基于新制度经济学和系统科学,从理论层面对工程实践中的治理问题进行剖析,并凝练为理论或学术问题;最后提出解决问题的科学方案。经过 4 年努力,笔者团队通过系统研究,提出了重大工程项目主要层面和主要类型交易治理的理论与方法,对引领重大工程治理理论研究走向深入,丰富和发展工程交易理论具有重要意义。

本书内容为国家社科基金后期资助项目"重大工程交易治理理论与方法(19FJYB004)"的主要研究成果,由王卓甫统筹并编写绪论,以及第1~3章;由洪伟民编写第4章;由丁继勇编写第5、6章;由安晓伟编写第7章。研究生乔然、翟武娟、马天宇、吕乐琳和梅浴蕾参与了部分编写工作。

本课题的研究内容借鉴了国内外许多学者的成果,在此深表谢意。本课题研究成果虽经团队几年的不懈努力,但由于学识的局限,不论在理论上,还是在文字表达上均会存在一些疏漏或不当之处,敬请各位专家斧正。

王卓甫

2021 年 12 月

目　　录

绪　论

本书是国家社科基金后期资助项目"重大工程交易治理理论与方法"（19FJYB004）的主要研究内容成果。它以我国重大工程实施过程中"政府主导+市场机制"制度框架为背景,从交易视角,在探讨重大工程项目顶层治理构架的基础上,较为系统地研究了工程项目法人与工程（总）承包方或咨询服务方之间的交易治理的关键问题。

0.1　重大工程建设方兴未艾,迫切需要加强其交易治理理论与方法的研究

新世纪以来,我国建成了一批重大工程,即重大基础设施建设工程项目,如长江三峡工程、青藏铁路工程、西气东输工程、南水北调工程（一期）、京沪高铁工程、港珠澳大桥、沪通长江大桥等"国之重器",它们有力地促进了我国经济的高速发展。放眼现在和展望未来,我国正在或将要实施又一批重大工程项目,例如,为解决京津冀水资源短缺,拟投资 1 900 多亿元的南水北调东线（二期）工程;为支持粤港澳大湾区开发建设,投资350 多亿元的珠江三角洲水资源配置工程;以及一大批高速铁路、高速公路和水利水电建设项目。它们将在我国新时代经济社会高质量发展中扮演重要角色。

提升重大工程建设绩效,这是过去、现在和将来工程建设者和相关学者不断思考的问题和追求的目标。这其中,除了大力开展技术研发,促进工程技术进步外;另一个重要方面就是积极创新重大工程管理/治理理论与方法,用先进的理论与方法去指导工程管理/治理实践,以提升重大工程建设水平和建设效率。

事实上,传统建设工程项目管理/治理理论与方法的研究,以及相关成果的推广应用已经无法满足现代重大工程建设的发展需要。例如,我国2017 年出版,并于 2018 年开始实施的《建设工程项目管理规范》（GB/T 50326—2017,简称《规范》）,就难以在理论上合理解释现代重大工程建设

现状。在该《规范》的总则中明确指出:"《规范》适用于建设工程有关各方的项目管理活动"。而现代建设工程实施过程本质是一交易过程,建设工程参与各方属不同的企业,它们之间存在着利益博弈,用一部《规范》来规范交易参与各方的管理活动或管理行为是乏力的。此外,在该《规范》的相关条款中,基本上将建设工程项目视为同一类"活动"或"任务",这也是不恰当的。建设工程项目实施/交易过程中,工程承包方的主要任务是组织工程生产(如施工),最终向项目法人/委托方提交工程产品;而项目法人/委托方的主要任务是对工程实施过程的重大问题进行决策,以及对工程建设过程进行协调和监管等,通过这些活动希望能获得高品质的工程产品。显然,建设工程项目具有临时组织的属性,该组织的相关各方有共同的大目标,但因扮演的角色不同,追求的具体目标也不尽相同。因此,难以用同一个《规范》来统一各方的行为,除非在《规范》中针对不同项目参与方分别作出相关规定。

0.2 重大工程项目的特点和面临的挑战

0.2.1 重大工程项目的特点

总结相关研究和工程实践,可以将实施重大工程的特点归纳如下。

(1)工程投资规模大。本世纪初开始运行的长江三峡工程静态投资1 352.66亿元,主要由拦河大坝工程、电站厂房工程、航运工程等组成。其中,拦河大坝为混凝土重力坝,坝轴线全长2 309.5m,坝顶高程185m,最大坝高181m;水库正常蓄水位高程175m,总库容393亿 m^3,防洪库容221.5亿 m^3,枢纽最大泄洪能力为102 500m^3/s;电站总装机容量达22 500MW,强大电流远送江苏、广东、上海等10省市[1,2]。正在建设的引江济淮工程涉及安徽和河南两省,其中,安徽段工程概算总投资875.3亿元,河南段工程概算总投资76.5亿元[3],规模大使工程建设的组织和协调异常复杂。

(2)重大工程的立项决策和营运管理难度大。已经建成的南水北调中线工程,从湖北省丹江口水库引水,引水干线总长为2 899km,受水区域包括河南、河北、北京和天津4个省市,直接受益人口约6 000万,对保证首都北京的用水安全和生态环境的改善产生了重要作用,但项目立项决策和营运协调均十分复杂、难度很大[4,5]。正在建设的珠江三角洲水资源配置工程,旨在解决深圳、东莞、广州南沙等地的缺水问题,对粤港澳大湾区发展起到了战略支撑的作用,项目决策和将来的营运过程协调工作量和难度均较大[6]。

（3）重大工程项目建设工期长、技术复杂、实施难度大。重大工程项目建设程序多、工程体量大，这些决定了其需要较长的建设工期，一般要 5 年左右，长者超过 10 年，如南水北调中线和东线（一期）论证了近 30 年，建设工期 12 年。许多重大工程为实现工程目标或实现整体的优化，需穿山越岭或难以避开地质条件复杂的地区。这在技术层面上，与一般工程项目相比，实施难度必然会增加，也会出现由于工程结构优化而带来的风险。

0.2.2　重大工程项目面临的挑战

（1）重大工程项目实施参与主体多，利益相关主体多，项目内外部交易治理复杂。工程规模大、影响范围广、结构复杂，必然要求多主体直接参与，并存在众多的利益相关方，南水北调工程中线和东线（一期）直接参建单位数以百计；间接参与方，包括工程影响范围内的省、市、县和乡镇级政府，以及企业和居民个人等。这类项目的外部补偿、安置，以及协调十分复杂。

（2）重大工程项目实施过程不确定性大。工程技术和建设环境的复杂性，以及建设工期长，必然会给工程实施带来不确定性。众多的参与方来自不同企业，具有不同的目标、背景和利益诉求，这些因素也会导致重大工程产生较大的不确定性[7]。这些不确定因素的存在，均给重大工程交易治理增加了难度。

0.3　重大工程项目管理理论的发展

0.3.1　从项目管理向项目治理的拓展

管理、项目和工程项目，以及工程项目管理/治理，均是目前经济社会发展中高频率使用的词汇或概念。经多年的研究和实践，这些概念的内涵均在发展和演化。

（1）管理。较早的管理（administration）一词是指应用科学的手段组织社会活动，使其有序进行。自从被称为科学管理之父的弗雷德里克·温斯洛·泰勒（Frederick Winsiow Taylor）在 1911 年发表《科学管理原理》（*The Principles of Scientific Management*）后，管理更多用"management"一词，其核心是如何提高组织/企业的劳动生产率，且相关研究也开始快速发展。

（2）项目及其分类。许多学者简单地将项目定义为一次性任务。沙凯逊等在研究中，将项目分为Ⅰ型和Ⅱ型两种基本类型[8]。其中，Ⅱ型项目属组织/企业内的任务，即项目存在于企业之内，项目的发起者是企业，项目的组织是一种内部关系。Ⅰ型项目涉及项目相关的多组织/企业间的合作，即项目存在于企业间、市场中，项目的发起者为项目的需求/采购方，项目生产方即为项目成果的供应/承包方，双方存在一种合作或交易关系。显然，Ⅰ型项目通常包括Ⅱ型项目。从重大工程项目整体出发，其属Ⅰ型项目，是组织/企业之间通过交易而实施的项目；针对工程承包方，其实施的是Ⅱ型项目。

（3）工程项目管理理论的发展。项目管理的概念较早就被提出，并出现多种学派，荷兰学者 Turner J R 将其归纳为 8 个学派[9]。其中，系统科学学派理论占主导地位，Cleland D I 等被认为是这一学派最有影响力的代表[10]。美国项目管理协会的 PMBOK[11]，其理论和方法体系主要源自该学派。事实上，该知识体系是基于Ⅱ型项目发展起来的，其主要内容并没有涉及"组织/企业间""交易"等概念。直到罗纳德·哈里·科斯（Ronald Harry Coase）的《企业的性质》发表，促进了经济学中交易成本理论的迅猛发展；20 世纪中叶后，博弈论、信息经济学等理论和方法也有了重大突破，新制度经济学发展成为崭新的经济学分支。在这些背景下，项目管理研究视角开始转移到Ⅰ型项目，并开始应用新制度经济学相关理论来思考Ⅰ型项目的管理问题，为工程项目治理理论的发展奠定了基础。

（4）工程项目治理概念的提出。80 多年前，随着股份公司的发展，股权的分散以及企业所有权和经营权的分离，主导企业乃至经济社会的权力逐步由股东转移至经理阶层，即出现了"经理革命"现象，但直到 20 世纪80 年代初出现了公司重组浪潮，公司由谁控制的问题突现，公司治理问题受到经济学家们的重视，并提出了公司治理的概念[12]。此外，1975 年著名经济学家奥利弗·E.威廉姆森（Oliver Eaton Williamson）在研究交易成本经济学时，提出了"治理结构"的概念。在这两方面的促进下，工程项目治理的概念在 20 世纪末应运而生。

0.3.2　工程项目治理理论研究的深入

近几十年，工程项目治理理论从内涵、分类，到治理结构和治理机制的研究均在不断向前推进。

（1）工程项目治理内涵。Turner J R 于 1999 年提出了工程治理概念，并指出项目治理是一种可以获得良好秩序的组织制度框架，通过该制度框架,工程项目利益相关者可以识别出威胁或机会中的共同利益[13],嗣后,学者们从不同视角给出治理的定义,但并不完全统一。

(2) 工程项目治理研究分类。按工程治理范围,英国学者 Winch G M 将工程治理分为垂直治理和水平治理[14]。前者关注工程业主方/发包方与工程(总)承包方间的交易治理;后者指(总)承包方与分包方、供应商间等系列交易的治理。在 Winch G M 的基础上,沙凯逊研究了针对项目经理的治理问题,并将工程治理分为三个层次[15];王华等认为建设工程治理分类与公司治理类似,可分解为内部治理和外部治理[16];按工程治理方法或手段,可将工程治理分为契约/合同治理和关系治理;严玲等的研究认为,工程治理框架中的契约治理与关系治理都能有效改善工程的绩效,并且总的来说契约治理处于更为核心的位置[17]。显然,在不同视角下,工程(项目)治理也呈多样化。

(3) 工程项目治理结构和治理机制研究。在公司治理和交易治理影响下,学者们也将工程治理研究展开为工程治理结构和治理机制研究。已有建设工程交易理论与交易模式的研究,详细分析了建设工程交易方式和工程发包方式特点,并研究了它们的设计方法。其可被认为是建设工程交易层面治理结构研究的起点。在此基础上,人们对建设工程不同交易层面的治理结构的研究开始活跃[18]。建设工程交易治理机制问题比工程交易治理结构问题的研究更为复杂,其可被认为是对治理结构的补充。设计工程交易治理机制是面对交易过程的不确定性,向工程承包/咨询方提出努力工作的激励。在一般公司治理研究中仅涉及风险合理分配、激励和控制等治理机制问题,然而在工程建设领域,在联合体工程总承包情境下,安晓伟等还研究了联合体各主体合作优化工程后,其所得收益的合理分配机制问题[19]。

0.4　重大工程交易治理研究的展开将项目治理研究引向深入

工程项目治理是保证项目取得成功,实现建设工程目标和提升绩效的重要手段。然而其涉及主体多,利益关系复杂。工程治理研究从何处入手? 在纷繁复杂的各类治理理论中难以找出明确的研究路径。Winch G M 等提出了工程项目垂直治理、水平治理,以及项目经理治理;王华等提出了项目内部治理和外部治理;严玲等提出了契约治理与关系治理。显然,这些研究视角不同、范围不同,并呈"碎片化"状态。而本课题研究则认为现代工程(项目),在市场化环境下,工程项目实施过程的本质上就是一交易过程,应围绕

重大工程交易开展工程项目相关治理问题研究,其优势表现为:

(1)基于交易视角研究重大工程项目治理,更能揭示其内在规律。重大工程交易体系纷繁复杂,但抓住"交易"这一纲,可将其分层、分类,以交易/合同为单元开展研究,边界条件清晰,研究方向相对明确。

(2)以工程交易为主线,分层研究重大工程各层交易的治理结构,进而研究同一层面上不同类交易治理机制,可将重大工程交易治理引向深入。

(3)以工程交易/合同为单元分析治理问题,可十分明确治理的相关方。重大工程是多主体参与的临时组织,关系复杂,但利益相关方均是以交易为基本单元进行合作。

(4)以工程交易为分析单元,势必会涉及契约/合同,可将契约理论引入重大工程项目治理研究,这有利于该研究的深入。

0.5 本课题研究概要

0.5.1 本课题研究特点

重大工程交易治理研究内容极其丰富,可分为多层面和多种类,本研究主要针对工程项目(交易)顶层治理和工程交易治理两个层面开展研究,并针对数据建造情境下重大工程交易治理理论的发展进行初步探讨。本研究有如下特点。

(1)以重大工程实施中组织间面临的问题为导向,在交易视角下开展研究。根据重大工程实践的调查和以往相关研究,本课题研究团队发现,在中国特色社会主义制度框架下,重大工程建设的基本制度框架是"政府主导+市场机制",重大工程实施过程本质上是一系列的交易过程,并具有"先订货,后生产""边生产,边交易"等特点。因而就关注并研究这类交易在组织间出现的利益矛盾和冲突问题,并对这些问题进行分析、归纳和总结,凝练出其中的关键问题。然后,针对这些关键问题,从交易视角,在理论与实践相结合基础上,分析它们的内在逻辑,探究它们之间的相互影响和作用,并进一步对这些问题系统地分层、分类,剖析传统工程管理理论应用的短板或缺乏解释力的根源;进而用交易治理相关理论与方法研究这类组织间面临的问题,以形成重大工程实施管理/治理的理论与方法体系。因目前相关研究基本属起步阶段,希望本研究成果能率先提出一个较为完善的重大工程交易治理的理论与方法体系,为后续研究奠定基础。因此,本课题与许多较传统的经济学问题的研究范式略有不同。

（2）针对重大工程实施/交易中组织间面临问题的特性,在多学科理论支持下展开研究。工程交易经历了近两百年实践和研究,已经形成一些典型模式,在工程交易治理理论视角下,已形成了一些典型交易治理结构模式和治理机制,不过这些典型交易治理结构模式和机制并不具有普适性。不同类型、不同建设条件下的重大工程选择何种典型交易治理结构模式和机制,这就是系统科学的优化问题。此外,经济学中主流的代理理论对人性的假设并不完全适合于重大工程项目法人,本课题研究将经济学中主流的代理理论与社会学中后起的管家理论相融合,研究政府（主管部门）与项目法人之间的治理问题。多学科融合研究重大工程交易治理问题是本课题研究的特点之一。

（3）围绕重大工程的项目层面交易治理问题,抓住其中关键治理问题开展系统研究。重大工程一般由政府主导,从广义上说,其交易参与主体包括：政府方、项目法人、工程（总）承包方/工程咨询方、工程设备和物料供应方等,并形成多个交易层面。本课题研究主要围绕重大工程实施的顶层,即工程实施的“司令部”——项目法人,研究政府方与项目法人之间,以及项目法人与工程（总）承包方/工程咨询方之间,两层面的治理问题;而因项目法人与工程（总）承包方/咨询方之间的交易治理机制也存在多种,本课题也仅选择几种关键机制展开研究。而工程（总）承包方与分包方之间的交易治理,以及建筑企业与其所属项目经理部之间的治理也较为重要,且与围绕项目法人治理研究所用理论与方法等不尽相同,但本课题并没有将它们列入探讨的范围。

（4）将重大工程交易环境,即建筑交易体制[20]或建设市场发育程度作为研究重大工程交易治理结构的变量之一,而没有研究重大工程交易治理实践对建筑交易体制的反作用,也没有去深入研究重大工程交易治理发展变化的规律。

0.5.2　研究方法及技术路线

本课题研究总体上是以理论研究为基础,并注重理论与实践的结合,积极吸收近几十年工程研究和实践的成果。在理论研究方面,则根据所涉问题的性质和特点,采用新制度经济学与系统科学相结合,甚至部分还与社会学理论相结合,即融合多学科理论与方法开展研究。研究过程具体所用到的基础理论或方法,以及研究技术路线如图 0-1 所示。

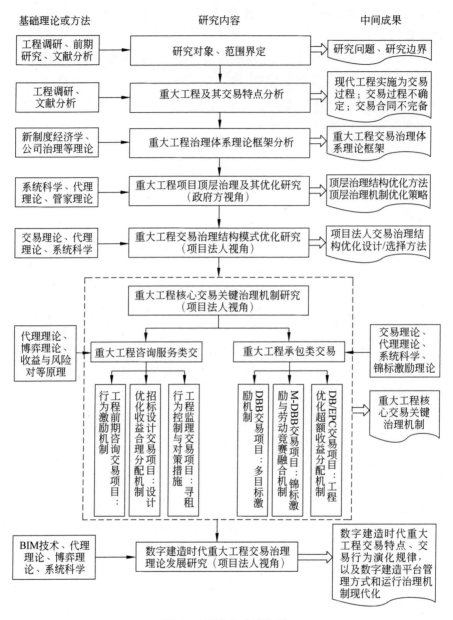

图 0-1 研究技术路线图

参 考 文 献

[1] 陆佑楣. 长江三峡工程建设管理实践[J]. 建筑经济, 2006(1): 5-10.

[2] 曹广晶. 三峡工程建设管理体制及其实践[J]. 中国工程科学, 2011, 13(7):

28-32.

［3］张效武.安徽引江济淮工程建设项目法人组建及运行分析［J］.中国水利，2019
（16）：35-37.

［4］张劲松.南水北调——东线源头探索与实践［M］.南京：江苏科学技术出版
社，2009.

［5］门宝辉，吴智健，田巍.南水北调中线水进京后对当地供水格局的影响［J］.水电能
源科学，2018，36（12）：21-24+29.

［6］关晓帆.珠江三角洲水资源配置工程全过程造价控制措施［J］.水资源开发与管
理，2017（6）：1-4.

［7］SHA K. Relational contracting in China's building sector：potentialities and challenges
［J］. International journal of architecture, engineering and construction, 2016, 5（4）：
207-216.

［8］沙凯逊.建设项目治理中的若干基本问题探析［J］.项目管理技术，2018，16（5）：
12-17.

［9］Turner J R. 师东平翻译.项目管理的八个学派［J］.项目管理技术，2006，4（10）：
69-72.

［10］Cleland D I, King W R. System Analysis and Project Management［M］. McGRAW-
Hill, New York, 1968.

［11］（美）项目管理协会.项目管理知识体系指南（第6版）［M］.北京：电子工业出版
社，2018.

［12］周新军.企业管理与公司治理：边界确定及实践意义［J］.中南财经政法大学学
报，2007（5）：107-112+143-144.

［13］TURNER J R, KEEGAN A. The versatile project-based organization：governance and
operational control［J］. European management journal, 1999, 17（3）：296-309.

［14］WINCH G M. Governing the project process：a conceptual framework［J］. Construction
management and economics 2001, 19（8）：799-808.

［15］沙凯逊.建设项目治理十讲［M］.北京：中国建筑工业出版社，2017.

［16］王华，尹贻林.基于委托—代理的工程项目治理结构及其优化［J］.中国软科学，
2004（11）：93-96.

［17］严玲，史志成，严敏，等.公共项目契约治理与关系治理：替代还是互补？［J］.
土木工程学报，2016，49（11）：115-128.

［18］李善波.公共项目治理结构及治理机制研究：基于互联契约的视角［D］.南京：
河海大学博士学位论文，2012.

［19］安晓伟，丁继勇，王卓甫，等.主体公平关切行为对联合体工程总承包项目优化
的影响［J］.北京理工大学学报（社会科学版），2017，19（6）：87-94.

［20］沙凯逊，曾大林，张林.对我国建筑交易体制发展历程的回顾与思考［J］.建筑经
济，2017，38（4）：5-8.

第1章　重大工程及其交易

1.1　重　大　工　程

1.1.1　工程与项目

工程与项目是当代经济社会发展中广泛应用的两个概念。然而在不同的语境下,这两个概念的内涵并不完全相同,当这两个概念组合在一起时,也存在不同解释。

1.1.1.1　工程

工程是18世纪在欧洲首先应用的一个词汇,其本来含义是有关兵器制造,具有军事目的的各项活动。因此,许多学者将工程定义为一种活动,是人们为达到特定目标而进行的一种活动[1]。然而,在现代经济社会生活中工程的概念被广泛应用于各领域,其内涵也存在较大差异,综合《辞海》(2009版)等相关文献,可将工程的内涵归纳为以下3个方面。

(1)人们将自然科学的原理应用到工农业生产各部门中,从而形成的各学科的总称,即工程(engineering),如土木工程、水利工程、生物工程、软件工程等。

(2)人们为满足经济社会发展需要,有效地利用资源而开展的造物(人工自然物)活动,并得到的人工自然物,即建筑物(building),如住宅小区、摩天大楼、高速公路、水电站等。值得注意的是,这种人工自然物的出现,一般对所在地的自然环境产生影响,即在一定范围内形成了新的人工自然。

(3)指为实现特定目标,或提供特定产品或成果,科学地投入人力、物力而开展的一次性工作或作出的临时努力,即为项目。如"希望工程",是共青团中央、中国青少年发展基金会于1989年发起的,以救助贫困地区失学少年儿童为目的的一项公益事业,其宗旨是建设希望小学,资助贫困地区失学儿童重返校园,改善农村办学条件。又如耳熟能详的"211工程",其由国务院1995年启动,目标是面向21世纪重点建设100所左右的高等学校和一批重点学科。

1.1.1.2　项目

（1）项目（project）的内涵。现代社会中存在各种各样的项目，人们也可能从不同视角去观察项目，因此，到目前为止对项目这一概念的认识并不统一。

① 德国国家标准 DIN 69901 认为，项目是指在总体上符合下列条件的唯一任务（计划）：具有预定的目标；具有时间、财务、人力和其他限制条件；具有专门的组织[2]。

② 美国项目管理协会在项目管理知识体系指南中认为，项目是为创造独特的产品、服务或成果而进行的临时性工作/任务[3,4]。

③ 我国《质量管理——项目管理质量指南》（ISO 10006）将项目定义为，由一组有起止时间的、相互协调的受控活动所组成的特定过程，该过程要达到符合规定要求的目标，包括时间、成本和资源约束条件。

④ Winch G M 认为，项目是以合同为纽带的临时性多边组织（temporary multi-organization）[5]。

⑤ Turner J R 认为，项目是一个临时组织（temporary organization），为了实现有益的变革目标，它被赋予资源，从事一项独特、新颖和临时的活动来管理内在不确定和整合的需求[6]。

不同组织或学者对项目有不完全相同的定义，这其中存在对不同类型项目定义的问题，也存在从不同视角对项目进行定义的问题。但下列基本点（可能是隐含的）是类似的：

① 项目应由临时的组织或主体去实施；

② 项目应具有预定的目标；

③ 项目的实施会受到某些条件制约。

（2）项目的分类。为研究项目或管理/治理的方便，人们从不同视角对项目进行分类：

① 按项目应用技术或实施过程，常将项目分为：新产品研发项目、IT项目、土木工程项目等；

② 按项目投资主体，常分为政府投资项目、企业投资项目和私人投资项目等；

③ 按项目参与主体，一些学者将项目分为Ⅰ型项目和Ⅱ型项目两类，Ⅰ型项目处于企业之外的市场之中，项目的发起者是项目实施企业外部实体——客户，建设工程项目为典型的Ⅰ型项目；Ⅱ型项目处于企业组织之中，项目的发起者即为企业经营者[6,7]，企业研发新产品项目由典型的Ⅱ型

项目。Ⅱ型项目由企业内部的临时性组织实施,Ⅰ型项目由以合同为纽带的企业之间的临时性多边组织实施,在新制度经济学视角下,它们间存在着较大的差异。

1.1.2　工程项目及其分类

1.1.2.1　工程项目内涵的界定

将内涵不同的工程项目进行组合,可得到多种工程项目的内涵。在本课题研究中将要讨论的工程项目,是指以建造人工自然物为目标的项目,即为建造人工自然物所做的临时性或一次性活动,包括建设高速公路、高速铁路、办公大楼、水利工程、火电或核电站和住宅等土木建筑的活动。因此,工程项目也称建设工程项目,或建设项目。

虽对工程项目作了上述定义,但在不同的语境或项目不同参与方的视角下,工程项目的内涵还存在差异。在政府部门和项目法人视角下,对其独立开展可行性研究、报批,或核准或备案的,并进行独立核算、独立设计和施工的才被称为一个工程项目;对参与工程设计或工程施工者来说,从事的工程建设活动称为项目,即工程设计项目或工程施工项目;当工程设计或施工方仅参与工程项目的部分设计或施工活动时,则其工程项目的内容与可行性研究时所指工程项目内容又有不同。另外,对工程设计或施工企业来说,他们从事的工程项目活动经常涉及多个工程项目,而不仅是某一个工程项目。

总体而言,工程项目内涵十分丰富,与其他项目相比,实施土木建筑工程项目,即建造人工自然物,具有下列特点。

(1) 资源消耗多。包括土地资源、建筑材料、劳动力资源等,特别是重大工程项目,资源消耗经常影响到项目所在地的建筑材料、劳动力市场。

(2) 对自然环境影响大。实施工程项目,本质上是构造人们需要的人工自然物,但在这一过程中必然会打破一定范围内原有的自然环境,并有可能在一定范围内对原有自然环境产生负面影响。如在河道上兴修水坝,可形成水库,产生防洪、发电、供水等人们需要的效果,但也会产生库区淹没,以及通航和鱼类洄游受阻等负面影响。

(3) 对经济和社会发展影响大。如2018年10月正式通车运行的港珠澳大桥,位于中国广东省伶仃洋区域内,为珠江三角洲地区环线高速公路南段,是我国境内一座连接香港、珠海和澳门的路桥工程,可极大缩短三地间的交通距离,被视为粤港澳大湾区互联互通的脊梁,可有效打通大湾区内部交通网络的"任督二脉",从而促进人流、物流、资金流、技术流等创新要素的高效流动和配置,推动粤港澳大湾区建设成为更具活力的经济区、宜居宜业宜游的优质生活圈和内地与港澳深度合作的示范区,打造国际高水平湾区和世界级城市群[8]。

（4）投资主体多元化。公司/企业为发展生产或经营,经常需要投入巨资实施工程项目;政府为了发展经济或改善民生,经常也需要投资建设工程项目;有时甚至政府需要建设工程项目,但资金不足。此时政府常采用与社会资本合作的方式建设工程项目,即采用 PPP（public private partnership）模式。不同投资主体实施工程项目,一般投资相关方会协商组建负责项目实施的机构,即项目法人/建设单位,由其全面负责项目实施的管理。显然,工程项目采用不同投资方式时,参与主体及其利益相关主体不尽相同。

（5）专业化实施,参与主体众多。经过数百年的实践,工程建设领域形成了专业化的设计、施工等专业队伍,几乎所有的工程项目均由专业化队伍完成,特别是重大工程项目则全部由专业化的设计、施工企业完成。不仅如此,还将专业化建设企业分类、分等级,不同类别和等级的建筑企业仅承担相关规定下的工程项目。工程项目专业化实施也意味着,工程项目实施存在多个利益主体。对重大工程,经常采用分块（子项工程）或分专业分别发包实施,在这一情境下,工程项目参与主体将更多。

（6）工程项目实施过程为交易过程。在市场经济环境下,工程项目实施的专业化,使得工程项目实施过程成为一个交易过程,并形成"先订货,后生产""边生产,边交易"等特点。显然,在这一过程中工程交易合同是连接工程投资方（或组建的项目法人）与各专业化建设企业的纽带。

（7）部分工程产品的功能或质量验收困难。对工业产品,其功能或质量一般在产品交易过程,或产品购买者在使用后的较短时间内就能够得到验证,但对建设工程产品,并不能做到这一点。如房屋工程、交通桥梁等经常会有抗震设计,即具有一定的抗地震能力的功能,但这一功能要求一般仅在发生地震后才能得到验证。又如,房屋建筑墙面不能渗水是最基本的功能或质量要求,但这一功能或质量要求在房屋验收时无法验证,或验证的成本很高。而事实上,这一问题并不少见。因此,工程项目实施过程严格的质量控制措施及其质量责任必须落实。

1.1.2.2　工程项目分类

依据不同标准,或基于工程项目管理或治理不同视角,对工程项目可作多种分类,常见的分类方法如表 1-1 所示。

表 1-1　工程项目分类

分类依据	类　型	分类目的
按项目所属经济社会领域	（1）农业水利项目。包括土壤改良、引水和防洪等工程项目。 （2）能源项目。包括水电站、火电、核电；以及煤矿、输油/气管网等工程项目。 （3）交通运输项目。包括公路、铁路、港口等工程项目。 （4）城建项目。包括轨道交通、道路桥梁等工程项目。 （5）其他项目。	便于政府部门综合管理、分类管理。
按项目投资主体属性	（1）政府投资项目。包括国家和地方政府为满足经济社会发展而投资的公共工程项目。 （2）企业投资项目。各类企业为扩大生产而投资建设的各类工程项目。 （3）PPP项目。政府与社会资本合作，并全部或部分由社会资本投资建设的公共工程项目。 （4）外商投资项目。由外商投资的各类工程项目。	用于政府部门划分监管范围或制订不同监管政策。
按项目投资规模或建成后的生产能力	（1）大型（或重大）项目。投资规模大、对经济社会发展影响大的工程项目（不同经济社会领域，其数量标准不尽相同）。 （2）中型项目。投资规模较大、对经济社会发展影响较大的工程项目。 （3）小型项目。投资规模较小、仅对局部地区经济社会发展产生影响的工程项目。	用于政府部门划分监管权限。
按项目实施参与主体	（1）咨询项目。广义咨询项目包括设计项目和监理项目等。 （2）设计项目。由设计企业完成，并最终向委托方提交工程设计图纸和相关文件的项目。 （3）施工项目。由施工企业完成，并最终向委托方提交工程产品的项目。 （4）工程监理项目。受建设单位委托，由工程监理承担，提供工程监理服务的项目。	用于划分监管范围或制订不同监管政策；选择项目承担方。

在表 1-1 中，按项目投资主体属性分类，其主要意义在于强调这一事实：与企业投资项目相比，政府投资工程项目存在真正的业主缺位，即对政府投资项目的项目法人存在监管的问题。按不同领域及项目投资规模或建成后的生产能力分类，主要意义在于：可借以明确工程项目所属领域及在某一程度上分析不同类型项目对经济社会发展影响的程度。按项目实施参与主体分类，主要意义在于：对项目实务而言便于选择承担方；对项目研究而言，要注意到相应项目合同的计价方式和合同不确定程度因参

与主体不同而存在差异。

1.1.3　重大工程及其影响力和特性

1.1.3.1　重大工程内涵界定

重大工程(mega infrastructure project),即重大基础设施建设工程项目。到目前为止,对什么样的工程项目属重大工程还没有统一的定量标准。一般将投资规模、工程复杂程度、对经济社会发展的影响程度等作为衡量标准。美国联邦公路局将重大工程项目定义为总投资超过 10 亿美元,并对所在区域政治、经济和生态环境有深刻影响和引起公众广泛关注的工程项目[9];美国项目管理协会将投资超过 10 亿美元的工程称为重大工程[4];Flyvbjerg B 将投资规模在数亿到数十亿美元、开发建设数年、涉及多个(公共和私人)利益相关方,影响数百万人的建设项目称为重大工程[10]。

2014 年,国务院确定将在"十三五"(2015—2020 年)分步建设 172 项重大水利工程。这些水利工程的特点是:涉及多个县市,甚至跨省级行政区划,工程投资规模从数十亿到数百亿不等,大多由省级政府管理。例如,正在实施中的引江济淮工程,涉及安徽和河南两省,概算总投资 950 多亿元[11];2019 年 7 月开工建设的广东珠江三角洲水资源配置工程,工程概算总投资 350 多亿元[12]。

在本课题研究中,将为支撑国家或省级区域经济社会发展战略而设立,投资超过 50 亿元,影响两个以上地市级行政区划的基础设施建设工程项目称为重大工程。

1.1.3.2　重大工程的影响力和特性

王浩等的研究表明,我国"十三五"期间建设的重大水利工程的实施能够有效拉动投资,促进就业和改善民生,带动相关产业,对稳增长具有重要作用[13]。盛昭瀚等的研究认为,重大工程建设已成为世界各国发展的强大推动力和与他国之竞争的利器,工程建设规模与水平也成为一个国家核心竞争力的重要标志[14];但其投资规模大、复杂程度高、影响范围广,这些特点也决定了重大工程实施过程中风险大。在工程项目管理/治理视角下,从工程管理到重大工程管理,本质上形成了从系统性到复杂性的基本演化趋势[15]。因此,与一般工程相比,可将重大工程的影响力和主要特征概括为两方面:一是规模大,包括投资规模和影响范围大等;二是管理/治理复杂,包括涉及利益相关方多、不确定影响因素多等。

1.2 重大工程项目利益相关方

不同工程项目利益相关方(stakeholder)不尽相同,然而总可将它们分为:工程项目内部利益相关方与工程项目外部利益相关方。工程项目内部利益相关方,即为直接参与项目活动的利益相关方;工程项目外部利益相关方,即为虽不直接参与项目活动,但其受到项目实施或运行的影响而在利益上与工程项目相关,因而亦称项目影响方。

1.2.1 重大工程项目内部利益相关方及其分类

1.2.1.1 工程项目内部利益相关方

对于不同工程项目,项目内部利益相关方也不尽相同,一般有下列几类主体。

(1)工程项目投资人(investor)。向工程项目实施提供建设资金的主体,它们可能是政府、公司或企业。在我国,对于重大工程项目,一般由政府投资或政府所属的国有企业投资,或是两者的结合。

(2)项目法人/建设单位(project top management team)。相对于投资人,其是由政府组建,并授权为工程建设的责任主体。项目法人一般被要求在项目立项过程提出组建方案,项目正式立项后成立具有独立法人资格的组织;其原则上说是因项目建设而存在的临时机构,但许多重大工程项目法人完成工程建设任务后转变为项目运行管理组织或工程营运公司。项目法人主要承担的责任包括:组织建设准备、工程设计、工程施工、工程设备采购,以及建设过程的监督和管理。相对于工程承包方,项目法人是雇主(owner/client),即工程交易中的发包人(employer),是工程交易合同的主体之一,并履行合同中发包人的权力、责任和义务。

(3)工程承包人(contractor)。指被项目法人接受的具有工程施工承包主体资格的当事人以及取得该当事人资格的合法继承人;包括工程施工承包人、工程项目设备制造等供应商(producer)。它们按照工程承包合同的约定,完成相应的工程建设任务。

(4)工程咨询方(consultants)。指在工程项目立项和实施过程中,为政府方、工程投资方、项目法人或工程承包方提供工程咨询服务的公司企业,包括工程设计、工程监理、工程招标、工程项目管理和工程造价管理等企业。

(5)专业分包商(professional sub-contractor)。指工程(总)承包人接

受的,并经项目法人允许的,具有工程专业分包主体资格的当事人以及取得该当事人资格的合法继承人,包括专业施工分包、专业设计分包企业等。

（6）工程项目部/团队（project team）。指施工企业,为实现承包工程项目目标而组建,按照团队模式开展项目活动的组织,是项目人力资源的聚集体,其与企业的主要区别有:临时性组织、没有法人地位,仅代表所属企业执行任务。

（7）政府（government）或其授权的主管部门。对于企业投资的工程项目,政府承担对工程项目立项的核准或备案,以及对项目实施中质量与安全等监管的责任。对于政府投资工程项目,政府除了扮演项目监管者的角色外,还要扮演项目投资方角色。因而其或其授权的主管部门组建项目法人,并承担建设资金安排、建设条件落实和工程竣工验收等工作。

1.2.1.2　工程项目内部利益相关方的层次

按工程交易层级,可将工程交易主要参与方的层次划分如下。

（1）工程项目立项阶段。重大工程项目交易主要参与方分层如图 1-1（a）所示。

（2）工程项目实施阶段。在我国现行法律法规条件下,重大工程项目交易主要参与方分层如图 1-1（b）所示。

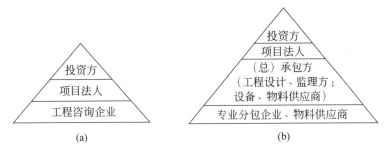

图 1-1　重大工程交易主体分层图

注:上层与下层存在工程交易关系。

对重大工程而言,投资方、项目法人可能有多个,（总）承包人也可能有多个,专业分包方和物料供应商则可能更多。如南水北调东线工程,投资方包括中央政府、山东省政府和江苏省政府等,项目法人包括南水北调东线山东干线有限责任公司和南水北调东线江苏水源有限责任公司等;工程承包方、工程设计与监理方、工程分包方和供应商则数以百计。

1.2.1.3　工程项目内部利益相关方的关系

英国学者 Winch 将工程项目立项和实施过程主要参与方抽象为委托

人（principal）/投资方、代理人（agent，如设计/监理工程师），以及委托人/雇主（employer）、代理人/承包企业（contractor）和控制人（control，设计/监理工程师），形成如图 1-2 关系[16]。而在现场施工的承包项目部与委托人/项目法人、代理人/承包企业的关系，抽象为图 1-3。

项目立项阶段：

委托人（投资方）　代理人（设计/监理工程师）

项目施工阶段：

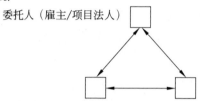

图 1-2　工程项目主要参与主体的关系

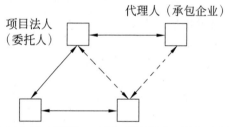

图 1-3　包含项目部在内的工程项目参与各方的关系

在图 1-3 中，委托人分别与代理人和控制人间存在合同关系，其中委托人与代理人（承包人）的合同为承包类合同，而委托人与控制人（设计/监理工程师）之间的合同为咨询服务类合同；而控制人与代理人间无合同关系，它们分别依据与委托人签订的合同开展工作，包括控制人对承包人工作的监管、协调，代理人接受这种监管，并协同工作；代理人与其承包项目团队（或承包项目部）存在项目目标责任书或内部协议。因而，承包项目团队也可视为二级代理人，并存在"项目法人→代理人/承包方→承包项目部"的委托代理链，这是工程交易中基本的委托代理链。

1.2.2　重大工程项目外部利益相关方及其分类

工程项目外部利益相关方,即工程项目影响方,指并不直接参与工程项目活动,但其利益受到工程项目实施和运行影响的企业和自然人。按工程实施和运行两阶段,可将其分为:

(1)工程项目建设期的外部利益相关方。主要包括为工程项目实施而搬迁,以及生产或生活受到影响的企业和自然人,一般为工程所在地的企业、集体或居民,而这种影响一般是负面的。重大工程建设,即构建规模较大的人工自然物,一般会出现这类影响。

(2)工程项目运行期的外部利益相关方。这其中既包括受益的企业、集体或居民,也包括受负面影响或干扰的企业、集体或居民。如长江三峡工程,建设期长江航运受到影响,并导致一些企业生产成本上升;因建设长江三峡工程,库区百万居民要迁移,对这一群体产生十分大的影响;长江三峡工程的建成,产生巨大的电能,这些电能送至了千里之外的上海,对长江中下游地区经济社会发展产生了重要影响;此外,长江三峡工程的防洪效益也惠及工程下游地区;但长江三峡工程在运行过程中,为了多发电、发好电,常将库区水位设定在一定高度,这就得控制向下游的泄水量。而控制下游泄水量后,一般会使下游河道、湖泊的水位下降。例如,在冬季蓄水期,为保证长江三峡工程的高水位运行,而使得江西鄱阳湖地区水位出现较大降幅。邬年华等的研究表明,枯水年,江西省都昌水位站平均降幅为0.94m,最大降幅2.58m,枯水年鄱阳湖区水面面积减小 68%[17],并经常出现"鄱阳沟"现象。

1.3　重大工程交易

1.3.1　交易

1.3.1.1　交易的内涵

交易(transactions)、市场(market)相关概念在经济学发展中扮演着重要角色。讨论交易的概念势必会追溯交换的概念。传统的交换概念起源于资本主义之前的集市,侧重考察商品实体的运动形式,是一种转移与接收物品的过程;后来人们认识到排他性的所有权是交换的前提条件,所有权的有偿转移是交换行为的实质内容。

交易的概念从交换发展而来,简言之,是指双方以货币为媒介的价值交换,物与物交换不在其中。但人们在深入探究交易的内涵时,认识并不统一,具有代表性的是约翰·罗杰斯·康芒斯(John Rogers Commons)、科斯和威廉姆森(Williamson)等几位著名经济学家。

(1)康芒斯关于交易的论述。康芒斯在他的代表作《制度经济学》(Institutional Economics)中,深刻剖析了交易范畴,对交易概念作了明确的界定。康芒斯首先将"交易"作为与传统经济研究中的"生产"相对应的范畴,并将两者明确区分开来,即生产构成了人与自然的关系,交易是人与人之间的交互行为,而生产和交易构成了社会经济活动的全部内容。他认为,交易不只是"交货"意义上的交换,而是指人们之间物品的财产权的让与和取得[18]。

(2)科斯关于交易的论述。科斯关于交易的概念是在对企业性质的研究中提出的,他认为有可能通过建立组织(如企业)来避免市场交易。1937年科斯将他的著名论文《企业的性质》(The Nature of the Firm)中概括为:选择交易作为分析单位、交易费用概念、分清企业内部的和通过市场的资源配置,以及对比在企业内部组织交易的费用和通过市场进行交易的费用等[19]。因此,可以认为,科斯所讲的交易,其内涵相当于康芒斯3种交易中的市场交易。显然,科斯论述的交易,相对于康芒斯,是一狭义上的交易概念。

(3)威廉姆森关于交易的论述。威廉姆森在康芒斯和科斯思想的基础上,进一步深入研究交易和交易成本,在他的《资本主义经济制度》(The Economic Institutes of Capitalism)中,对交易作了这样的论述:交易之发生,源于某种物品或服务从一种技术边界向另一种技术边界的转移[20]。事实上,他的这一定义赋予交易范畴以更广泛而深刻的意义,即认为交易不仅仅是所有权的转移,对发生在组织内部及组织之间的许多活动也都可以纳入交易分析的范围。在威廉姆森的分析中,交易和交易成本不再是孤立的,而是被有机地结合起来。在界定交易和交易成本的基础上,有效地解释了企业组织的生产和运作,并得出企业组织替代市场交易可以节约交易成本的结论,从而建立起一套完整的交易成本理论体系。

(4)康芒斯、科斯和威廉姆森有关交易概念的比较。根据康芒斯、科斯和威廉姆森有关交易概念的论述,可以找到以下相同点和不同点。

① 康芒斯和科斯均选择交易作为经济研究和分析的基本单位,但在研究意图上有所不同。康芒斯试图将冲突、依存和程序3种成分纳入到统一的研究单位中去,进而以此包罗经济学领域的一切活动。科斯和威廉姆森对市场交易的探讨,是为了提出并强调被人们忽视的交易费用,并将其

作为研究市场资源配置、企业组织以及市场与企业关系的一种工具。

② 康芒斯与科斯和威廉姆森关于交易的论述,在内涵上差异很大,但他们均突出地强调了交易关系作为法律上所有权的转移在制度上的意义。

③ 康芒斯与科斯和威廉姆森关于交易概念的适用范围大相径庭,但他们均注意到交易理论思想和有关概念在经济体制方面的含义。

④ 康芒斯、科斯和威廉姆森对交易理论研究的方法和影响程度不同。康芒斯采用哲学、法学、社会学和心理学的方法研究交易理论,而科斯和威廉姆森主要在经济学层面上研究交易。

为了更有效地考察和研究存在于市场交易活动背后的制度因素和组织力量,有必要充分重视以科斯为代表的交易理论传统[21]。

1.3.1.2　交易分类

交易的分类方法有多种,这里主要讨论两类。

1) 按资源转移范围或边界分类

(1) 康芒斯在深刻剖析交易范围后,将交易划分为 3 种不同的类型。

① 买卖交易(bargaining transaction),即法律上平等的、具有竞争性的市场交易,尤指以换取一定代价为前提的法律上所有权的让与和取得。它体现了市场上人们之间平等的买卖关系。

② 管理交易(managerial transaction),是一种以财富生产为目的的交易,这是一种在法律上和经济上的上级对下级的关系。其中,上级是一个人或由少数个人组成的特权组织,下级则必须服从上级的命令。

③ 配额交易(rationing transaction),由法律上的上级指定,分派财富创造的负担和利益,主要表现为政府与公民之间法律意义上的上下级关系。

(2) 威廉姆森在给出交易定义的基础上,认为这种转移可能发生在企业内部或者发生在市场上,因此其按资源"转移"的边界,将交易分为外部交易(external transaction)和内部交易(internal transaction)。此处,外部交易和内部交易分别与康芒斯提出的市场交易与管理交易相类似,不过康芒斯分类的适用性要更广泛。

2) 按完成交易过程的不同或交易时间长短分类,可将其分为现货交易和期货交易

(1) 现货交易。其是指买卖双方出自对实物商品的需求与销售实物商品的目的,根据商定的支付方式与交货方式,采取即时或在较短的时间内进行实物商品交收的一种交易方式。在现货交易中,随着商品所有权的转移,同时完成商品实体的交换与流通。因此,现货交易是商品运行的直接表现方式。现货交易的主要特点有:

① 交易过程简单。通常是种"一手交钱,一手交货"的交易方式。

② 交收的时间短。通常是即时成交,货款两清,或在较短时间内实行商品的交收活动。

③ 成交的价格信号短促。由于现货交易是一种即时的或在很短的时间内就完成的商品交收的交易方式。因此,交易双方成交的价格只能反映当时的市场行情,不能代表未来市场变动情况。

④ 现货交易一般不用事先签订交易合同。

(2) 期货交易。其是从现货交易中的远期合同交易发展而来的。在远期合同交易中,交易者集中到商品交易场所交流市场行情,寻找交易伙伴,通过拍卖或双方协商的方式来签订远期合同,等合同到期,交易双方以实物交割来了结义务。工程建设领域的期货交易的主要特点有:

① 先订货,后生产。期货交易通过事先签订远期合同,确定交易的标的(如物品),然后由供方组织生产,并按合同约定的时间交割。

② 交易时间长。期货交易从签订合同、供方组织(物品)生产,到供方交货,一般要经过较长的时间。其时间长短常决定于物品生产时间。

③ 期货交易一般要事先签订交易合同。

④ 期货交易过程经常会遇到一些变数,如交易物品签合同时的市场单价与交易时的市场单价不一致。

1.3.1.3　交易要素

不同类型的交易活动要素有较大差异,即使是买卖交易,即市场交易的活动,经济学家们对其内涵的认识也并不完全一致。但总体而言,可将市场交易活动的要素概括为交易主体、交易客体、交易客体产权、交易的目的、交易合同和交易管理[22]。

(1) 交易主体。主体是指人或者组织。在经济社会中,市场交易主体主要是指个人、企业、政府,还可以是其他组织。交易在这些主体之间进行,包括个人与个人、企业与企业、个人与企业等;交易还可以在一个企业内部进行,不过交易的内容会有差异。在建设工程交易中,根据我国目前的法律,对建设工程的卖方,包括工程施工方、设计方、建设监理方等均有法人地位和资质的要求。

(2) 交易客体。客体可以是物品、服务或权利等,交易活动几乎涵盖所有经济活动。交易客体的差异往往决定了交易的程序/过程、交易的复杂程度和交易的持续时间等。建设工程交易的客体包括工程建筑、工程设备、工程设计和工程建设监理等实体或服务。

(3) 交易客体产权。主体之间的产权界定是进行交易的前提;对于物品交易,实质为产权的自由过渡。产权是指主体对客体的权利,即主体与特定客体的关系。这种关系在现实生活中常表现为财产权等。主要包括对财产的所有权、占有权、使用权、支配权、收益权和处置权等,可以说产权是主体对客体一系列权利的总称。

(4)交易目的。其是为了提高交易双方的效用水平。一个成功的交易,会使双方某一方面得到改善或满足。实际上,在交易前,双方也都预期自己的效用在交易完成之后会得到提高,否则,交易不会发生。

(5)交易合同。在经济社会中,交易十分复杂,许多交易需要借助于合同来界定交易的对象、交易计价、交易主体愿意接受交易的条件等,其中,交易计量和交易价格的界定尤为重要。合同决定了交易过程中的秩序、结构、稳定性和可预测性,交易合同的安排成为交易得以成功的最重要的条件之一。

(6)交易管理/治理。不论什么交易,为保证交易合法和顺利完成,均存在一个管理/治理的问题。对于市场交易来说,这种管理至少包括两个层面,即政府的管理与交易主体各自的管理。对于建设工程交易来说,由于交易时间长、交易过程技术性强、不确定因素多、交易合同的不完备等方面原因,交易管理问题更加突出。对于建设工程发包方,经常需要委托专业人员对交易过程进行监督、协调,即威廉姆森交易治理理论中的"三方"治理结构[20]。

1.3.1.4　交易市场

交易市场一般是指买卖的场所,是商品经济运行的载体或现实表现,相互联系有三层含义:一是商品交换场所和领域;二是商品生产者和商品消费者之间各种经济关系的总和;三是有购买力的需求。市场是社会分工和商品经济发展的必然产物。劳动分工使人们各自的产品互相成为商品,互相成为等价物,使人们互相成为市场;社会分工越细,商品经济越发达,市场的范围和容量就越扩大。同时,市场在其发育和壮大过程中,也推动着社会分工和商品经济的进一步发展。

市场类型的划分多种多样。按交易对象的不同,可分为商品市场、金融市场、劳动力市场、技术市场、信息市场、房地产市场、建设工程市场等;按市场范围和地理环境划分,可分为国际市场、国内市场、城市市场、农村市场等。根据买卖交易有无固定的场所,又将具有固定交易场所的称为有形市场,而没有固定交易场所的称为无形市场。建设工程交易严格来说是在无形市场上完成的,目前出现的所谓建设工程交易有形市场,充其量是建设工程业主方/项目法人通过招标活动,确定交易的另一主体——建设工程承包方的市场,工程实质性的交易还没有开始。

1.3.2　工程交易

1.3.2.1　工程交易内涵的界定

工程交易即工程项目交易,是指交易的客体就工程咨询服务(包括工程前期咨询、工程设计、工程监理等)、工程建造(包括建筑和专用设备生产等)和工程影响补偿进行的交易。在市场经济的环境下,工程项目的实施过程是一系列交易不断进行的过程。从工程项目投资方的视角出发,可将工程项目一系列交易认为是项目法人分别与建设工程其他参与方,如,工程咨询方、工程设计方、工程承包方、工程监理方或工程材料及设备的供应方的交易,即工程项目交易主体的一方为项目法人,另一方为工程项目的其他参与方[23]。

1.3.2.2　工程交易的内容

工程交易即以工程项目为买卖客体的交易。但工程项目十分复杂,特别是重大工程更为复杂,一般难以作为一个整体进行交易,而是根据重大工程项目立项与实施时间,以及重大工程结构两个维度,即根据时间和空间两个维度对重大工程进行分解,然后分别进行交易。我国工程项目立项与实施过程如图 1-4 所示,不同工程项目结构维度分解的差异性较大。

在图 1-4 所示工程项目立项和实施过程中,不论是项目的可行性研究,还是项目的设计、设备采购和工程施工等环节,项目投资方/项目法人一般均是采用委托或招标方式,选择专业的工程咨询企业(包括工程设计、工程监理等企业)和工程承包公司/企业去完成,即采用交易方式去完成项目。

对于重大工程,经常需要将工程分成独立的块或分成子项目,分别进行交易,即分别选择设计或施工企业去完成。

事实上,在国内外,一般工程的实施过程均是一个交易的过程。工程项目法人的主要任务是设计工程交易客体、选择工程交易主体,以及确定工程交易合同及其价格、工程实施/交易过程的监管。其中,工程交易合同是明确双方的责任、权力和义务的文件;项目法人依据工程交易合同对交易客体的实施过程进行监管。

1.3.2.3　工程交易的分类

根据建设工程交易客体的特点,可将其分为 3 类:

(1) 工程实体/产品,或工程施工,或大型工程设备(定制)采购类交易;

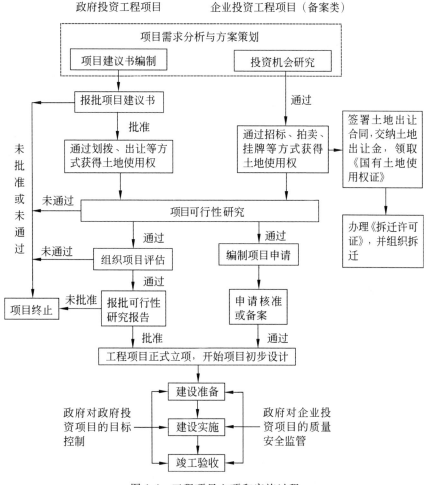

图 1-4　工程项目立项和实施过程

（2）工程设计、工程监理等咨询服务类交易；

（3）工程材料、工程设备(小型通用设备)采购类交易。

在上述 3 类交易中,前两类交易具有与其他物品交易不同的特点,而第三类工程材料和工程设备的交易与一般物品的交易差异不是很大,本课题研究的对象为前两类交易。

1.3.2.4　工程交易的特点

工程项目产品作为大宗交易的特殊商品,其交易方式不同于一般商品,项目法人通常采用招标的方式选择承包人,然后由承包人组织生产,最后由项目法人组织工程验收;承包方向项目法人移交建设工程产品。这一过程决定了建设工程交易有如下特殊性。

（1）工程项目交易的资产专用性。建设工程产品是一种定制产品，它是投资人的一种资产性投资，其资产专用性极强，而且与场地专用性纠缠在一起，即工程项目的建设地点是不能随意移动的。

（2）工程交易过程的时间性。在工程项目交易过程中，工程投资方十分注重工程交易时间的控制，即工程实施时间或建设工期的控制。这主要在于，投资具有时间价值，特别是水电站工程，这类项目时间价值更高[24]，工程承包方按要求交付工程实体后，马上能产生经济效益，即缩短工程交易/实施时间具有较高的经济价值。

（3）工程交易的偶然性。一方面，在经济社会发展中，存在较多需要开发建设工程的项目法人，而每个项目法人所要采购的工程项目并不多；另一方面，建设市场上存在较多的承包商。因此，在通过招标方式选择承包商的条件下，除专业化的工程开发商外，工程产品的卖方与买方，即承发包双方的合作具有偶然性，承发包双方多次合作的机会较小。

（4）工程交易双方的信息不对称性。由于交易过程的偶然性和"先订货，后生产"的交易特点，在工程项目招投标过程中存在"隐藏信息"的问题[25]；在工程项目合同履行过程中又存在"隐藏行动"的问题[26]。

1.3.2.5　工程交易市场

工程项目具有固定性和一次性/临时性的特点，因而大部分工程项目交易具有分散性的特点，难以形成有形交易市场，即工程项目交易市场一般为无形交易市场。目前有些地方将工程招标集中在固定场所进行，但这一过程仅解决了交易过程中项目法人/建设单位选择工程承包方这一环节，交易过程中的大部分活动仍是分散进行的，并与工程生产相互交织，完成一宗工程项目交易的招标仅是一个起点。因此，从交易视角，这种仅将工程招标集中在固定场所进行的交易难以称得上是有形交易市场。工程项目交易市场一般表现出无形交易市场的特征，因而工程项目交易并不是标准的市场交易[27]，一般的市场治理理论并不完全适用。

在有形交易市场上，交易主体一方面有更多的选择，包括对交易对象/主体、交易客体；另一方面，还可以通过建立统一的交易制度，提高交易效率、降低交易成本。而对于无形交易市场上的交易，难以用统一的交易制度来规范交易双方的行为，交易双方在交易过程中出现争端解决的途径也较为复杂，最终会产生较高的交易成本。显然，工程项目交易存在较高交易成本，这是其特点之一。

1.3.3　重大工程交易

除具有与一般工程交易的共性之外,重大工程交易还有下列特点。

（1）重大工程在空间上通常是分区块或分段进行交易;在时间上通常是分期分批交易。重大工程子项目多,而子项目在结构上差异大,或各子项目落在不同行政区划;为合理选择专业化承包方或方便交易过程管理,均要求根据这些特点分别进行交易。与此同时,子项目间在建设上或使用上可能存在先后的逻辑关系,为充分发挥投资效益或保证工程前后合理组织施工,这也要求相关子项目在时间上分批或先后交易。

（2）重大工程交易不确定性特别大。重大工程项目空间结构大,对一些不利的地质条件难以回避,可能引起工程量上的不确定性;重大工程项目建设周期长,对建设市场的波动难以预测和控制,可能引起工程交易价格的不确定性;重大工程项目技术复杂,由此也可能引起多方面不确定。当这些不确定因素叠加时,可能会带来更大的不确定。

（3）在重大工程交易中,项目法人扮演着十分重要角色。重大工程一般由政府投资,或政府与社会资本合作投资,并组建项目法人具体实施项目,其在重大工程交易中处于中间,起承上启下作用,既扮演着代理人角色,也是工程交易的委托人。显然,其项目管理/治理的能力、管理/治理项目的努力程度,以及诚信水平和执行力对项目交易绩效有重要影响。

（4）重大工程交易合同额高。在重大工程中的每一宗交易合同价格可能达到数亿元,甚至十几亿元,相当于兴建一个中小工程项目的投资额。因此,重大工程交易过程中,若交易双方在利益上存在冲突,则一般都不是"小事"。

1.4　重大工程交易的不确定性

1.4.1　重大工程交易不确定的缘由

引起重大工程交易不确定的因素较多,概括起来包括以下 3 类。

（1）自然和社会环境因素。工程交易过程即为构建人工自然物的过程,而这种人工自然物仅是大自然的一个局部。大自然的气象、水文、地质等均具有不确定性,并导致有效用于建设工程的时间、建设条件、工作环境等存在不确定;此外,经济社会也在发展变化,这种变化会使工程项目融资、人工和建筑材料价格,以及政府监管政策等出现变数。这种自然和社会环境的变化,是以工程交易方的意志为转移的,是客观存在的,因而也可称其为工程交易的自然和社会环境在"隐藏信息"。

(2)人的有限理性。从工程项目立项到实施,项目决策人员虽在不断研究工程,积极寻求工程项目最佳方案、最优目标,并试图用最经济、最安全的方法或手段来实现工程建设目标;项目交易参与方也在谋求最佳交易绩效。但限于人对客观世界认识的局限性,不论是工程建设目标的实现程度,还是交易双方追求的目标均会留下一些遗憾。如某重大水利枢纽工程,虽经过几十年的论证、优化,但通航工程规模、库区山体稳定治理的影响等方面均存在认识上的不足,工程行运中在采取补救措施。

(3)人为"隐藏信息"。在市场经济环境下,工程项目实施过程就是一个交易过程,项目承包人(代理方)为获得更多利益而刻意隐藏项目交易过程的信息,并导致项目委托方难以对项目活动作出客观的判断和理性的决策。

1.4.2 重大工程交易不确定性的分类与形成逻辑

1.4.2.1 工程交易不确定性的分类

工程交易不确定性可分为两类。

(1)环境的不确定性。这是由自然环境和经济社会环境"隐藏信息",以及人们对客观世界认识上的不完整引起的,即由信息不完全而引起的。

(2)人为的不确定性。这是由人为因素引起的,即在工程项目交易过程中,由代理方刻意隐藏交易过程而引起的。

1.4.2.2 工程交易不确定性的形成逻辑

工程项目交易不确定性的缘由和分类的关系如图 1-5 所示。

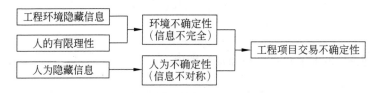

图 1-5　工程项目交易不确定性的形成逻辑

奈特在研究经济活动时,将可以度量的不确定性称为风险,而将不可度量的不确定性称为真正的不确定性,并认为归类合并(consolidating)和专业化是解决不确定性的两种基本方法;前者导致了企业的出现,后者将解决不确定性的职能集中在某些人和某些阶层的手中的问题,由此出现了企业家;利润可以看作是企业家承担不确定性的一种补偿[28]。针对工程交易的特殊性,这一研究结论难以直接应用,如何创新应对重大工程交易不确定性的理论,还有待进一步探索。

1.5　重大工程交易风险与交易合同

1.5.1　重大工程交易风险

由于重大工程交易不确定性的存在,因此当其给参与交易的一方带来不利后果时,则称该方面临风险。因而对重大工程交易风险,一般总需要明确风险承受者,即要明确由谁承担风险。在工程交易中,某一方的风险可能是另一方的机会、利润或成本的降低。

根据公平原则,工程交易过程中由于交易主体失误产生的风险应由该主体负责,而由于工程交易环境,如不利自然条件引起的风险则应由受到不利影响的客体的产权拥有主体承担。然而,这对于提升工程交易绩效而言,并不是最佳方案。因其中交易双方预防或控制风险的成本是有差异的。因此,在工程项目交易实践中,经常借助交易合同,将工程交易过程的风险在交易双方之间分配。期望用最低成本控制风险,以最大化工程交易绩效。

与一般工程交易相比,重大工程交易具有交易标的大、持续时间长、干扰因素多,以及不同交易之间可能存在相关性等特点,这使得重大工程交易风险发生概率上升、交易风险产生的负面影响增大。这些均要求重大工程交易主体具有风险意识,重视对风险的预防和应对。对工程项目法人而言,在设计重大工程交易治理结构时,要充分考虑满足预防和应对交易风险的需要;在设计交易治理机制时,要将交易风险在重大工程交易参与方之间科学合理地分配。

1.5.2　重大工程交易合同及其类型

重大工程交易合同也称契约,指重大工程交易主体针对交易客体(工程施工、设计、咨询或物料等),经协商依法订立的书面协议。经近两百年的研究和工程实践,基于工程交易计价方式,人们对工程交易合同进行分类,并在工程交易中选择适当合同类型,对工程交易风险进行分配。工程交易合同分为基于价格的合同和基于成本的合同两大类[29]。

1.5.2.1　基于价格的合同及其特点

基于价格的合同,采用的价格是在工程实施之前确定的,业主方所承担的风险较小,而承包方则必须承担实际成本大于合同价格的风险。这种合同又分为总价合同和单价合同两种。

(1)总价合同。它的衍生形式有:调值总价合同、固定总价合同和管理费总价合同等。用得最多的是固定总价合同,是指工程全部费用一笔包死的合同。这种合同要求工程内涵清晰,设计图纸完整,项目工作范围及工程计量依据确切,否则风险较大。在国际工程承包中,这种合同应用较多,如在一些交钥匙工程的工业项目上经常采用这种固定总价合同。往往业主在招标时只提供工程项目的初步设计文件,就要求承包人以固定总价的方式承包。由于初步设计无法提供比较精确的工程范围和工程量清单,承包人必须承担工程量和价格的风险。在这种情况下,承包人的报价一般也会较高。FIDIC(Fédération Internationale Des Ingénieurs Conseils)的设计—建造与交钥匙工程合同条件就采用了固定总价合同。这种合同的优点是业主方在实施过程中的管理工作量小,风险也小。但当工程出现较大变更时,而在合同中未另有规定时,对于工程总价和工期是否进行调整,或如何调整,双方可能会产生矛盾和纠纷。

(2)单价合同。一般是指工程单价规定,合同中的工程量为参考工程量,结算时按实际发生工程量计算的合同。但在一些合同中,如 FIDIC 施工合同条件和我国水利水电工程施工合同条件等规定,承包人所报的单价不是固定不变的,在一定的条件下,可根据物价指数的变化而进行调整,这种称为可调单价合同。总体而言,单价合同要求设计图纸较完整,对业主方和承包方而言,风险分配比较合理。但在工程实施过程中,业主方需要投入较多的管理力量,对完成的工程进行计量或计量复核,对与工程价格相关的物价进行核实。

1.5.2.2　基于成本的合同及其特点

基于成本的合同分为下列两种。

(1)实际成本加固定费用合同。这是一类实报实销加固定费用(酬金)的合同。这种合同适用于工程内容尚不十分确定的情况,其衍生形式有:

① 实际成本加百分率合同。这种合同的基本特点是以工程实际成本加上实际成本的百分数作为付给承包商的酬金。

② 实际成本加奖金合同。这种合同的基本特点是以工程实际成本,加上一笔奖金来确定承包商应得的酬金。当实际成本低于目标成本时,奖

金适当增加;当实际成本高于目标成本时,奖金适当减少。

（2）固定价加激励合同。这类合同以成本为基础,确定一个目标价,另加激励费用,其衍生形式有:

① 目标价格激励合同。这类合同由双方商定一个目标价格,若最后结果超过这一目标价,超过部分由承发包双方按一定比例共同分担;若最后结果低于这一目标价,则节约部分承发包双方按一定比例共同分享。

② 限定最高价格激励合同。这类合同由双方商定一个最高价格,或称封顶价格,由承包方保证不超过这一价格。若超过此价格,超过部分由承包方负担;若低于此价格,节约部分按某一比例由承发包双方共享。

基于成本的合同的价格在工程实施之前往往是无法确定的,必须等到工程实施完成后,由实际的工程成本来决定,业主方要承担工程成本的风险,而承包方要承担的风险与基于价格的合同相比要小得多。同时,为保证承包方经济合理地使用各种资源和有效地组织施工,业主方要投入较多的力量对承包人进行管理和监督,即交易成本较高。

1.5.2.3　成本类激励合同及其"失灵"

目标价格激励合同或限定最高价激励合同均属工程项目交易中具有激励性质的合同。在工程中选择哪一种主要决定于工程不确定的程度。当工程项目不确定程度较高时,通常工程承包方难以接受限定最高价激励合同。

（1）目标激励合同。这种合同的结构形式如图 1-6 所示,其主要参数包括:最高成本、目标成本、最低利润、最高利润或确定分成比例（或负担比例）。各指标设计如下。

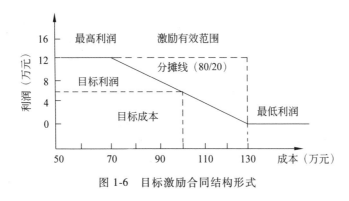

图 1-6　目标激励合同结构形式

① 最高成本。根据我国目前的情况,最高成本可以根据合同范围内工程概算值确定。

② 目标成本。可根据工程预算,再考虑建设市场竞争情况确定,如定为合同范围内工程预算价的95%;也可参考合同范围内工程概算确定,如定为合同范围内工程概算价的90%。

③ 目标利润。可参考计划利润,并适当考虑市场情况确定。

④ 最低利润。从理论上,应是承包方承担了合同中规定承担的大部分风险,且其工作努力程度一般条件下的利润。

⑤ 最高利润。应是承包方基本上没有承担合同中规定应承担的风险,且其工作努力程度较高条件下的利润。

上述5个指标应针对具体工程具体测算,分摊线上下两部分的分摊比可相同,也可不同。

(2)限定最高价激励合同。这种合同结构形式如图1-7所示,其主要参数包括:限定最高价/封顶价格、目标成本、最低利润、最高利润或确定分成比例(或负担比例)。

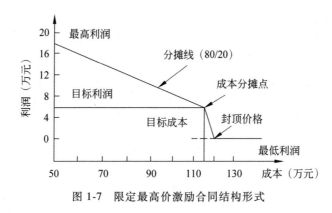

图1-7 限定最高价激励合同结构形式

图1-7中各参数如下。

① 限定最高价,即封顶价格。可根据合同范围内工程概算确定,如取工程概算价的95%。

② 目标成本、目标利润、最低利润和最高利润,与目标激励合同的设计方法类似。

在限定最高价激励合同结构中,目标成本上下分摊线的分摊比例一般不一样。与目标激励合同相比,显然这种类型合同对承包方而言风险较大。

(3)成本类激励合同的"失灵"。激励合同的核心问题有3方面[30]:一是合理确定目标成本;二是准确识别风险和分摊风险;三是严格考核实际发生的成本。否则就会出现激励合同"失灵"的现象。目标成本的确定需客观,这是激励合同的一个基本要求。若定得偏低,对工程承包方不利,影响到工程承包方的积极性;定得过高,对工程发包方不利,抬高了发包方的成本。准确识别风险和分摊风险直接影响到激励合同最高利润和最低利润的设计,过分低估风险,或风险分摊中工程承包方承担过多的风险时,会夸大工程承包方的可能利润,对工程承包方不利,反之对工程发包方不利,同样会导致激励合同"失灵"。为保证激励合同达到预期的效果,加强以工程计量支付、工程成本监督控制为核心的管理是关键,否则激励合同的"失灵"不可避免。举一简单例子,某工程项目交易合同规定,目标成本为 5 000 万元,超出或降低均对半分成。工程实际成本 5 400 万元,但工程承包方最后结算提出的工程成本是 6 000 万元,超出目标成本 1 000 万元。按交易合同规定,工程承包方需承担超出部分的 50%,即 500 万元。因此,最后工程发包方支付给工程承包方的总费用为 5 500 万元。显然,工程承包方多挣了 100 万元,出现了激励合同的严重"失灵"。

1.6　重大工程交易合同的不完全性与剩余问题

1.6.1　重大工程交易合同体系

重大工程一般以时间和空间两个维度分解后进行交易,而每宗工程交易均存在合同,用其规范工程投资方/项目法人与工程其他参与各方的行为。因此,重大工程客观上存在一个以项目法人为工程交易合同一方的合同体系,如表 1-2 所示。

表 1-2　重大工程交易合同体系

工程建设过程	工程合同名称	工程合同类型	委托方/受托方
项目立项	项目立项期咨询合同	工程咨询服务	投资人/工程咨询企业
建设准备	项目管理合同,或行政文件	工程咨询服务	企业投资项目:投资企业/咨询服务企业 政府投资项目:政府方/项目法人
	工程设计合同、工程勘察合同,或工程勘察设计合同	工程咨询服务	项目法人/设计或勘察设计企业
	工程咨询合同,或工程监理合同,或工程招标代理合同等	工程咨询服务	项目法人/工程咨询企业

工程建设过程	工程合同名称	工程合同类型	委托方/受托方
建设实施	工程设备采购合同	工程承包	项目法人/工程设备制造企业
	工程施工合同	工程承包	项目法人/工程施工企业
	工程施工分包合同	工程承包	工程施工企业/工程施工分包企业
	工程总承包合同	工程承包	工程总承包企业/工程设计或施工企业

（1）工程交易合同的分类。可将重大工程项目立项和实施过程的客体或工作任务,分为工程咨询服务和工程实体建造/施工两大类。其中,工程咨询服务的特点为:工程技术咨询服务的内容和范围可清晰描述,但工作任务的数量难以度量,服务成果的质量和数量也难以精确度量或具有不确定性,或工作成果包含着使用了承担任务者的知识产权等。工程咨询服务一般包括工程项目的可行性研究或项目评估、工程设计、工程监理、工程招标代理等服务。与工程咨询服务相比,工程实体建造的特点是:工作任务明确并有明确的操作规则;工作成果质量和数量均可度量和考核;一般为技术较为成熟的生产性任务,若采用新技术,一般也要通过严格的论证。工程实体建造类任务通常包括工程土建施工、工程设备制造和安装等。

（2）工程交易合同计价和风险分配。不同类工程交易合同的计价和风险分配如下:

① 工程咨询服务费用一般以工程造价或预算为计价基础;委托方按工程咨询成果进行项目决策而产生的风险,一般受托人不承担责任。

② 工程实体建造费用一般是由工程量和工程单价决定的,工程量和工程单价风险承担方案一般由工程发包方确定。

③ 工程承包方一般要承担工程产品的质量风险。

（3）重大工程交易合同链。根据表1-2所示工程交易合同体系,按工程交易合同主体,或合同履行前后的逻辑顺序,重大工程交易形成下列工程合同链。

① 基于工程交易合同委托主体的工程合同链。对政府投资工程项目,项目合同链为:项目立项期咨询合同→项目管理合同→工程总承包合同或施工承包（设备供应）合同→工程分包合同或劳务分包合同;对公司/企业投资工程项目,项目合同链的主要差异是上述的"项目管理合同",其他基本类似。政府投资工程项目一般采用市场方式或行政方式组建/构建

项目法人,其中,采用市场方式选择项目管理方式时就存在正式的"项目管理合同";而采用行政方式时,"项目管理合同"就可能变成"项目管理责任状"或约定的"项目管理任务或职责",与市场方式的项目管理合同相比,可视为非正式"项目管理合同";对公司/企业投资工程项目,当采用市场方式选择项目管理方时,就存在"项目管理合同",而采用内置机构负责项目时,该机构与公司/企业是一种"科层"关系,一般也不存在正式的"项目管理合同"。

② 基于工程实施前后逻辑的交易合同链。不论是政府还是企业投资工程项目,一般包括:项目立项期咨询合同→工程勘察设计合同→工程设备采购合同→工程施工合同→工程分包合同,或项目立项期咨询合同→工程初步设计合同→工程总承包合同→工程设计或施工专业分包合同。

对工程投资方而言,一方面仅当工程合同链上合同全部完成后,才能得到可以发挥预期效益的工程项目成果;另一方面,在工程合同链条上,不论哪个工程合同履行出现困难,均会出现工程功能目标难以实现,或工程投资超预期的负面影响。

1.6.2　重大工程交易合同不完全的必然性

工程实体或咨询服务是工程交易的客体,由于重大工程具有不确定性,必然导致工程交易合同的不完全。正如 Turner 所指出的"合同不可避免地存在不完全/不完备,因为合同存在于一个不可预见的环境中"[31]。

引起工程交易合同不完全的主要因素是重大工程交易具有不确定性。此外,工程交易的"先订货,后生产",以及交易合同编写过程缺陷等也是影响工程交易合同不完全的具体因素。在 GHM(Grossman-Hart-Moore)模型——所有权-控制权模型框架下,可将它们归纳为:由于人们的有限理性、信息的不完全性,以及工程交易事项的不确定性而导致合同的不完全性[32,33]。

1.6.3　重大工程交易合同的剩余问题

工程项目交易合同的不完全性派生了项目合同剩余问题。所谓合同剩余,Hart 的定义为:双方缔结的合同是不完全的,也就是说,合同中包含缺口和遗漏条款。具体来说,合同可能会提及某些情况下各方的责任,而对另一些情况下的责任只作出粗略或模棱两可的规定。这样合同就存在了剩余[34]。重大工程实施过程中产生的许多争议正是由这种剩余引起的。而因为重大工程实施具有不确定性,这种剩余也是不可避免的。合同出现剩余后,就会产生两个问题,即合同剩余控制权和索取权问题。

（1）合同剩余控制权问题。对不完全合同中剩的控制权为剩余控制权,即在合同中未能明晰的那部分权利。工程项目交易中的剩余控制权即为项目发生变化后的决策权,目前标准工程合同条件中,这种决策权一般归于工程发包方。然而,项目实施过程工程承包方占有更多的工程实施信息,工程承包方完全可以通过隐藏信息来谋求自身利益最大化,并误导工程发包方的科学决策。这是重大工程交易治理中有待研究解决的重要问题之一。

（2）合同剩余索取权问题。与合同剩余权利相对应的有一组收入流,这部分收入流可以称为剩余收入,获得这种剩余收入的权利即剩余索取权。最典型的一个例子就是重大工程实施过程中的优化。目前我国常见的工程设计合同条款中对工程实施过程中工程优化的收益分配不明确,这将会挫伤工程设计和施工方优化工程的积极性。目前,在国内外标准施工合同条件中,对工程变更产生的收益或多支付,即合同剩余,虽有了一些处理的规定,但如何使其更加科学合理,还有待进一步探索。

剩余索取权中的剩余指的是剩余收益,而剩余控制权中的剩余指的是剩余权益[35]。值得注意的是,不完全合同既然存在剩余收益/收入,当然也会出现签约时没有考虑的风险,即剩余风险,并导致风险分配问题出现,这是问题的另一方面。

1.7 本 章 小 结

本章主要介绍了重大工程交易的内涵、利益相关方和不确定性,以及重大工程实施中政府及其组建的项目法人扮演的角色,和工程交易合同的剩余控制权和索取权等问题。

（1）本章将工程项目界定为以建造人工自然物为目标的项目,即为建造人工自然物所做的临时性或一次性工作/活动,人工自然物包括高速公路、高速铁路、大桥、水利工程、火电或核电站和住宅或办公楼等土木建筑。重大工程主要指重大基础设施建设工程项目,其投资规模大,对经济社会发展影响范围大,不确定性也大。一般重大工程,估算投资在数十亿元以上,甚至达数百亿;建设工期5年左右或更长;多为影响多个市县并由省级政府部门主管,影响省级甚至跨省级区域经济社会的发展。

（2）重大工程项目利益相关方多,交易层次多,是十分复杂的工程交易体系。通常可将它们分为项目内部利益相关方（即直接参与方）,以及项目外部利益相关方(即虽不直接参与项目活动,但其受到项目实施或运行的影响,而在利益上与项目相关的自然人或法人)。在市场经济环境下,工程项目实施过程正是项目法人与项目内其他主要利益相关方/(总)承包方,以及(总)承包方与分包方的交易过程,并形成多种类、多层次,且十分复杂的工程交易体系。

(3)重大工程交易不确定性大。与一般物品交易相比,工程项目交易的最大特点是"先订货,后生产""边生产,边交易",加之重大工程项目自身和环境的不确定影响因素多,必然导致重大工程项目交易存在较大的不确定性,与此同时,其交易合同也具有较明显的不完全性。

(4)重大工程交易中,政府方和项目法人扮演着十分重要的角色。在重大工程实施中,一方面,为了控制工程实施对社会环境带来的不利影响,政府方要承担工程实施的监管任务;另一方面,政府方对重大工程一般均有投入,其要扮演好工程实施中投资方的角色。而位于政府方与建设市场中间位置的项目法人,也扮演双重角色,即其一方面受政府方委托负责组织实施重大工程,为代理人或"管家";另一方面,在工程交易过程中,其是工程市场交易中的委托人/发包人。显然,不论是政府方还是项目法人,对重大工程实施/交易均有重要影响,这其中特别是如何优化政府方与项目法人之间治理结构和治理机制,相关理论研究不足,工程实践中也暴露出许多问题,有待进一步从理论上探索,并在实践中不断总结,以支持相关制度安排。

(5)重大工程交易合同剩余控制权和剩余索取权分配问题比一般工程交易更为突出。现有研究成果表明,一般工程项目具有交易的不确定性和交易合同的不完全性,并导致合同剩余控制权和索取权分配问题更复杂。对于重大工程,为在技术层面上寻求更优,工程复杂性进一步提升,并促使工程交易的不确定性和交易合同的不完全性更加严重。这迫切要求通过研究,提出科学合理的重大工程交易治理结构和治理机制,处理好交易合同剩余控制权和剩余索取权分配问题,以促进重大工程交易绩效的提升。

参 考 文 献

[1] 何继善. 工程管理论[M]. 北京:中国建筑工业出版社,2017.

[2] DEUTSCHE NORM. Project management-Project management system-Teil 1-Grundiagen (DIN 69901-1) [S]. 2009, http://bbs: infoeach.com.

[3] [美]项目管理协会. 项目管理知识体系指南(第6版)[M]. 北京：电子工业出版社，2018.

[4] Project Management Institute. Construction Extension to the PMBOK Guide[M]. Pennsylvania：Project Management Institute, Inc., 2016.

[5] WINCH G M. The construction firm and construction project：a transaction coat approach[J]. Construction and Engineering, 1989, 7(3)：331-345.

[6] TURNER J R, MÜLLER R. On the nature of the project as a temporary organization[J]. International Journal of Project Management, 2003, 21(3)：1-8.

[7] SHA K. Understanding construction project governance：an inter-organizational perspective[J]. International Journal of Architecture, Engineering and Construction, 2016, 5(2)：117-127.

[8] 周沐琪，简子毅. 港珠澳大桥建设对珠三角的影响[J]. 合作经济与科技，2018(6)：24-26.

[9] CAPKA J R. Megaprojects——They are a Different Breed[J]. Public Roads, 2004, 68(1)：2.

[10] FLYVBJERG B. What you should know about megaprojects and why：an overview[J]. Project Management Journal, 2014(8)：6-19.

[11] 谢文靖. 安徽引江济淮工程项目建设初期投资控制[J]. 中国水利，2018(4)：51-53.

[12] 关晓帆. 珠江三角洲水资源配置工程全过程造价控制措施[J]. 水资源开发与管理，2017(6)：1-4.

[13] 王浩，马静，刘宇等. 172项重大水利工程建设的社会经济影响初评[J]. 中国水利，2015(12)：1-4.

[14] 盛昭瀚，薛小龙，安实. 构建中国特色重大工程管理理论体系与话语体系[J]. 管理世界，2019(4)：2-16+51+195.

[15] 盛昭瀚，程书萍，李迁等. 重大工程决策治理的"中国之治"[J]. 管理世界，2020,36(06)：202-212+254.

[16] WINCH G M. Managing construction project：an information processing approach(Second Edition)[M]. Manchester：Wiley Blackwell, 2009.

[17] 邹年华，罗优，刘同宦等. 三峡工程运行对鄱阳湖水位影响试验[J]. 湖泊科学，2014, 26(4)：522-528.

[18] 康芒斯. 制度经济学(上，下)[M]. 北京：商务印书馆，1997.

[19] 科斯. 企业的性质[M]//盛洪. 现代制度经济学(上卷). 北京：北京大学出版社，2000.

[20] 威廉姆森. 资本主义经济制度[M]. 北京：商务印书馆，2002.

[21] 张群群. 交易概念的不同理论传统及其比较[J]. 财经问题研究，1997(11)：23-27.

［22］ 袁恩桢,张道根.交易活动与经济关系演进——社会主义政治经济学再探讨
　　　［M］.上海:上海社会科学出版社,2002.

［23］ 王卓甫,杨高升,洪伟民.建设工程交易理论与交易模式［M］.北京:中国水利水
　　　电出版社,2010.

［24］ 张社荣,潘飞,史跃洋等.基于 BIM-P3E/C 的水电工程进度成本协同研究［J］.
　　　水力发电学报,2018,37(10):103-112.

［25］ 王乐,郭菊娥,孙艳.基础设施项目融资中政府担保的隐藏信息问题［J］.统计与
　　　决策,2008(2):54-56.

［26］ 杨增海,张云波,章凌云等.隐藏行动模型中成本加酬金合同的激励机制［J］.华
　　　侨大学学报(自然科学版),2011,32(2):238-240.

［27］ 袁庆明.新制度经济学［M］.北京:中国发展出版社,2005.

［28］ ［美］奈特,安佳译.风险、不确定性与利润［M］.北京:商务印书馆,2006.

［29］ 王卓甫,简迎辉.工程项目管理:模式及其创新［M］.北京:中国水利水电出版
　　　社,2006.

［30］ 丁继勇,王卓甫,安晓伟.水利水电工程总承包交易模式创新研究［M］.北京:中
　　　国建筑工业出版社,2018.

［31］ TURNER J R. Farsighted project contract management: incomplete in its entirety［J］.
　　　Construction Management and Economics, 2004, 22(1): 75-83.

［32］ GROSSMAN S, HART O. The costs and benefits of ownership［J］. European Journal
　　　of Political Economy, 1986, 94(4): 691-719.

［33］ HART O, MOORE J. Property rights and the nature of the firm［J］. European Journal
　　　of Political Economy, 1990, 98(6): 1119-1158.

［34］ (美)哈特,费方域译.企业、合同与财务结构［M］.上海:上海三联书店,上海人
　　　民出版社,1998.

［35］ 杨立岩.不完备合同与剩余控制权［J］.财经科学,2001(2):14-17.

第2章　重大工程治理体系理论框架

治理与管理,一字之差,似乎相近,甚至认为可以通用,其实两者既不同根也不同源。虽在多个领域内的应用存在交织,但它们的内涵和适用情境都不同,如交易治理与市场管理,以及项目治理与项目管理等均是如此。而对于相关理论研究,它们的基本假设和依据的基础理论也均存在差异。

2.1　治　　理

治理这一概念目前应用十分广泛,如大气污染治理、河道治理,以及公司治理、公共治理、交易治理和政府治理等。然而,前者(大气环境污染治理、河道治理)属自然科学或工程技术范畴,旨在改善大气环境或河道运行条件,并不涉及人或组织间的关系,内涵相对简单;而后者(公司治理、交易治理和政府治理等)直接与人或组织的责任和利益或权力相关,属社会科学范畴,内涵也十分丰富。本章主要讨论社会科学范畴内的重大工程交易治理问题。

2.1.1　治理及其起源、分化与发展

2.1.1.1　治理的内涵
什么是治理(governance),目前还没统一的定义,不同社会学科领域对治理的定义并不一致,即使在同一学科内不同学者也存在不同的认识。

(1)经济学家的定义。威廉姆森在研究交易理论时将治理定义为:治理是一种制度安排,旨在促使治理结构与交易性质的合理匹配[1]。哈特认为治理出现在委托方与代理方利益冲突,且交易费用很高,合同不能解决的条件下[2]。我国学者吴敬琏认为,所谓公司治理结构,是指由所有者、董事会和高级执行人员即高级经理三者组成的一种组织结构。在这种结构中,上述三者之间形成一定的制衡关系[3]。李维安认为公司治理是指通过一套包括正式或非正式的、内部或外部的制度或机制,来协调公司与所有利益相关者之间的利益关系,以保证公司决策的科学化,从而最终维护公司各方面利益的一种制度安排[4];他同时明确指出,公司治理涉及治理

结构和治理机制两个层面的问题,其目标是实现公司决策的科学化而非相互制衡。上述定义虽均出自经济学家,但他们是基于不同研究方向,或不同视角而提出。交易治理与传统公司治理的定义差异较大,前者强调治理结构与交易性质的匹配,而后者主要是指公司所有者、董事会和高级经理之间责权利的制度安排。

(2)公共管理或政治学科学者的定义。这类学科领域有关治理的概念较多,如国家治理、公共治理、政府治理等;治理的定义也很多,如治理理论的主要创始人之一詹姆斯·罗西瑙(James N.Rosenau)认为,治理是一系列活动领域里的管理机制,是一种由共同的目标支持的管理活动,其未必获得证实授权,主体也未必是政府,也无须依靠国家的强制力量来实现,却能有效发挥作用[5]。我国学者俞可平认为,不同于统治,治理是政府组织和(或)民间组织在一个既定范围内运用公共权威管理社会政治事务,维护社会公共秩序,满足公众需要[6]。关于政府治理,张成福认为,政府治理包括两层含义:①政府对人们行使属于社会的权力,政府代表社会施政,从社会获取权力以促使全体社会成员履行自己的社会义务并使他们服从法律;②政府及其公职人员切实履行社会契约规定的条件,即保障社会利益、促进社会公共意志的实现[7];何增可则将政府治理定义为:政府联合多方力量对公共事务的合作管理和社会对政府公共权力进行约束的规则和行为的有机统一体。其目的是维护社会秩序、增进公共利益、保障公民的自由和权利[8]。这些定义表明,治理与管理不同,并不分上下级,讲究主体的对等,政府治理中自然内嵌公共治理。

(3)全球治理委员会(Commission on Global Governance,CGG)的定义。CGG认为,治理是一个持续的过程,它促使冲突或不同利益能够相互调适并能采取合作行动;它既包括正式制度安排,也包括非正式制度安排[9]。相比之下,CGG对治理的定义是一个十分宽泛的概念。

不同学科的学者从不完全相同视角对治理进行定义,其结果不尽相同,甚至存在较大的差异,但在下列几方面基本是相同或相似的。

(1)治理是人与组织或组织之间处理利益或权益问题时的战略性的、相对稳定的制度安排,包括组织结构,以及运作过程。

(2)治理缘于人与组织或组织之间生产经营或生存发展过程中存在矛盾和冲突;治理的目标是缓解这种矛盾和冲突,以谋求和谐、共享和发展。

(3)治理的主要手段包括治理结构和机制,是当事双方或多方主体事前进行对等协调,通过这种协调形成共识,并进一步上升成为制度,然后就是制度/规则的履行。

2.1.1.2 治理的起源

在我国,治理这一概念清代就出现在严有禧的《漱华随笔·限田》:"侍郎蒋德璟出揭驳之:'……由此思之,法非不善,而井田既湮,势固不能也'其言颇达治理",其中治理是指治国理政的道理[10,11]。

在西方,起初 governe(指导、指引)、gouvernement(法文:统治、政府)和 governance(治理)三个词有同样的词源,表示主导、驾驭某事物等。在中世纪末期,这三个词是相通的,并可以相互代替使用[12]。后来,gouvernement 的理念逐步明晰,它只代表一种含义:统治、指挥,并伴随着集权的理念而存在。直到 20 世纪 80 年代以后,治理这一理念重新受到重视,开始广泛应用于经济学、公共管理、社会学和政治学等诸多领域。

显然,治理这一理念并不只是某个人或某一专门学科提出的,而是一种集成的产物,并与统治这一概念存在深厚的渊源。

2.1.1.3 治理与统治的分化

在西方,government 和 governance 同源,在中世纪后的几百年间,government 应用广泛、内容明确,并得到强化,而 governance 则应用弱化。直到 20 世纪 30 年代开始,随着经济社会的发展,在有关公共政策分析的成果中,开始关注经济利益和社会利益的平衡,并在相关组织,尤其是企业经营中开始使用一个较长时间不用的词——治理。特别是 20 世纪 90 年代开始,治理的理念大行其道,国家治理、政府治理、交易治理、公共治理、公司治理、项目治理等的研究全面铺开,并与统治概念分化。詹姆斯·N·罗西瑙(Janmes N Rosenau)认为,与统治不同,治理指的是一种由共同的目标支持的活动,这些活动的主体未必是政府,也无须依靠国家的强制力量来实现[5]。Jessop B 认为,治理与统治的本质区别在于,前者是主体间的"对等"协调[13]。俞可平则指出,统治与治理存在 5 方面的差异:

(1)权威主体不同。统治的主体是单一的,就是政府或国家其他公共权力;治理的主体则是多元的,除了政府外,还包括企业组织、社会组织和居民自治组织等。

(2)权威的性质不同。统治是强制性的;治理可以是强制的,但更多是协商的。

(3)权威的来源不同。统治的来源就是强制性的国家法律;治理的来源除了法律外,还包括各种非国家强制的契约。

(4)权力运行的维度不同。统治的权力运行是自上而下的,治理的权力可以是自上而下的,但更多是平行的。

（5）两者作用所涉及的范围不同。统治所涉及的范围以政府权力领域为边界，而治理所涉及的范围则以公共领域为边界，后者比前者要宽广得多。从统治走向治理，是人类政治发展的普遍趋势。"多一些治理，少一些统治"是 21 世纪世界主要国家政治变革的重要特征[14]。

2.1.1.4　治理内涵的发展

随着对治理研究的深入，治理理念也在发展，不同学科关于治理理念也在融合。治理研究之初，在经济学研究范式中，认为治理是一种制度安排，而这种制度具有相对稳定性。在工程交易中，这种制度安排主要包括交易治理结构和交易合同/契约的安排，即合同/契约治理，其相关研究相当丰富，如 Turner J R 等结合土木工程交易合同治理开展研究[15]；Masten S E 等结合与土木工程建造交易类似的船舶建造交易进行研究[16]。而公共管理等学科认为，治理是基于协调的持续过程，而这种协调必然会受到社会相应的关系性规则或者社会规范操作的影响，即形成了关系治理，相关研究也在展开，如 Goles T 通过对 12 篇关系性规则的经典文献研究发现，信任、交流和柔性是三个被运用最广泛的规则[17]；蒋卫平等建立了一个包括信任前因、信任、项目成功的整体模型，并分别从工程承包方和工程发包方角度进行了分析，研究证明信任对工程项目成功具有重要作用[18]。这些理论虽在发展，但并不在一个框架下，呈"碎片化"状态。

近十多年来，契约治理和关系治理正朝着整合研究方向发展。Smyth H 等人通过 300 份 PPP 项目的调查数据研究发现，在 PPP 项目的各方之间缺乏信任，应该通过加强关系治理提高项目绩效[19]。严玲等针对公共工程项目提出契约治理与关系治理：替代还是互补？研究结果表明，公共项目治理框架中的契约治理与关系治理都能有效改善项目管理绩效，并且总的来说契约治理处于更为核心的位置[20]。骆亚卓分析关系治理与契约治理整合研究现状后认为，关系治理与契约治理间关系的动态特征明显，而研究文献不足；缺少复合治理机制对项目绩效改善的研究；组织间关系治理与契约治理研究成果有待在项目情境中得到检验与发展[21]。由此看来如何科学融合关系治理与契约治理是有待研究的重要方面。

2.1.2　治理的研究范式及与管理的异同

2.1.2.1　治理的研究范式

关于治理的研究范式，沙凯逊将其归纳为新制度经济学范式和政治学（狭义的治理）范式，并对两种范式进行了比较、分析和整合[22]，结果如表 2-1 所示。

表 2-1　有关治理的三个基本问题、两种范式的比较、分析与整合

基 本 问 题	范式及其整合		
	新制度经济学范式	政治学/公共管理学范式	两种范式的整合
治理的基本属性（What）	与管理相比，治理是相对稳定的制度安排	治理是一种协调的、持续互动的过程	治理是一种相对稳定的制度安排
治理产生的原因（Why）	复杂性导致交易成本升高	治理是科层与市场失效的产物；交互式依存关系带来的复杂性导致保证社会秩序和集体行动的难度增大	治理产生的根源在于交互式依存关系带来的复杂性；旨在低成本、高效率地保证组织的秩序和集体行动
治理方式与机制（How）	选择合适的治理结构（市场、科层、混合结构）与交易性质（资产专用性、不确定性、交易频率），以及与交易合同相匹配	多中心的对等协调	治理的特点主要体现在多中心对等协调；事前通过平等协商形成共识或规则，事后按照所商定的规则行事

注：源自参考文献[22]，略有调整。

治理研究是在经济社会发展推动下展开的，其研究范式可分为基于经济学的研究范式和基于社会学的研究范式。而事实上，国家治理、政府治理研究主要基于政治学相关理论，而社会治理则基于公共管理理论；公司治理、项目治理和交易治理之间也存在较大的差异，公司治理属组织内治理问题；交易治理属组织间治理问题，而项目治理则更为复杂。李善波在研究公共项目治理时认为，其涉及政府治理、公司治理、公共治理和交易治理等，并出现互联契约，即正式契约与非正式契约的互联，还存在复杂的治理关系[23]。

2.1.2.2　治理与管理的差异

由古典组织理论、泰勒科学管理理论和厂商理论等演进而得的管理理论与治理理论起源不同[24]、内涵不同，同样在工程项目实施过程中，治理与管理的差异还是十分明显的[25]，主要表现如下。

（1）工程项目管理和治理的主体和目标的差异。工程项目的管理和治理都是以项目为中心，实现项目目标。然而，在工程项目管理中，各主体总是期望实现自身的目标。例如，工程项目承包方通过项目的计划、实施和控制等管理手段，努力实现其所承担部分项目的目标；而工程项目业主方，则是通过科学计划和控制，实现整个项目的目标。而在工程项目治理

中,强调的是,工程项目业主方和承包方在项目实施,即工程交易合同履行过程中双方地位平等,以工程合同为依据,各司其职,实现工程交易合同确定的目标;当工程交易合同过程中出现不确定因素干扰时,双方本着地位平等、互助互利的原则,采用沟通、协调的办法解决问题,以实现工程交易中的"双赢"。

（2）工程项目管理和治理的客体和内容的差异。根据美国 PMI 的 PMBOK,以及后来针对工程建设的扩展版,对项目管理的定义及其知识体系可知[26,27],项目管理的管理对象是资源,包括对人的管理也被列入资源管理范畴,而对人性不用更多的假设。旨在对各项资源进行统筹规划,追求资源的最优化利用。在系统科学的思想下,工程项目管理的内容细分为十多个知识领域,虽在其较新的版本中增加了干系人治理的相关内容,但主流没有变。而项目治理是基于委托代理理论、是围绕项目法人/发包方科学合理协调与项目代理方之间权责利关系而展开的。因此,治理的对象是组织或人,是通过组织和制度的安排来实现的。其中,发包方项目治理的对象是项目和承包方/咨询方,治理的内容是交易合同的安排及对合同履行过程的监管;而(承包)公司治理的内容是:在项目交易合同和公司管理制度的约束下,构建公司与项目管理部之间的"项目任务书",即内部协议,以及对该协议落实过程的监管。这里在对项目团队及其项目经理进行协调和监管时,涉及一个重要的假设,即人是私利的,存在机会主义倾向。因此,就需要建立激励与约束机制。

（3）工程项目管理和治理的基础理论及应用方法的差异。项目管理理论基础是系统科学的思想和方法。为了解决各种工程实践过程中出现的问题,工程管理人员和技术人员就需要确立系统工程的观念,采用系统工程的方法,从总体上考察、分析和解决问题。主要体现在全面的整体计划和安排,追求过程的整体最优化。此外,由于受到多目标的限制,就需要通过集成化的方法和工程全生命周期的视角来对工程系统进行管理。项目法人/发包方项目治理的核心是交易治理,由于涉及的主体之间在法律上是平等的,他们之间的联系主要受交易合同的影响。在工程建设开始之前,交易合同的签订是为了激励约束机制的建立,而在工程建设过程中,更多的是监督与被监督的关系。因此,交易治理的方法就是交易合同的签订以及合同履行过程中合同双方为了更好地实现自身的目标需要采取的方法。

综上分析,可以得出工程项目管理与治理要素之间的差异,如表 2-2 所示。

表 2-2　工程项目管理与治理要素之间的差异

管理或治理要素	管　　理	治　　理
主体/客体及两者关系	项目经理/资源(包括人),地位不同的管理与被管理关系	项目委托方/代理方,地位平等的协调、合作关系
目标	实现承包项目的时间、成本和质量的目标	实现发包项目的时间、投资和质量的目标
内容	PMBOK:10 个知识领域,5 大过程组;Construction Extension to the PMBOK:15 个知识领域	交易治理:交易合同的安排及合同履行过程的协调、监管等;公司治理:项目团队与公司的"项目任务书"的安排,以及该协议落实的协调与监管
方法	系统科学	交易治理:新制度经济学、契约理论;公司治理:新制度经济学

2.1.2.3　治理与管理的联系

工程项目中管理不同于治理,但它们之间并不是完全割裂的,也存在着联系。拉尔夫·穆勒(Ralf Muller)的研究中就将治理简单称为管理的管理[28]。基于表 2-2 对工程项目管理和项目治理的要素分析,可以发现工程项目管理和项目治理之间存在如下联系。

(1)对工程项目投资方而言,针对整个项目的立项决策、计划、实施等过程,其在开展工程项目的管理;而在其委托他方为工程项目提供服务或实施项目的过程中,项目投资方是委托方,提供服务者为代理方。它们在地位上平等,但存在委托代理关系。

(2)在工程项目委托代理链条上,中间代理方既可能是项目实施方/管理方,也可能是下层委托代理的委托方,如工程总承包方,其相对于发包方是代理人,而相对于分包方则是委托人;终端代理方即是项目全部或部分的具体实施方,并负责所承担的项目管理。

(3)在工程项目交易治理中的治理结构和治理机制,即工程交易过程的制度安排,是代理方项目管理的边界条件或环境。项目代理方,即工程承包方或咨询服务方要在这些边界或环境条件下组织项目管理活动,并使项目增值,进而获得利润。

(4)在承包企业治理中,企业与项目部签订的"项目任务书"是承包企业治理项目的制度安排,其规定了项目决策框架,并定义了项目角色、职责和追责机制,项目经理必须将其作为项目管理的依据之一。

2.2　公司治理、交易治理与项目治理理论简介

2.2.1　公司治理理论及其发展

公司治理理论为项目治理理论的重要基础之一,工程交易治理中事实上也包含着部分公司治理的问题,因而深入研究工程交易治理当然也不能脱离公司治理相关研究成果的支持。

2.2.1.1　公司治理的内涵

1932 年美国学者阿道夫·伯利(Adolf Berle)和加德纳·米恩斯(Gardiner Means)提出公司治理的概念[29]。嗣后,众多学者从不同角度和不同层面研究公司治理,但对公司治理的定义也并不统一。正如我国学者费方域所说,对于公司治理这样一个复杂的概念,是不可能也不应该用一两句话就能给出完整定义的。而且,随着人们对它的认识的深入,对它作的解释也将更加丰富[30]。周新军通过有关资料统计,发现国内外对公司治理的定义有 20 多种[31]。

到目前,公司治理存在狭义和广义之分。狭义的公司治理是指公司所有者(主要是股东)对经营者的一种监督和制衡机制,即通过相关制度安排,来配置公司所有者与经营者之间的权力和责任。此处公司治理的目标是保证股东利益最大化,控制经营者对所有者利益的背离。广义的公司治理是解决公司内部各种代理问题的制度安排,这种制度安排规定了公司内部不同要素所有者之间的关系。

在实践中,将公司治理与企业管理混为一谈的现象普遍存在。较早对公司治理与企业管理进行区分的是英国学者 Tricker R I,他认为,企业管理的重点是公司的运行,而公司治理的重点则是确保这种运行处于正确的轨道之上,其中战略管理是公司治理与企业管理的联结点[32]。费方域则从三方面对治理与管理进行了区分。

(1)治理的中心是外部的,而管理的中心是内部的;

(2)治理是一个开放系统,而管理是一个封闭系统;

(3)治理是战略导向的,管理是任务导向的。一言以蔽之,治理关心的是"公司向何处去",而管理关心的是"使公司如何到达那儿"[30]。显然,公司治理在企业管理之上,公司治理所形成的制度安排对企业管理有指导作用,或公司治理所形成的制度安排是企业管理的边界。

2.2.1.2　公司治理经典理论："股东至上"治理理论

伯利和米恩斯 1932 年较早提出"现代公司所有权分散以及所有权与控制权分离"的问题,即 Berle—Means 命题[29]。从那时起,围绕公司所有权和经营权分离的治理结构,即"股东至上"的治理研究深入展开。

（1）公司内部治理和外部治理。将公司治理划分为内部治理和外部治理展开研究的方法得到较普遍的认可。公司内部治理是针对公司内部参与方之间的权力制衡问题而做出的制度安排,涉及所有权结构、董事会,以及内部控制、风险管理、财务透明与报告内容[33]。公司外部治理主要指对公司外部的利益相关者所采用的各种控制措施,涉及代理表决权、债务合同、公司绩效信息的公开与评估、政府规制、经理人市场、收购和兼并等方面[34]。

（2）公司治理结构和治理机制。公司治理相关文献中,常见到治理结构和治理机制两个重要概念,在它们间的关系问题上,认识并不完全一致。大多数学者认为治理结构是为了实现公司内部相互制衡而设立的组织机构,股东大会、董事会和监事会等是公司治理结构的主要表现形式。治理机制主要有激励机制、约束机制和决策机制。与治理结构相比,治理机制在内容上更广,在层次上更深[4]。郑志刚则认为,公司治理应同时包括治理结构（产权安排）和治理机制（各种公司治理机制的设计与实施）两个层次:产权安排向投资者提供投资的激励,以解决合同不完全问题;治理机制的设计和实施向经营者提出努力工作的激励,以解决信息不对称问题[35]。显然,目前公司治理结构与治理机制两个概念虽提出了,但在内涵的定义上还是较为含糊。公司治理结构不仅包括公司顶层的组织结构,还应该包括能明确的公司顶层责权利的相关规定;而公司治理机制应是指公司营运过程中超出公司治理结构安排事项的处理机制,这些事项大多是因公司营运中不确定因素而引发的。

（3）公司治理模式,即公司治理结构模式。公司治理模式主要有两种,一种是以英美为代表的"单层董事会"模式,另一种则是以德国为代表的"双层董事会"模式。在"单层董事会"模式中,董事会对股东大会负责,董事会下设若干委员会。投资者通过抛售股票,即所谓"用脚投票",或者通过随时可能出现的恶意收购,给公司经营者施加压力,要求其保持高度警惕。因此,"单层董事会"模式也称"外部监控"模式。德国模式仿效政治上三权分立的做法,设置股东大会、执行董事会和监督董事会,分别作为公司的决策机构、执行机构和监督机构。执行董事会由执行董事组成,行使执行职能;监督董事会由非执行董事组成,行使监督职能。执行董事会的人选与政策目标由监督董事会决定[36]。我国的公司治理模式吸收上述两种模式基因,在我国《公司法》中,在法律形式和用语表达上大体采用德国的"双层董事会"模式,而实际运作则与英美的"单层董事会"模式较接近。也就是说,代表高层执行人员的执行董事(英美称内部董事)和代表公司所有者及其他利害相关者的非执行董事(英美称外部董事)都在董事会中[37]。我国公司治理结构中设有股东大会、董事会、监事会和经理层。其中,股东大会拥有最终控制权;董事会下设若干委员会,并具有实际控制权;监事会拥有监督权;经理层拥有公司经营权。这四种权力相互制约,形成公司的内部治理。显然,在经典公司治理理论的应用中也存在差异,其与经济发展、社会制度、文化传统等因素相关。

2.2.1.3　公司治理理论的发展历程和研究展望

(1)公司治理研究的发展历程。公司治理研究在国外率先开展,随着中国特色社会主义市场经济的发展,在我国,公司治理研究也已经走过40余年的历程,李维安将其分成3个阶段,即1978—2000年的公司治理探索研究阶段,2001—2008年的公司治理基础研究阶段和2009—2019年的公司治理深入研究阶段,并认为我国公司治理研究经历了从治理结构到治理机制、从治理原则到治理评价和从单法人治理到集团治理这样一个过程[38]。从中也可得到启发,重大工程交易治理研究目前正处于起步阶段,以后必然会深入。

(2)公司治理研究近期的热点问题。徐鹏等基于高频关键词和共词分析,归纳出了20余年来我国公司治理领域的5大研究热点,分别是股权治理、董事会治理、激励与约束、利益相关者治理和公司治理效应等[39]。其中,鉴于股东在公司治理中的重要性,学术界关于股权治理的研究较多,焦健等认为随着股权制衡水平的提升,存在一个最优的股权制衡度水平能够最大限度地抑制大股东掏空行为[40];激励与约束研究方面成果相当丰富,如孙亚南等对高管激励效果的研究[41~43],以叶松勤等晋升激励和声誉激励等为代表的隐性激励契约研究也较为丰富[44,45];针对"股东至上"单边治理理论的局限而发展起来的利益相关者治理则成为公司治理研究一种新范式[46]。重大工程交易治理与公司治理不同,但激励与约束研究方面成果将有待借鉴。这些研究均是在经济人假设下展开的,其局限性也是明显的。

(3)公司治理研究展望。展望未来,除围绕上述公司治理热点研究外,下列两方面研究预期也会有新发展:

① 基于"互联网+"的公司治理理论的提出。在以数字技术和各种网

络为代表的数字经济时代,企业组织研究跨越了单个企业的边界,未来的企业组织将变成一个不稳定的网络,所有的连接几乎都有机地形成和更新,就像人类神经系统一样,这其中会出现新的权威和某种等级制度,旧的组织形态——金字塔型组织将逐步退出市场,网络组织将成为市场经济的新主体。在这种网络关系时代,公司治理面对的不仅仅是公司内部问题,更多的是要面对更复杂的外部网络关系。在以网络关系为基础的公司治理中,卢东斌等认为,企业当着力构建公司的价值网络关系、社会网络关系和顾客网络关系,并以利益相关者的公司治理理论为基点,根据不同的网络关系,实施分类治理,协调、维护好各种网络关系,使各类利益相关者协调发展[47]。总体而言,基于"互联网+"技术的推动,改变了各种关系、形态,信息的不对称或获取信息成本的降低,正在促进公司治理理论的发展。

② 管家理论在公司治理应用中的提出。Donaldson L 等 20 世纪 90 年代初率先在其研究成果中提出管家理论[48]。该理论的基本假设与传统公司治理中的假设几乎相反,认为公司经理人是值得信赖的,公司治理的关键不是如何控制和监督经理人,而是通过授权、协调和精神激励,最大限度地发挥经理人的积极性和创造性,从而为所有者和企业创造更多利润[49]。Finkelstein S 在研究公司治理实践时发现,按照代理理论设计和实施了各种治理措施,公司业绩并没有因此而明显提高[50];苏启林针对家族企业研究后认为,经理人有采取代理人和管家复合行为的倾向[51]。嗣后,融合代理理论与管家理论研究公司治理的成果不断出现。

2.2.2　交易治理理论及其发展

2.2.2.1　交易治理理论基石:交易成本理论

(1)交易成本(transaction costs)的内涵。到目前,对交易成本的定义并不统一,不同经济学家用不同的视角对其进行描述。

① 科斯是提出交易成本/费用概念的第一人,他认为交易成本是"通过价格机制组织生产的费用,最明显就是发现相对价格的费用",是"利用价格机制的成本"。他还认为,企业作为市场的替代同样存在内部的"管理费用"[52]。科斯在 1960 年发表的《社会成本问题》(*The Problem of Social Cost*)一文中,在明确提出交易成本概念的同时,对交易成本的内容作了界定,指出"为了进行市场交易,有必要发现谁希望进行交易,有必要告诉人们交易的愿望和方式,以及通过讨价还价的谈判缔结契约,督促契约条款的严格履行等"。

② 肯尼斯·约瑟夫·阿罗(Kenneth J. Arrow)将交易成本定义为"经

济制度运行的费用"。作为阿罗学生的威廉姆森继承老师的衣钵,认为交易成本就是"经济系统运转所要付出的代价或费用",威廉姆森还形象地将交易成本比喻为物理学中的摩擦力[53]。

③ 张五常将交易成本界定为"所有鲁宾逊·克鲁索经济中不可能存在的成本,在这种经济中,既没有产权,也没有交易,亦没有任何组织。简言之,交易成本包括一切不直接发生在物质生产过程中的成本"。他还认为,从最广泛的意义上说,所有不是由市场这只"看不见的手"指导的生产和交换活动,都是有组织的活动。当把交易成本定义为鲁宾逊经济中不存在的所有成本,把经济组织同样宽泛地定义为任何要求有"看不见的手"服务的安排时,就出现了这样的推论:所有的组织成本都是交易成本。对此,张五常提出了"组织运作的交易成本"的概念[54]。

对交易成本的定义,学者们的描述不完全一致,但就本质而言,却是大同小异。

(2) 交易成本的外延,即交易成本包括哪些具体项目。对此,科斯、威廉姆森等做过研究。

① 科斯研究后认为,交易成本至少应包括 3 项内容[52]:一是发现相对价格的费用。进行市场交易并不是如正统的完全竞争理论所假设的那样,价格信息为既定的并为所有当事人所掌握。相反,价格是不确定的、未知的,要将其转化为已知,进行市场交易的当事人必须付出代价。二是谈判和签约的费用。市场交易过程不一定是顺利的,因为交易人之间常会发生纠纷、冲突,这就需要讨价还价,签订和履行合约,甚至诉诸法律。这些均要花费一定的费用。三是其他方面的不利因素(或成本)。对此,科斯仅列了签订长期合约虽可能节省因较多的短期合约而需要的部分费用,但是却可能因为未来的不确定性或预测的困难,合约越长,对未来进行预期的费用越高,因而长期合约只可能是"一般条款"。以后需要解决交易的细节问题,从而要多花费用。

② 威廉姆森将交易成本区分为签订合同前的"事前"交易成本和签订合同后的"事后"交易成本。他的"事前"交易成本是指草拟合同、就合同内容进行谈判,以及确保合同得以履行所付出的成本。威廉姆森的"事后"交易成本主要包括[53]:一是不适应成本,即交易行为逐渐偏离了合作方向,造成合作双方不适应的那种成本;二是讨价还价成本,即如果双方想纠正事后不合作的现象,需要讨价还价所造成的成本;三是建立及运转成本,即为了解决合同纠纷而建立的治理结构(常不是法庭)并保持其运转,所付出的费用;四是保证成本,即为了确保各种承诺得以兑现所付出的那

种成本。

（3）交易成本的决定因素。在现实世界里进行经济活动,均存在"摩擦力",即存在交易成本。那么,交易成本产生的原因,或者说决定因素是什么? 对此威廉姆森和道格拉斯·诺斯(Douglass C.North)等作过分析研究。

① 威廉姆森的研究认为,决定交易成本的主要因素包括:一是人的行为因素。威廉姆森认为,现实生活中的人并不是"经济人",而是"合同人","合同人"都处于交易之中,并用明的或暗的合同来协调他们的交易活动。"合同人"的行为不像"经济人"那样理性,具体表现为有限理性和机会主义行为。二是与特定交易有关的因素。威廉姆森认为,某些交易采用某一种方式组织,而其他交易采用别的方式来组织,其中必有经济上的合理原因。这原因可概括为资产专用性(asset specificity)、交易不确定性(uncertainty)和交易的频率(frequence),这即为决定交易性质的三个维度。三是交易的市场环境因素。交易的市场环境因素是指潜在的交易对手的数量。

② 诺斯从交易对象的多维属性、信息不对称与人的机会主义倾向、交易的人格化特征等方面对交易成本的决定因素作了分析[55]。

③ 威廉姆森和诺斯对交易成本决定因素分析的异同主要表现在:一是威廉姆森主要针对"事后"交易成本的形成作了仔细的分析,指出交易成本决定因素有三个,即人的因素(有限理性、机会主义动机)、与特定交易有关的因素(资产专用性、交易不确定性和交易的频率),以及交易的市场环境因素。二是诺斯关于交易对象多维属性的分析、信息不对称引起交易成本的分析,有助于人们对"事前"交易成本的认识。诺斯关于交易人格化特征和人的机会主义动机对交易成本的影响的分析则有助于对"事后"交易成本的理解。三是威廉姆森和诺斯对交易成本决定因素的认识不尽相同,但并不存在本质的差异,仅是他们分析的视角和分析的重点有差异。他们的分析实际上还有一定的互补性,有助于后人从多方面、多视角了解交易成本产生的原因和决定因素。总体而言,威廉姆森对交易成本决定因素的分析比诺斯的分析要仔细而全面,也有更强的解释力。

2.2.2.2　交易治理理论的形成

交易成本概念由科斯提出,但在推动交易成本理论发展,以及交易治理理论体系的构建中威廉姆森作出了巨大贡献。

威廉姆森将交易成本理论应用于经济组织问题的研究,独创了新制度经济学的一个分支：交易成本经济学。威廉姆森认为，企业、市场，以及两者的混合形态被看作是不同的组织形式，经济活动在其中的配置是个决策变量，而企业是治理结构。

威廉姆森在经济组织研究方面的主要观点和重要贡献是，认为不同治理应与不同的交易类型相匹配，匹配的目的是使交易成本最小。正如其在《治理的经济学分析》中所言："对企业、市场混合形式的研究被作为一个统一体"，交易成本是核心。不同交易在特征上存在差异这一事实说明了组织形态的多样性，由于这种差异，交易的治理也不同。通过以一一对应的方式把交易治理结构相应地匹配在一起实现了交易成本的最小化[56]。

为区分不同的交易，威廉姆森提出三个维度：资产专用性、不确定性和交易频率。首先假定影响交易的不确定性程度适中，从而着重考察另外两个维度，资产专用性和交易频率的不同。其次，根据交易频率的不同，他将交易分为三种，即一次性交易、数次交易和重复发生的交易；根据资产专用性的不同，又将交易分为非专用性交易、混合（即中度专用性）交易和高度专用性交易，其中排除单项交易。然后，威廉姆森将根据频率划分的两种交易和根据资产专用性划分的三种交易进行组合，形成六种交易类型。最后，研究不同交易类型对应的治理结构。

威廉姆森提出 4 种治理结构，即市场治理、三边治理、双边治理和纵向一体化治理。其中，对于高标准化的交易而言，市场治理是最主要的治理结构，特别是当交易重复进行时，市场治理结构最为有效；对混合型数次交易和特质数次交易，需要三边治理结构；双边治理，主要适用于交易双方的自主权能得到维持的交易；纵向一体化治理，即由一方来买断另一方，完全控制整个交易，并承担全部责任，其适用于交易十分专门化，以及人力和实物的资产专用性特别高的情境。

上述在讨论交易性质与治理结构的匹配中，暂时略去了不确定性的影响。若将不确定性这一因素考虑在内，对于非专用性交易而言，无论不确定性如何，与交易相匹配的治理结构还是市场治理，这主要在于新的交易安排容易达成。对于非标准交易，情况则有所不同，有可能要进行专门设计。

2.2.2.3　交易治理理论的拓展：从契约治理到关系治理

威廉姆森研究交易治理的重点是交易契约/合同类型与交易治理结构的匹配，目标是降低交易成本。用这种方法研究交易治理被称为契约治理。在契约治理中，实际上存在对人的行为因素的基本假设：有限理性和机会主义动机。而学者 Granovetter M 却认为人性中的善(good will)可以有效遏止机会主义[57]。在经济交易中双方对善意的期待会使交易中很多无法用制度与合约规范的行为仍顺利运行,因此减少了交易纠纷,增加交易的满意度,并降低了交易成本。此外,自 20 世纪 70 年代法学家 Macneil I R 提出了关系契约(relational contract)的概念以来,就开启了相应的关系治理的研究,其研究较快地扩展到经济学、管理学、社会学和法学等若干学科。在经济领域,其用一个新的视角和手段研究交易治理问题,更强调经济主体的行为方式受其所处社会环境的制约,即依赖于一些社会过程和关系规范[58,59]。

交易治理从契约治理视角拓展到关系治理视角,目前主要向下列几方面发展。

(1) 关系治理内涵研究。社会学者遵循"社会人"假设,认为关系治理仅由社会规则构成;经济学者则坚持"合同人"假设,即有限理性和机会主义假设。但越来越多的学者逐渐认识到,关系治理是指运用不同于正式合约的关系性手段来保证不完全契约的顺利履行[60]。在此基础上,众多学者提出了关系治理构成维度问题。Genctürk E F 等认为关系治理就是由信任、承诺和灵活性等三类内在规则构成的[61]。Claro D P 认为,关系治理仅仅是指交易双方联合行动和联合解决问题,而信任等社会(外在)规则是关系治理的影响因素[62]。而事实上,Genctürk E F 和 Claro D P 在研究中都同时出现了内在规则与外在行为这两类因素。重要的是立足于关系治理的构成维度把关系治理分解为几个组成部分再来研究关系治理。如 Poppo L 等在测度关系治理时,认为关系治理包含合作、分享目标与计划,以及信任三方面,然后采用三个测项来合成总的关系治理变量[63]。这其中,不同学者的研究结果不尽相同。这与交易性质有关,相关研究还有待深入。

(2) 关系治理影响因素研究。威廉姆森认为,资产专用性、交易不确定性和交易频率是决定交易性质的三个维度。学者们在研究关系治理的影响因素时,主要关注资产专用性、交易不确定性两个方面[64]。Joshi A W 和 Vandaele D 等众学者分别研究了环境不确定性对关系治理的影响[65,66];而 Poppo L 和 Sheng S 就资产专用性对关系治理的影响开展了实证研究[63,67]。总体而言,有关行为不确定性与关系治理关系的研究仍然很欠缺;资产专用性对交易治理机制选择的作用以及对关系治理的影响仍然是众说纷纭[68]。重大工程交易过程面临各种不确定性因素,如何借鉴已有关系治理理念和相关研究成果,对深入研究重大工程交易治理具有重要意义。

（3）关系治理与契约治理的关系研究。学界试图找出应用关系治理与契约治理的情境。Cannon J P 和 Ferguson R J 等针对服务类交易开展研究，结果表明，在这一类交易中的关系治理比契约治理显得更加重要，并且发现当没有很好地运用关系治理而仅利用详细的契约进行交易治理时交易绩效会下降[69,70]；Carson S J 等研究发现，关系治理适用于环境高度不确定的情境，而契约治理适用于行为高度确定的情境[71]。这表明，在重大工程交易治理中，采用关系治理还是契约治理与情境相关，有必要根据交易情境选择一种或融合两种。

（4）重大工程中特有的关系治理：声誉机制。重大工程投资大、影响范围广，尽管通常采用分期建设，但同时参与主体多，自然形成"小规模社会"。在这一情境下，各参与方对采用机会主义行为持谨慎态度，非常重视声誉[72]。面对交易合同的不完全，袁正等的研究表明，不管是熟人社会还是匿名社会，不管是重复博弈还是单次博弈，基于声誉机制都可以解决诚信和信任问题[73]。在我国现有建设管理体制下声誉机制会产生重要作用。

总体而言，在交易治理研究领域，从契约治理发展到关系治理是一大进步，但还有待深入，特别是重大工程交易的关系治理如何针对我国特色情境深入展开研究值得关注。

2.2.3　项目治理理论及其发展

与公司治理、交易治理研究相比，项目治理研究起步较迟，并较多地借鉴了它们的研究方法，甚至研究框架。

2.2.3.1　项目治理内涵及分类研究

（1）项目治理内涵研究。Turner J R 最早提出了项目治理概念，并指出项目治理是一种可以获得良好秩序的组织制度框架，通过这种制度框架，项目的利益相关者可以识别出威胁或机会中的共同利益[74]；Klakegg O J 等认为项目治理关注与项目活动相关的治理，它有普适的框架，这个框架应该足够灵活来适应各种类型、大小、复杂程度的项目[75]；PMI 出版的 PMBOK（建设分册）将项目治理定义为指导项目管理活动以创建独特的产品、服务或成果来满足组织战略和运营目标的框架、职能和流程[28]。尹贻林和丁荣贵分别对项目治理的内涵进行定义。前者认为项目治理结构是一种制度框架，在这个框架下，项目主要利益相关者通过责、权、利关系的制度安排来决定一个完整的交易或相关的交易[76]；后者则认为，项目治理是建立和维护项目利益相关者治理角色关系的过程,该过程用于降低项目治理角色承担的风险,从而为实现项目目标、使利益相关者满意提供可靠的管理环境[77]。显然,学者们对项目治理的定义并不统一。事实上,项目治理与公司治理相比,其更加复杂。首先项目分为存在于组织间的 Ⅰ 型项目(如建设工程项目)和组织内的 Ⅱ 型项目(如公司新产品研发项目)。前者涉及组织间的治理问题,即属交易治理范畴;而后者为组织内的治理,即属公司治理范畴。此外,学者们研究项目治理的视角也存在差异,关注项目组织者,可能将定义的重点放在治理结构上;而关注项目目标者将注意点集中在项目治理机制和绩效上。因此,要完整地给项目治理定义还是有难度的。

(2)Ⅰ 型项目治理的分类。根据建设工程项目等 Ⅰ 型项目的治理范围,Winch G M 将项目治理分为垂直治理和水平治理[78]。垂直治理关注项目法人/客户与一阶供应者(工程总承包方)之间的交易关系;而后者关注的重点是供应链,即工程总承包之后的系列合同关系。在 Winch G M 的基础上,沙凯逊等研究了针对项目团队/项目经理的治理问题[79,80]。这将建设工程项目治理分为 3 个层次,不过这 3 个层次研究的视角不同,研究中采用的理论也存在差异。王华等认为建设工程项目治理分类与公司治理类似,可分解为内部治理和外部治理[81]。项目内部治理就是投资主体与工程项目其他直接利益群体之间的内部决策过程和各利益相关者参与项目治理的方法和途径;项目外部治理则是以工程项目其他利益相关者所构成的外部市场环境来约束工程项目直接利益主体。外部市场环境一般包括政府管理部门及其制定的法律法规、劳动力市场、金融市场等。严玲等认为工程项目治理包括内部治理和外部治理两大部分,但对于公共项目而言,外部治理中还应该包括政府监督机制[82]。针对 Ⅰ 型项目的治理机制,严玲等将其分为契约/合同治理和关系治理展开研究,并认为项目治理框架中的契约治理与关系治理都能有效改善项目管理绩效,且契约治理处于更为核心的位置[20]。但鲜见契约治理与关系治理融合研究的成果。

(3)Ⅱ 型项目治理的分类。针对公司新产品开发等 Ⅱ 型项目的治理,Turner J R 认为项目型企业中存在着公司治理、公司环境治理和项目治理 3 个层次。其中,公司治理指参与工程的公司与指派到工程项目上去执行任务的项目团队之间的治理;公司环境治理指公司与外部主体(间接项目参与方,包括政府)间的治理;项目治理为项目直接参与方之间的治理[83]。

(4)单项目治理与多项目治理的问题。Aritua B 和 Müller R 等针对多项目的问题,将项目治理分为单个项目和多项目或项目群的治理展开研究,并发现它们间存在较大的差异,多项目治理面临更多挑战[84,85],而这种差异在Ⅰ型项目间则更加明显。显然,由于项目的复杂性,有关治理的研究确实较复杂,加之不同学者视角不同,导致项目治理的类型更为复杂。可否对这些类型进行归类,并找出一些共性,然后深入开展研究,这是有待解决的问题。

2.2.3.2　项目治理理论的演进和发展

Ⅰ型与Ⅱ型项目治理研究的基础理论存在差异,研究演进路径和发展方向也不尽相同。

(1) Ⅰ型项目治理理论的演进和发展。以建设工程项目为代表的Ⅰ型项目始于 19 世纪建筑业,但项目管理理论的逐步形成在 20 世纪中叶之后,特别是 PMI 的 PMBOK 对其影响很大。Ⅰ型项目治理的概念在 20 世纪末才提出,并在公司治理,特别是在交易治理理论的影响下,从项目管理理论出发逐步产生出项目治理理论的萌芽,并在不断向前发展之中,但十分不成熟。正如罗岚等对Ⅰ型项目治理研究相关文献分析的判断,目前就Ⅰ型项目治理定义仍然没有一个清晰完整的结论,各学者仍在对其边界研究进行辨析[86]。而对于重大工程,实行的是"政府主导+市场机制"的治理体系框架,胡毅等分析重大工程建设指挥部组织演化进程,并提出了指挥部需要强化顶层治理的功能,加强与项目法人、主要市场交易方的合作互动,构建多元复合、渐进演化、自适应的多层治理系统[87],其中,如何强化顶层治理功能值得研究。此外,Ⅰ型项目的契约治理和关系治理是替代还是互补?关系治理如何落地?针对Ⅰ型项目经理的治理问题如何研究?项目型组织如何治理?这些问题的研究还有待深入。

(2) Ⅱ型项目治理理论的演进和发展。Winch G M 认为Ⅱ型项目出现在 20 世纪中叶之后,即美国航天工业发展起来并实现正规化后[88],目前流行的 PMI 的 PMBOK 正是在这一环境下派生出来的。在这一理论和公司治理理论影响下,自进入 21 世纪以来,Ⅱ型项目治理理论研究逐步展开,并由单个项目治理研究发展到对项目群治理的研究。丁荣贵结合统一软件开发过程和流程管理的思想,提出了基于过程的项目治理 P-R4 模型[89],即在统一分析过程的基础上考虑项目相关方的需求获取、治理角色的定义、治理角色实现的风险识别,以及治理角色之间关联关系的建立,并基于该模型对科技项目的治理进行研究[90]。Turner J R 提出将项目群中的所有项目按"鱼刺图"的形式进行治理,其中,公司扮演

"鱼头"的角色[91]。事实上,上述研究并没有考虑到重大工程建设中Ⅱ型项目治理的"双重"代理的问题,即工程承包项目部既要代表工程承包企业完成项目法人/发包人约定的任务,又要完成母公司规定的相关经济指标,这是有待深入探讨的。

总体而言,从公司治理、交易治理到项目治理,已有研究成果较多,但研究视角、假设或立场不尽相同,重大工程交易治理研究有必要针对其特点,借鉴合理部分创新发展。

2.3　重大工程治理体系分析

Ahola T认为工程项目治理是一个多面性的复杂问题,很难借用一种理论视阈范围内加以解析[92]。已有研究认为,在工程交易视角下,现代工程项目实施过程本质就是一交易过程[93],用交易视角研究工程项目治理,即研究工程项目交易治理,可使复杂的问题简单化,并可推进研究的深入发展。因此,首先有必要对工程项目交易治理体系整体进行分析,为深入研究治理体系的构建和科学应用奠定基础。

2.3.1　重大工程治理体系框架

总结公司治理、交易治理和项目治理的研究成果,并根据重大工程实施过程治理范畴,以及参与主体,本研究将重大工程项目实施阶段相关治理,即广义重大工程项目交易治理概括为:"项目外部治理+项目顶层治理+交易治理"3个层面,如图2-1所示。

2.3.1.1　重大工程项目外部治理及其发展

（1）重大工程项目外部治理。与国家/政府治理、公共治理,以及参与工程项目的公司治理联系密切,即工程交易治理是政府治理,以及工程所在区域的公共治理和参与工程企业的公司

图2-1　重大工程广义交易治理关系图

治理的一个领域或一部分,或者说政府治理、公共治理和公司治理是重大工程交易治理的边界。其主要包括监管组织和制度两个维度。

在工程项目监管组织方面,政府正式的监管机构包括:从国家到省、市、区(县)各级政府部门设有的工程项目立项审批部门、实施监管机构,以及不同层次的行业管理协会。

在国家/政府对工程项目立项和实施制度安排方面,国家/政府治理相关的法律法规包括 3 个层面：国家法律，如我国的《建筑法》《招标投标法》和《民法典》等；政府法规，如我国的《招标投标法实施条例》《建设工程质量管理条例》和《建设工程安全生产管理条例》等；政府部门规章，如《建筑业企业资质管理规定》《建筑工程设计招标投标管理办法》和《建筑工程施工发包与承包计价管理办法》等。在公共管理方面涉到与工程项目相关的一些协会等行业自治管理组织或机构发布的技术和管理类制度，如中国勘察设计、中国施工企业管理和中国建设监理等协会，以及省市级相应的协会等行业组织制定的自律管理办法或工作标准。总体而言，项目外部治理十分复杂，与政府、行业协会、工程所涉居民等相关，并与参与工程项目的公司的内部治理相关。

（2）重大工程项目外部治理的发展。对于项目外部治理，沙凯逊等在研究工程项目治理时称其为建筑交易体制[94]，其主要随经济社会的发展而发展。

① 国际上工程项目交易外部治理体系的发展。沙凯逊等的研究发现，由于各国法律体系、生产方式和文化背景的差异，工程项目交易外部治理体系差异很大，即使在经济社会发展相近的欧盟，其发展方向上均存在差异[95]。如法国和德国的建筑企业，特别是大型建筑企业，在决策链中的位置前移，在建筑市场中的作用得到增强；意大利则强调工程设计与施工的相互分离，并致使建筑企业无法过多地介入工程项目的设计工作；英国的变革重点在于推行公共项目的特许经营、私有化和合伙制；荷兰变革的原因主要是来自欧盟的外部压力，建设市场中的竞争仍在社团框架中进行。

② 国内工程交易外部治理体系的发展。20 世纪 80 年代前，我国实行计划经济体制，工程项目不存在交易的问题，而是由政府部门统一计划立项，并按计划分配设计、施工任务，即工程项目的立项、实施由政府部门统一安排。此后，随着我国经济体制由计划经济向市场经济发展，工程项目通过交易方式实施，工程项目交易外部治理的相关制度开始出现。这起源于 1982 年实施的鲁布革水电站引水系统工程。该工程项目是我国利用世界银行贷款的项目。按世界银行要求，该工程通过国际招标确定承包方、签订工程承包合同，并采用了"三边"治理结构，即聘请工程监理对工程合同的履行进行监管。通过这一套国际工程惯用的市场运作方式实施项目，使项目取得巨大成功。我国传统的建设管理制度受到"鲁布革冲击"。嗣后，我国加快工程交易外部治理体系建设工作，其中，相关法律法规建设过程如表 2-3 所示。

表 2-3 我国工程交易法律法规建设过程

年份	标志性文件或会议	标志性文件颁发者/会议组织者	工程项目外部交易治理内容	工程项目外部交易治理范畴
1984	建设工程招标投标暂行规定	原国家计委和原建设部	推行工程招标投标,规范招标投标行为	工程项目招标投标制度
1999	中华人民共和国招标投标法	全国人大		
1987	全国施工会议	国务院	推行项目法施工	施工企业实行项目经理负责的制度
1988	关于建设监理工作的通知	原建设部	推行建设工程监理制度,规范工程项目监理行为	工程项目监理制度
1995	工程建设监理规定	原建设部和原国家计委		
1997	中华人民共和国建筑法	全国人大	国家推行建筑工程监理制度	
1991	建设工程施工合同（GF—91—0201）	工商行政管理总局和原建设部	建设工程施工合同示范文本	工程项目交易合同管理制度
1999	中华人民共和国合同法	全国人大	对建设工程合同相关事项作出规定	
1996	关于实行建设项目法人责任制的暂行规定	原国家计委	规定国有企业的经营性项目在建设阶段组建项目法人	涉及国有企业的经营性项目和非经营性政府投资项目责任主体的相关规定
2004	关于投资体制改革的决定	国务院	提出对非经营性政府投资项目加快推行"代建制"	
2011—2019	中华人民共和国招标投标法实施条例（经 3 次修订）	国务院	细化《招标投标法》	完善工程项目招标投标制度
2019	关于推进全过程工程咨询服务发展的指导意见	国家发展改革委、住建部	推进全过程工程咨询服务发展	完善工程咨询服务制度

　　表 2-3 表明,从 20 世纪 80 年代开始,经过 30 余年的努力,我国建设工程交易外部治理体系基本形成,包括建设工程招标投标、监理、合同管理和政府投资项目的责任主体等方面,而且还在不断完善。例如,针对目前我国建设工程交易中,存在工程咨询服务"碎片化"的问题,经试点,2019 年 3 月国家发展改革委和住建部下发了《关于推进全过程工程咨询服务发展的指导意见》,以促进建设工程交易过程咨询服务体系的完善。

2.3.1.2 重大工程项目内部治理：项目顶层治理与工程交易治理

重大工程项目内部治理，即项目直接参与方之间的治理，分两个层面：

（1）重大工程项目顶层治理。重大工程一般是由政府主导，并授权或委托项目法人负责工程的具体实施。重大工程项目顶层治理是指存在于政府方与项目法人之间责任和权力的科学合理配置。一般项目法人的职责或任务包括工程融资、工程交易规划、管理决策、工程发包和项目目标控制等；而政府方的责任和权力则是为项目实施创造良好的环境，并对项目重大问题进行决策等。

（2）重大工程交易治理。对于重大工程（项目内部）交易治理，是以项目法人为中心，与项目利益相关方（包括工程项目直接参与方，如工程承包方、咨询方、供应方等，以及工程项目影响方/间接参与方，如土地征用或房屋拆迁方）相关，以实现重大工程项目目标为导向，协调、平衡各利益方关系的治理。

2.3.1.3 重大工程交易外部治理、项目顶层治理与交易治理之间的关系

工程交易外部治理、项目顶层治理对工程交易治理产生影响，反之亦然，即反作用。当然这种反作用一般是滞后的。

（1）重大工程交易外部治理，特别是政府治理，为工程项目内部治理设计的约束条件，并深刻影响着项目内部治理发展。项目外部治理主要指国家/政府或行业协会有关工程项目管理的制度安排对项目内部治理的影响。显然，这方面的影响是深刻的。如 20 世纪 90 年代开始，我国全面推行建设工程项目"监理制"，几乎所有建设工程项目业主方均要委托第三方——工程监理机构，对工程承包方履行工程承包合同的过程进行监管，并将其列入国家法律法规，即工程项目交易治理必须采用"三边"治理结构。这项制度直到目前依然有效，这是我国建设工程项目 20 多年来普遍应用"监理制"的根本原因。事实上，国际上其他国家，并不是所有建设工程项目都采用这种制度，例如，在英国，由工程设计方代表业主方协调工程承包合同的做法就较为普遍。又如，进入 21 世纪后，国家发展改革委在工程建设领域积极推行"代建制"，即对政府投资项目，采用市场方式选择一家咨询机构，作为"代业主"对项目实施进行全面管理。在这一背景下，我国政府投资工程项目"代建制"这种项目内部治理结构又得到广泛应用。显然，项目外部治理左右着项目内部治理结构，并产生着深远的影响。

（2）重大工程项目顶层治理本质上是政府/投资方与受委托管理工程实施方（即项目法人）之间的治理。重大工程一般由政府方主导，形式上

工程交易顶层治理也是政府方与项目法人之间的治理,但在内涵上存在较大差异。在此,政府方并不是用法律法规的形式来规范项目法人的行为,而是在明确工程项目目标的基础上,采用正式或非正式的合同来明确项目法人权限、责任和义务。与此同时,政府方要为项目法人协调好工程建设环境,并激励项目法人努力实现工程项目目标。显然,工程交易顶层治理在外部治理框架内展开,并对工程交易治理产生影响。

(3)重大工程交易治理绩效的优劣对工程项目顶层治理的影响。其主要会促进工程项目顶层治理机制的调整。如当工程实施过程风险较大并导致项目绩效较差,即项目目标不能实现时,政府主管部门可能会采用抽查,或派专员进驻工程现场,对工程实施加强监管,或指派专家到工程现场进行技术指导;反之,当工程项目目标按计划完成时,政府主管部门可能仅要求项目法人定期报告工程实施进展情况。

(4)重大工程交易治理绩效的优劣对工程交易外部治理的改革提出要求。仍以"监理制"为例,经过近 20 年的实践,结果表明,现行的"监理制"并不适用于所有工程,即部分工程项目采用这种治理结构的效果并不理想。主要表现为咨询出现了"碎片化",人为将工程设计、工程监理等本就存在内在联系的咨询活动割裂;另外,"监理制"为一项强制性制度,但部分工程,如房地产开发工程,具有稳定的项目管理队伍,并不需要工程监理这一"第三方"参与。这种情况下工程监理似乎是多余的。因此,聘用工程监理完全处于一种被动的应付状态。这对工程监理这一行业的发展也极为不利,从队伍发展、收费标准、在工程实施中的地位,到监管能力等方面不断走下坡路。显然,这对项目外部的政府治理的制度安排提出了改革要求。近几年,国家住建部一方面选择部分省市开展部分工程取消"监理制"的试点;另一方面,积极推动全过程工程咨询服务的发展,这意味着"监理制"这种治理结构并不是工程交易治理结构设计的唯一选择。

2.3.2 重大工程建设过程分析与项目治理分解

与一般建设工程项目类似,重大工程建设要经历项目立项和项目实施两个过程或阶段,以及工程建成后的营运过程,在这些过程或阶段中均存在治理的问题。

2.3.2.1 重大工程立项和实施过程分析

(1)重大工程项目立项过程。这一过程中,政府方总是委托咨询企业对项目进行可行性研究,反之咨询企业为政府方提供咨询服务,形成一种(服务)交易关系,咨询企业提供的咨询成果就是项目可行性研究报告。

政府则以可行性研究为基础,进行项目决策。这涉及公共利益,还涉及经济社会的发展问题。如长江三峡工程,立项过程的可行性研究开展了几十年,后由全国人民代表大会投票做出决策,其复杂性、重要性可见一斑。2020 年 4 月,本课题组在调研南水北调东线(二期)工程时,专家们告之,该工程估算总投资约 1 900 多亿元,目前看来工程技术难度不大,其核心是协调工程沿线各省的利益关系,各方的诉求不同,矛盾较多,协调任务繁重,即项目决策治理并非易事。

(2)重大工程项目实施过程。工程项目实施过程以项目立项阶段确定的目标和方案为基础,一般采用市场方式,选择并委托建设企业完成,包括选择并委托设计企业承担工程设计、委托施工企业承担施工,以及委托工程监理企业对施工和工程设备制造等过程进行监管。

显然,重大工程项目实施过程是一系列的交易过程,项目法人主导的重大工程项目交易治理可能会面向多个工程咨询方和工程承包方,交易治理工作量大面广。

2.3.2.2　重大工程项目治理的二维分解

重大工程从项目立项决策到设计、施工的过程均存在交易问题,借鉴公司治理、交易治理和项目治理理论,可将工程交易治理分为交易治理结构和交易治理机制两个方面。它们如一枚硬币的两面,同等重要。因此,可按图 2-2 所示二维分解结构对工程交易治理进行研究。

图 2-2　重大工程项目治理的二维分解图

(1)立项过程治理。重大工程立项过程,包括重大工程决策治理和政府委托咨询企业从事项目可行性研究的交易治理。其中,决策治理是引导、规范和保障重大工程决策事务基于合法合理、科学民主、程序规范、协同制衡的制度与行为规则体系,重点为决策主体的决策治权、治能及执行力的科学配置与制衡[96];重大工程常跨省级或地市级,存在上级政府与下属若干政府的"多政府"相关的决策问题[97]。而项目可行性研究的交易治理相对简单,主要为政府方与被委托的工程咨询方之间的交易治理问题。

(2)实施过程治理。包括两个层面:一是政府方与项目法人之间的项目顶层治理;二是项目法人与各项目承包/咨询主体之间的交易治理。项目顶层治理主要解决政府主管部门与项目法人间的责任分担、协调,以及政府的监督、激励等方面的问题;对重大工程,实施过程交易治理较为复杂,各种委托代理关系纵横交错,有必要深入开展研究。

(3)运营过程治理。重大工程建成后,按什么规则运行? 这涉及工程影响范围内的相关各方利益。如某重大水利枢纽工程,在工程规划和建设期功能十分清晰:首要目标是防洪,它将使坝下游附近的防洪标准由现在的十年一遇提高到百年一遇,提高该河段及其下游的防洪能力,这是最重要的社会效益[98];其次发电和通航。如何进一步兼顾江西鄱阳湖等地区的防洪问题,这是该重大水利枢纽工程营运过程治理待优化的问题。

2.4　重大工程交易治理

重大工程交易治理有狭义和广义之分。狭义上的重大工程交易治理为其交易层面的治理,即项目法人与工程承包方/咨询方之间的治理。而广义上的重大工程交易治理还应包括重大工程项目顶层治理,即政府方与项目法人之间的治理,这主要在于项目顶层治理中的政府和项目法人在交易层面治理中均起主导作用。项目顶层治理对交易层面治理有深刻影响,本课题中将两者分开研究。然而,不论是广义还是狭义重大工程交易治理,均存在治理结构和治理机制的问题。

2.4.1　重大工程交易治理结构

2.4.1.1　工程交易治理结构规划

工程交易治理结构主要指交易的组织方式,以及支持完成每宗交易的基本/核心规则的安排。实践表明,重大工程一般由众多子项工程组成,且多为分期分批组织交易。因而项目法人一般要对交易治理结构进行规划,该规划分为两个层次。

(1)在工程项目层面上,重大工程交易治理结构规划包括:工程在空间上的分块交易,以及每块是采用设计施工相分离的交易方式,还是采用设计施工整合的交易方式,在本研究中将它们简称为工程交易方式/发包方式。重大工程一般不可能将整个工程作为一个整体交易,而是分成若干块进行交易,这也意味着项目法人要面对若干个承包方,这不排除某个承包方能获 2 个以上子项工程的承包权。采用设计施工相分离的交易方式时,意味着项目法人要面对设计和施工两个主体(设计方和施工方),而采用设计施工整合的交易方式,项目法人仅面对一个主体(工程总承包方)。显然,采用不同工程交易方式/发包方式,项目法人在工程交易治理中面临的问题差异会很大,并直接影响工程实施绩效。这一层面规划应由项目法人面向整个项目统一组织。

[案例 2-1] 南水北调东线(一期)江苏段工程交易方式/发包方式规划

工程初步设计概算投资 102 亿元的南水北调东线(一期)江苏段工程,南起长江边的江都水利枢纽,北至苏鲁交界南四湖,输水线路 404km,中间设置 13 个梯级泵站,总扬程 65m,项目法人为南水北调东线江苏水源公司。项目正式实施前,南水北调东线江苏水源公司就根据工程特点、建设条件等因素,将该工程划分为 40 个设计单元工程,即 40 个子项工程,并对每个设计单元工程,基本采用设计施工相分离的发包方式(DBB),并规划每个子项工程所包括的各类交易客体/合同;在工程项目实施/交易治理组织方面,项目法人对整个项目实行统一监管制度,并根据不同子项工程结构特点、建设条件等方面因素,对单个子项工程或集合若干子项工程设立工程现场管理机构:建设现场管理处,并由其履行项目法人的项目交易管理的部分职责。实践表明,该工程交易方式和交易管理组织方式设计是成功的[99,100]。

(2)在交易层面上,基本/核心规则有:交易主体(承包方/咨询方)的选择标准,即评标方法,以及交易合同计价方式,即合同类型的规划/设计。评标方法在理论上可分为单目标、双目标和多目标等评标方法,目前工程实践应用的评标方法有经评审的最低投标价法和综合评估法。同一宗工程交易,采用不同的评标方法可能得到不同的工程承包方和合同价。而合同计价方式,目前应用的有多种,如单价合同、总价合同等,合同计价方式不同,主要关系到项目实施过程的工程交易风险的分配,或对工程承包方的激励效果不同。

[案例 2-2] 南水北调东线(一期)淮阴三站工程合同计价方式设计不当而引发的风险

南水北调东线(一期)淮阴三站工程位于江苏淮安市清浦区境内,设计抽水流量为 100m³/s,工程概算投资 2.4 亿元,采用设计施工相分离发包方式。其中,泵站土建及设备安装子项目/标段,2006 年 4 月开工,合同工期 27 个月,采用固定单价合同。但 2007 年到 2008 年建筑材料主材价格上涨较快,特别是建筑用钢,2008 年的平均价格比 2006 年的平均价格上涨 2 681 元/t。这一市场风险施工承包方难以承受,被迫暂停施工,并提出停止履行施工合同。最后通过谈判、协商,市场风险进行了较为合理的分配。但经过这一过程,工程建设工期延误一年,项目法人除承担市场风险外,还要承受额外的建设工期风险[101]。

2.4.1.2 工程交易治理结构模式及其分解

(1)模式(model)的内涵。学者们对模式的定义并不十分统一,而陈世清的研究发现,大多学者认为模式是主体行为的一般方式,包括科学实验模式、经济发展模式、企业盈利模式等,是理论和实践之间的中介环节,具有一般性、简单性、重复性、结构性、稳定性、可操作性的特征[102]。

(2)工程交易治理结构模式(GS)。国内外工程项目交易研究和实践表明[92,103,104],重大工程交易方式/发包方式(D)、工程交易管理组织方式(O)、工程交易主体(承包方)的选择方式/评标方法(S)和交易合同计价方式/合同类型(Z)均存在多种典型方式。项目法人在对典型方式进行选择时,并不独立,而是要考虑它们间存在相互影响相互依赖的关系。因而,本课题研究根据这一特点,定义工程交易治理结构模式 GS 为:D、O、S 和 Z 等 4 方面典型方式之和,即这 4 种方式中具体的典型方式(或类型)的组合称为某工程交易治理结构模式,并可将 GS 用数学式表达为:

$$GS = f(D, O, S, Z) \qquad (2\text{-}1)$$

式(2-1)中,D、O、S 和 Z 是变量,为一些具体的、典型的方式(或类型),并具有离散的特点。如工程发包方式 D,目前典型的方式有 DBB(design bid build)、DB(design build)/EPC(engineering procurement construction)和 CM(construction magement)等;工程交易管理组织方式 O,首先是项目法人的类型,是企业型还是事业型,其次是项目法人根据工程特点和自身管理能力,采用何种方式辅助工程交易管理,因而形成了多种方式;而交易合同计价方式 Z,目前典型的类型有总价合同、单价合同和成本类合同等。对交易主体选择方式/评标方法 S,现行取值主要有两种:一是经评审的最低投标价法;二是综合评估法。

式(2-1)中,D、O、S 和 Z 等 4 个变量间存在着相互联系和影响,且关系密切,*GS* 是一个十分复杂的函数。因此,用解析方法寻求最佳的 *GS* 困难很大。

2.4.2　重大工程项目交易治理机制

2.4.2.1　工程项目交易治理机制界定

机制(mechanism)的概念在自然和社会学科中均有较多应用。在社会科学中,其内涵可表达为:在确认事物各个部分存在的前提下,协调各个部分之间关系,以更好地发挥作用的具体运行规则/方式。这里可将工程项目交易治理机制定义为:协调交易参与方之间关系,提升交易绩效的具体运行规则。设计工程项目交易治理机制的目的是向代理人(或工程承包方、咨询方)提出努力工作的激励,以解决信息不对称问题。

李维安在研究公司治理时指出,治理机制包括:激励机制、约束机制和决策机制[105]。然而,与公司治理相比,工程交易治理的层次多、主体多,其治理机制更为复杂。首先是建设工程的项目法人与工程设计、咨询、施工、设备和主要材料等的第一个层次的交易;其次是工程(总)承包方与工程各类专业承包方的交易。此外,还存在工程项目业主缺位,以及在工程现场实施项目的项目部/团队既要完成项目交易合同,接受项目法人或工程监理的监管,又要履行与母公司约定,完成项目目标和所承担的责任,即存在"一仆二主"问题[79]。因此,重大工程交易及其治理十分复杂,种类较多,纵横交错。分析建设工程交易治理机制有必要从建设工程委托代理关系入手。

2.4.2.2　工程项目委托代理关系体系

总结国内外建设工程实践,可构建如图 2-3 所示工程项目委托代理关系体系。

在图 2-3 中,隐形业主指,不能直接参与工程项目过程,却是项目真正的业主,包括政府投资项目、房地产项目等,这其中最典型的是房地产开发项目,房地产开发商是投资方而不是项目的真业主,最终业主是购房人。代理层级以主导建设工程交易的项目法人为基础计算,项目法人为建设工程市场交易的初始委托人。

2.4.2.3　重大工程交易治理问题分类

根据重大工程委托代理关系,如图 2-3 所示,可对工程项目交易治理体系进行分析、归纳,得到如表 2-4 所示典型的工程项目交易治理问题分类。

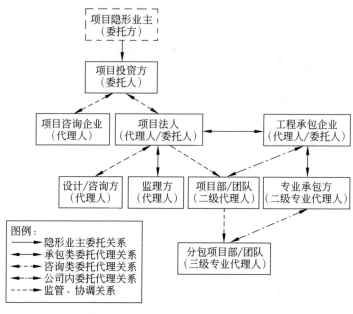

图 2-3　重大工程委托代理关系体系

2.4.2.4　工程交易典型治理问题分析

根据表 2-4,可将工程交易治理归纳为 5 类典型治理问题。

表 2-4　重大工程交易治理问题分类

项目阶段	委托代理关系	参与主体及其关系	委托代理关系分析	治理类型
项目全程	项目隐形业主委托,投资方为代理人	隐形业主(委托方) → 投资方(代理人)	(1)隐形业主:不能直接参与项目过程,却是项目真正的业主,包括政府投资项目、房地产项目等。 (2)隐形业主多,但不能参与项目治理。	隐形业主的治理:政府/公共治理
项目立项	项目投资方委托,工程咨询企业为代理方	项目投资方(委托方) → 工程咨询方(代理人)	工程项目立项时,投资方一般选择工程咨询机构承担咨询任务,并形成委托代理关系(咨询类)。	交易治理(咨询类)

项目阶段	委托代理关系	参与主体及其关系	委托代理关系分析	治理类型
项目实施	项目投资方委托,项目法人为代理方	项目投资方(委托方)↔项目法人(代理人)	(1)对政府投资项目,项目法人通常新组建,或委托现有事业单位承担,并形成委托代理关系,属(咨询类)项目治理。 (2)对企业项目,常采用市场委托或内设机构设立现场管理机构。前者属咨询类项目治理,后者属公司治理范畴。	交易治理(咨询类)/公司治理范畴
项目实施	项目法人委托,承包、供应企业为代理(一阶),设计/工程监理也为代理方	项目法人(委托人);设计/工程监理(代理人/委托方);(总)承包、供应企业(代理人)	(1)项目法人与设计/工程监理、(总)承包、供应企业存在交易治理关系。前者为咨询类;后者为承包类。 (2)设计/工程监理,项目法人委托的控制方,与承包、供应企业不存在合同关系,但存在管理、协调等关系。 (3)设计/工程监理与(总)承包、供应企业存在合谋问题。	交易治理(咨询类/承包类)
项目实施	项目法人委托,(总)承包人为代理方;(总)承包、供应企业又授权所属项目部履行(总)承包合同	项目法人(委托人);(总)承包、供应企业(代理人);项目部/团队(二级代理人)	(1)项目法人与(总)承包企业/供应商存在委托代理关系。 (2)(总)承包企业总是将项目任务通过内部任务书等形式下达给工程项目部。 (3)工程项目部代表承包企业履行项目法人与其母公司签订的工程承包合同,属公司治理问题。 (4)工程项目部面临双重治理。 (5)设计/工程监理项目部也面临双重治理问题。	交易治理(承包类)/公司治理

项目阶段	委托代理关系	参与主体及其关系		委托代理关系分析	治理类型
项目实施	（总）承包人为委托，分包方/供应商为代理方（二阶）	（总）承包方（代理人/委托方）	分包方/供应商（专业代理人）	（1）与项目交易治理（一阶）性质类似。 （2）分包方/供应商可能有多个。	交易治理（承包类）

（1）隐形业主与投资方的治理问题。这类治理存在于政府投资、房地产投资等项目中。对政府投资项目，政府代表（不确定的）纳税人投资建设工程；对房地产投资项目，在项目建设过程中，房产的业主方是不确定的，仅当房产项目销售后，才明确业主是谁。此时业主错失了对项目监管的机会。因此，在这两类项目建设过程中，业主均具有不确定性，业主对项目的监管是缺位的，并称他们为隐形业主。显然，这一治理任务只能交给代表这些业主利益的政府。因此，隐形业主与投资方的治理问题属政府/公共治理范畴。

（2）工程项目顶层治理问题。对重大工程，常由政府方投资或主导，而政府方一般构建项目法人，由其负责项目实施，包括工程设计、工程交易规划和选择承包方、对工程交易进行管理等。在政府方与项目法人之间就存在治理关系，即项目顶层治理。这其中项目法人存在多种类型，有政府下设的事业单位或企业，也有政府通过招标方式从市场上选择的咨询公司，以什么理论为基础来研究相关治理问题，值得探讨。

（3）工程承包类项目交易治理问题。项目法人与工程承包方之间，或工程总承包方与分包方间存在委托代理关系，以及承包合同存在不完全性，导致了"道德风险"控制，以及剩余权控制和剩余收益分配问题。这类治理问题主要涉及两类问题：一是项目法人与工程施工或设备制造（总）承包方之间的治理问题，并可称为一阶交易治理（承包类）；二是（总）承包方与分包方之间的治理，称为二阶交易治理（承包类）。陈勇强的研究认为，在一阶交易治理中，由于项目法人不够专业，使得信息不对称问题更加突出，因此"道德风险"问题更加严重，如何控制"道德风险"，成为一个研究的难点[106]；此外，洪伟民和吴光东等的研究认为，项目法人一般会委托设计/监理工程师对（总）承包方进行监管，因而此时在理论上还存在如何控制设计/监理工程师与（总）承包方合谋的问题[107,108]。对于二阶交易治理，以工程（总）承包方为主导，且其较为专业，信息不对称问题并不十分严重,而如何合理选择分包,并与分包方建立良好的长期合作关系,以实现化解项目风险,降低项目生产成本和交易成本的目标,这是(总)承包方十分关心的问题。因此,Winch G M 和尹红莲等用动态博弈等理论来研究此类问题,并提出了构建动态联盟等应对这类风险的策略[109,110]。

(4) 工程咨询类项目交易治理问题。与项目承包类合同相比,项目咨询类合同的技术含量较高,优质咨询成果所产生的附加值大。此外,项目咨询类交易合同的不完全性比承包类交易合同更大。显然,咨询类交易治理问题的核心是剩余权控制和剩余收益分配问题。因此,咨询类交易治理研究基本上集中在优化咨询项目收益的分配上。结合南水北调工程实际的研究,提出了工程设计新增收益分配的优化方案[111]。

(5) 工程施工承包、设计或监理等企业的项目部/团队的双重代理/治理问题。对重大工程项目,一般工程施工、设计和监理均在施工现场设有项目部,由它们代表母公司,履行与项目法人签订的工程承包和咨询类合同。它们的共同特点是:一方面,它们与母公司签有责任状或目标任务书,形成一种委托代理关系;另一方面,它们负责全面履行母公司与项目法人签订的合同,即成为事实上的代理方。因此,工程承包项目部既为母公司的代理方,也是项目法人委托合同的实际执行团队。因此,项目部与母公司和项目法人间存在"一仆二主"的关系。当然,这包括了公司治理和项目治理,治理机制的不同。沙凯逊、孙春玲等认为,可用共同代理理论来研究这类"一仆二主"的治理问题[79,112]。

2.4.2.5　不同治理结构模式下主要交易治理机制分析

工程咨询类和承包类项目交易治理机制,以及承包项目部双重交易治理机制问题一般重大工程均会涉及到,但对一些重大工程项目,采用不同交易治理结构模式时,主要交易治理机制问题存在差异。

(1) 不同项目发包方式下主要交易治理机制的差异。重大工程最常用的发包方式有 DBB 和 DB 方式。DBB 方式是在国内近几年已建重大工程中较常用的发包方式,其特点是将工程分项或分段发包,分别由不同的工程承包方同时承担,如南水北调中东线工程,广东省东深供水改造工程,以及众多的高速公路和高铁工程。在这些工程上,项目法人较多采用了较为常用的激励机制。其中,广东省东深供水改造工程对多个承包人采用了以"相对业绩比较"为基础的激励机制,即"锦标制"激励机制:项目法人对照工程合同,定期对承包人完成合同任务的绩效(主要为工程质量和进度)开展评价,并按绩效优劣排序,然后根据排序结果进行奖励,同时对达不到承包合同要求者,要求整改,并进行惩罚。采用这种机制后收到较好的交易治理效果[113]。而在 DB 方式下,治理问题较为复杂。首先是采用联合体承包方式,还是总分包方式;然后在不同方式下,项目参与方的角色不同,参与方间的责任和利益关系也不一样,管百海和安晓伟等认为,它们间的交易治理机制存在较大差异[114,115]。

(2)工程交易合同计价方式不同,项目交易主要治理机制存在差异。在 DB 条件下,一般是采用工程总价合同,而不采用单价合同。已有研究表明,采用总价合同,可激励工程承包方积极应对工程量不确定方面带来的风险,提高优化工程的积极性,而单价合同就不可能产生这一效应[116]。而对项目法人而言,采用总价合同也可以减轻工程计量方面的监管,并调整交易治理工作机制。

(3)项目法人选择的治理结构不同,工程交易主要的治理机制可能会有变化。任何一种项目交易治理机制,总是要求具有相应的治理结构与之相匹配,否则最理想的治理机制也难以落地。而项目法人治理结构的选择又与交易成本直接相关。因此,针对具体工程交易治理机制设计有必要充分考虑项目法人治理结构。

2.4.3 重大工程交易治理结构分层与机制多样性分析

2.4.3.1 重大工程交易治理结构分层及其优化问题

(1)重大工程交易治理结构的分层。重大工程实施的相关调研表明,虽式(2-1)中 D、O、S 和 Z 等 4 个变量存在相互影响的关系,为一整体,但由于重大工程的实施过程总是以子项工程为单位先后实施,且不可能统一开始或同时结束。因此,有必要将工程交易治理结构模式分解为:工程项目层面的工程发包方式 D 和工程交易管理方式 O 的选择,即交易治理结构模式Ⅰ的选择,以及子项工程交易层面的工程交易治理结构模式Ⅱ的选择。前者包括项目交易客体、交易管理方式的选择设计或优化,即发包方式 D 和 O 的优选;后者包括交易层面的评标方法 S 和交易合同类型 Z 的优选。

(2)重大工程交易治理结构的优化。在重大项目顶层治理结构设计中,政府方确定项目法人的类型。在此基础上,项目法人一般要细化交易管理方式,例如,仅采用工程监理,还是采用全过程工程咨询,项目法人一般要根据工程特点进行设计,这才完全确定了工程交易管理方式 O;此外,项目法人在工程交易前,也要对工程交易要素中交易客体的交易方式 D 规划;然后项目法人才能以子项工程交易为单元,对工程具体交易的重大事项,包括交易主体的选择方式/评标方法 S、交易合同类型/计价方式 Z 做出设计,即对重大工程交易,首先应设计项目层面的工程交易治理结构模式Ⅰ,其次是设计子项工程交易层面的工程交易治理结构模式Ⅱ。在近两百年的工程交易研究和实践中,式(2-1)中 D、O、S 和 Z 均已经形成了一些经典的方式,即式(2-1)中的 D、O、S 和 Z 是离散型变量。

由交易治理理论可知,优化交易治理结构的目标是降低交易成本[56]。因此,设计项目层面的工程交易治理结构,优化模型可用数学模型表达为[94,117]:

$$GS_{(Ⅰ)} = \min_{C_1}(D,O) \tag{2-2}$$

式(2-2)中, $\min\limits_{C_1}(D,O)$ 的发包方式 D 与交易管理方式 O 组合所形成的方案集合,其交易成本 C_1 最低的方案为优选的方案。

同样,设计子项工程交易层面的交易治理结构Ⅱ,优化模型可用数学模型表达为:

$$GS_{(Ⅱ)} = \min_{C_0+C_1}(S,Z) \tag{2-3}$$

式(2-3)中, $\min\limits_{C_0+C_1}(S,Z)$ 的评标方法 S 和合同计价方式 Z 方式的组合所形成的方案集合,其工程合同价 C_0 与交易成本 C_1 之和最低的方案为优选方案。

2.4.3.2　重大工程交易治理机制多样性分析及其优化问题

在公司治理时,可将公司治理机制概括为激励机制、约束机制和决策机制[105]。而在重大工程交易治理中,不同层面和不同类型的工程交易,其交易主体间存在多样化的利益关系,因此治理机制呈现多种状态。例如,在顶层治理中,当采用不同方式组建项目法人时,政府方选择的治理机制将不尽相同。事业单位型项目法人,其主要治理机制是如何对项目法人充分授权、协调和精神激励等;而对国资企业型项目法人,主要治理机制是合理分配风险、物质激励等。又如,对工程设计方的主要治理机制是如何激励其优化工程;对施工承包方主要治理机制是如何防止"偷工减料"等机会主义倾向。上述治理机制均存在优化的问题,在项目顶层治理中,政府方如何通过合理设置薪酬等机制充分调动项目法人在工程交易中科学施策的积极性;项目法人又是如何科学设置激励机制调动设计方优化工程设计的积极性等,以及如何采用激励机制诱导工程承包方为实现合同工程目标而努力等。

2.5　本　章　小　结

重大工程项目治理是对传统项目管理理论的发展。本章从治理的起源出发,探究了工程项目治理理论的发展过程,并提出了重大工程治理体系理论框架。

（1）治理是现代社会广泛应用的概念，但在不同领域的内涵不尽相同，有关治理的研究从 20 世纪下半叶开始以多维度不断向前发展。在社会科学领域，治理的研究范式主要基于政治学、公共管理学和新制度经济学。治理与管理，仅一字之差，但它们既不同根也不同源，两者在各种领域内均存在交织，但也有着根本的差异。管理可面向人、组织和物，而治理仅面向人和组织。管理面向人和组织时，通过"权威"起作用，存在管理者与被管理者的概念，而治理强调主体间的对等，通常是相关方事先协商确定行事规则，事中各方按规则行事，产生矛盾或冲突时采用协调方式解决。

（2）本课题基于交易视角，研究了重大工程治理体系的构架及其相互关系。基于新制度经济学的公司治理、交易治理的研究已经展开了几十年，并取得丰富的研究成果，相关理论也较为成熟。重大工程项目治理是在公司治理、交易治理的基础上开展的，研究起步较迟，但要比公司治理、交易治理复杂。事实上，在项目视角下，工程项目治理中包含着政府治理、公共治理、公司治理和交易治理的内容。而在交易治理视角下，重大工程交易治理包括项目外部治理和交易内部治理。外部治理包括政府治理、公共治理、承包方的公司治理等，交易内部治理为交易参与方之间的治理。这其中，外部治理是内部治理的边界条件，内部治理对外部治理具有反作用；但总体而言，重大工程交易外部治理中的政府治理对工程交易内部治理起主导作用。随着经济社会的发展，政府对建设工程领域的治理会不断进行调整和发展，并促进建设工程交易内部治理的发展和完善。

（3）本课题研究以交易为主线，分析了一般工程交易治理的 5 个典型治理问题和重大工程交易垂直治理的 3 个层面。5 个典型治理问题包括：

① 隐形业主与投资方的治理问题，其中，隐形业主不参与工程建设，如房地产项目中隐形业主为购房者，开发商是代理业主；

② 工程交易顶层治理问题，即政府或投资方与项目法人间的治理问题；

③ 工程承包类项目交易治理问题，即项目法人与工程承包方间的治理问题（一阶），以及工程承包方与分包方间的治理问题（二阶）；

④ 工程咨询类项目交易治理问题，即项目法人与工程咨询方间的治理问题；

⑤ 工程施工承包、设计或监理等的项目部/团队的双重代理、治理问题，即工程承包、咨询类企业在工程现场的项目部与企业总部和项目法人之间的双重代理/治理问题。

在交易性质上,上述③和④的治理问题属同一层面,均属市场交易治理。重大工程交易垂直治理的 3 个层面包括:

① 项目顶层治理;

② 工程承包/咨询类(市场)交易治理;

③ 建筑/咨询企业的项目部面临的双重代理/治理。

本课题研究主要讨论前两个层面的交易治理问题。

(4)为深入研究,本课题定义了工程交易治理结构模式。重大工程交易治理结构和治理机制是交易治理一枚硬币的"两面"。将近两百年工程项目管理研究与实践总结出的经典的工程交易方式、项目法人管理组织方式,以及工程交易主体选择方式/评标方法和工程合同计价方式的组合,定义为重大工程交易治理结构模式,并针对重大工程实践的特点,将重大工程交易治理结构模式分解成两个层面,即重大工程项目治理结构模式和交易层面治理结构模式。其中,项目法人的类型由政府方选择,具体交易的组织方由项目法人确定。本课题研究主要内容为重大工程项目顶层治理、工程承包/咨询类交易治理;而工程承包/咨询类交易治理的研究也仅聚焦交易治理结构的优选和交易治理机制的优化。

(5)本章主要创新点体现在:揭示了重大工程交易治理主要问题和治理层面,提出了重大工程治理体系构架,进而构建了重大工程交易治理结构模式框架。

本章内容一方面为后续各章内容奠定了理论基础,另一方面也为后续各章内容的展开明确了方向。

参 考 文 献

[1] WILLIAMSON O E. Comparative economic organization: the analysis of discrete structural alternatives[J]. Administrative Science Quarterly, 1991, 36(2): 269-296.

[2] (美)哈特,朱俊等译. 公司治理:理论与启示[J]. 经济学动态,1996(6): 60-63.

[3] 吴敬琏. 现代公司与企业改革[M]. 天津:天津人民出版社,1994.

[4] 李维安. 公司治理学(第 4 版)[M]. 北京:高等教育出版社, 2020.

[5] 罗西瑙,张胜军译. 没有政府的治理[M]. 南昌:江西人民出版社, 2001.

[6] 俞可平. 中国的治理改革(1978—2018)[J]. 武汉大学学报(哲学社会科学版), 2018, 71(3): 48-59.

[7] 张成福. 责任政府论[J]. 中国人民大学学报,2000(2): 75-82.

[8] 何增科,陈雪莲. 政府治理[M]. 北京:中央编译出版社,2015.

［9］ The Commission on Global Governance. Our global neighborhood—the report of the commission on global governance［M］. Oxford：Oxford University Press，1995.

［10］ 辞海编辑委员会. 辞海(第六版)［M］. 上海：上海辞书出版社，2009.

［11］ 胡凯，杨竞雄. 中国特色社会主义国家治理的概念论析［J］. 徐州工程学院学报（社会科学版），2014，29（5）：16-20.

［12］ ［法］让—皮埃尔·戈丹. 何为治理［M］. 钟震宇译. 北京：社会科学文献出版社，2010.

［13］ JESSOP B. The rise of governance and risks of failure：the case of economic development［J］. International Social Science Journal，1998，50（155）：29-45.

［14］ 蒋保信. 俞可平：“城管式困境”与治理现代化［J］. 同舟共进，2014（1）：23-27.

［15］ TURNER J R，SIMISTER S J. Project contract management and a theory of organization［J］. International Journal of Project Management，2001，19（8）：457-464.

［16］ MASTEN S E，MEEHAN J W and SNYDER E A. The costs of organization［J］. Journal of Law，Economics and Organization，1991（7）：1-25.

［17］ GOLES T. The impact of the client-vendor relationship on outsourcing success［R］. University of Houston，2001.

［18］ 蒋卫平，张谦，乐云，等. 工程项目中信任的产生与影响——基于承包商方视角［J］. 西安建筑科技大学学报(自然科学版)，2012，44（1）：97-102.

［19］ SMYTH H，EDKINS A. Relationship management in the management of PFI/PPP projects in the UK［J］. International Journal of Project Management，2007，25（3）：232-240.

［20］ 严玲，史志成，严敏，等. 公共项目契约治理与关系治理：替代还是互补？［J］. 土木工程学报，2016，49（11）：115-128.

［21］ 骆亚卓. 项目契约治理与关系治理研究现状与评述［J］. 人民论坛·学术前沿，2017（24）：104-107.

［22］ 沙凯逊. 建设项目治理十讲［M］. 北京：中国建筑工业出版社，2017.

［23］ 李善波. 公共项目治理结构及治理机制研究：基于互联契约的视角［D］. 南京：河海大学博士学位论文，2012.

［24］ 芮明杰. 管理学：现代的观点［M］. 上海：上海人民出版社，1999.

［25］ 王卓甫，张显成，丁继勇. 项目管理与项目治理的辨析［J］. 工程管理学报，2014，28（6）：102-106.

［26］ (美)项目管理协会. 项目管理知识体系指南(第6版)［M］. 北京：电子工业出版社，2018.

［27］ Project Management Institute. Construction Extension to the PMBOK Guide［M］. Pennsylvania：Project Management Institute，Inc.，2016.

［28］ ［瑞典］穆勒著，邵婧婷译. 项目治理［M］. 北京：电子工业出版社，2011.

［29］伯利，米恩斯著；甘华鸣，罗锐韧，蔡如海译. 现代公司与私有财产［M］. 北京：
　　　商务印书馆，2005.

［30］费方域. 什么是公司治理？［J］. 上海经济研究，1996(5)：36-39.

［31］周新军. 企业管理与公司治理：边界确定及实践意义［J］. 中南财经政法大学学
　　　报，2007(5)：107-112+143-144.

［32］TRICKER R I. Corporate Governance：practices，Procedures and powers in British
　　　Companies and Their Boards of Directors［M］. The Corporate Police Gover Publishing
　　　Company Limited，Oxford，UK，1984.

［33］NACIRI A. Internal and external aspects of corporate governance［M］. Routledge
　　　Press，Abingdon，Oxon，2008.

［34］MANNE H G. Mergers and the market for corporate control［J］. The Journal of
　　　Political Economy，1965，73(2)：110-120.

［35］郑志刚. 对公司治理内涵的重新认识［J］. 金融研究，2010(8)：184-198.

［36］高程德. 公司组织与管理第一版［M］. 北京：北京大学出版社，2000.

［37］吴敬琏. 我国公司治理结构存在的问题和改善的途径//改革：我们正在过大关
　　　［M］. 北京：生活·读书·新知三联书店，2001.

［38］李维安，郝臣，崔光耀，等. 公司治理研究 40 年：脉络与展望［J］. 外国经济与管
　　　理，2019，41(12)：161-185.

［39］徐鹏，史宏建，张越. 1998—2018 年中国公司治理研究热点与未来展望［J］. 山
　　　东财经大学学报，2019，31(6)：108-118.

［40］焦健，刘银国，刘想. 股权制衡、董事会异质性与大股东掏空［J］. 经济学动态，
　　　2017(8)：62-73.

［41］孙亚南，申毅. 高管激励、公司负债与代理成本：基于我国上市公司的实证研究
　　　［J］. 经济经纬，2015，32(5)：102-107.

［42］程翠凤. 高管激励、股权集中度与企业研发创新战略：基于制造业上市公司面板
　　　数据调节效应的实证［J］. 华东经济管理，2018，32(11)：118-125.

［43］尹美群，盛磊，李文博. 高管激励、创新投入与公司绩效：基于内生性视角的分行
　　　业实证研究［J］. 南开管理评论，2018，21(1)：109-117.

［44］叶松勤，凌方，廖飞梅. 管理防御、晋升激励与企业现金持有价值［J］. 财经论丛，
　　　2018(11)：74-84.

［45］徐宁，吴皞玉. 高管声誉影响了上市公司权力配置吗？双重代理关系框架下的实
　　　证研究［J］. 现代财经(天津财经大学学报)，2018，38(6)：31-44.

［46］徐向艺，徐宁. 公司治理研究现状评价与范式辨析——兼论公司治理研究的新
　　　趋势［J］. 东岳论丛，2012，33(2)：148-152.

［47］卢东斌，李文彬. 基于网络关系的公司治理［J］. 中国工业经济，2005(11)：
　　　95-102.

［48］DONALDSON L. A rational basis for criticisms of organizational economics：A reply to barney[J]. The Academy of Management Review,1990(3)：394-401.

[49] 陈伟民.代理理论、管家理论与公司治理分析框架的重构[J].理论探讨, 2013 (3)：86-90.

[50] FINKELSTEIN S, MOONEY A. Not the usual suspects：How to use board process to make boards better[J]. The Academy Management Executive, 2003(17)：101-113.

[51] 苏启林.基于代理理论与管家理论视角的家族企业经理人行为选择[J].外国经济与管理, 2007, 29(2)：51-56.

[52] 科斯.企业的性质//盛洪.现代制度经济学(上卷)[M].北京：北京大学出版社,2003.

[53] 威廉姆森.资本主义经济制度[M].段毅才,王伟译.北京：商务印书馆,2002.

[54] 张五常.经济组织与交易成本//经济解释[M].北京：商务印书馆, 2000.

[55] 诺思.制度、制度变迁与经济绩效[M].上海：上海三联书店, 1994.

[56] 威廉姆森.治理的经济学分析//新制度经济学[M].上海：上海财经大学出版社, 1998.

[57] GRANOVETTER M. Economic action and social structure：the problem of embeddedness[J]. American Journal of Sociology, 1985, 91(11)：481-510.

[58] 麦克尼尔.新社会契约论[M].雷西宁, 潘勤译.北京：中国政法大学出版社, 2004.

[59] 陈灿.当前国外关系契约研究浅析[J].外国经济与管理, 2004, 26(12)：10-14.

[60] GRANDORI A. Innovation, uncertainty and relation governance[J]. Industry and Innovation, 2006, 13(2)：127-133.

[61] GENCTÜRK E F, AULAKH P S. Norms-and controj-based governance of international manufacturer-distributor relational exchanges[J]. Journal of international Marketing 2007, 15(1)：92-126.

[62] CLARO D P, HAGELAAR G, OMTA O. The determinanes of relational governance and performance：How to manage business relationship?[J]. Industrial Marketing Management 2003, 32(8)：703-716.

[63] POPPO L, ZHOU K Z, ZENGER T R. Examining the conditional limits of relational governance：Specialized assets, performationce ambiguity, and long-standing ties[J]. Journal of Management Studies, 2008, 45(7)：1195-1216.

[64] DAVID R J, HAN S K. A systematic assessment of the empirical support for transaction cost economics[J]. Strategic Management Journal, 2004, 25(1)：39-58.

[65] JOSHI A W, STUMP R L. The contingent effect of specific asset investments on joint action in manufacturer supplier relationships：An empirical test of the moderating role of reciprocal asset investments, uncertainty and trust[J]. Journal of Academy of Marketing Science, 1999, 27(3)：291-305.

[66] VANDALE D, RANGARAJAN D, GEMMEL P, et al. How to govern business

services exchanges: Contractual and relational issues[J]. International Journal of Management Reviews, 2007, 9(3): 237-258.

[67] SHENG S, BROWN J R, NICHOLSON C Y, et al. Do exchange hazards always foster relational governance? An empirical test of the role of communication[J]. International Journal of Research in Marketing, 2006, 23(1): 63-77.

[68] 陈灿. 国外关系治理研究最新进展探析[J]. 外国经济与管理, 2012, 34(10): 74-81.

[69] CANNON J P, ACHROL R S, GUNDLACH G T. Contracts, norms, and plural form governance[J]. Journal of the Academy of Marketing Science, 2000, 28(2): 180-194.

[70] FERGUSON R J, PAULIN M, BERGERON J. Contractual governance, relational governance, and the performance of interfirm service exchanges: The influence of boundary-spanner closeness[J]. Journal of the Academy Marketing Science, 2005, 33(2): 217-234.

[71] CARSON S J, MADHOK A, WU T. Uncertainty, opportunism, and governance: The effects of volatility and ambiguity on formal and relational contracting[J]. Academy of Management Journal, 2006, 49(5): 1058-1077.

[72] BEER R, AHN H S, LEIDER S. Can trustworthiness in a supply chain be signaled? [J]. Management Science, 2017, 64(9): 3974-3994.

[73] 袁正, 王雷. 声誉机制与市场交易治理[J]. 中共四川省委党校学报, 2018(4): 51-59.

[74] TURNER J R, KEEGAN A. The versatile project-based organization: governance and operational control[J]. European Management Journal, 1999, 17(3): 296-309.

[75] KLAKEGG O J, WILLIAMS T, MAGNUSSEN O M, et al. Governance frameworks for public project development and estimation[J]. Project Management Journal, 2008, 39(S1): S27-S42.

[76] 尹贻林, 严敏, 严玲. 政府投资项目治理机制研究[J]. 水利水电技术, 2006, 37(8): 84-87+93.

[77] 丁荣贵, 王彦伟, 孙涛, 等. 政府投资 R&D 项目治理过程模型的实证研究[J]. 科学学与科学技术管理, 2009, 30(8): 34-40.

[78] WINCH G M. Governing the project process: a conceptual framework[J]. Construction Management and Economics, 2001, 19(7): 799-808.

[79] 沙凯逊. 建设项目治理[M]. 北京: 中国建筑工业出版社, 2013.

[80] SHA K. Incentive strategies for construction project manager: a common agency perspective[J]. Construction Management and Economics, 2019, 37(8): 461-471.

[81] 王华, 尹贻林. 基于委托—代理的工程项目治理结构及其优化[J]. 中国软科学, 2004(11): 93-96.

[82] 严玲，赵黎明. 论项目治理理论体系的构建[J]. 上海经济研究，2005(11)：
   106-112.

[83] TURNER J R, MÜLLER R. On the nature of the project as a temporary organzation
   [J]. Internation Journal of Project Management, 2003, 21(1)：1-8.

[84] ARITUA B, SMITH N J, BOWER D. Construction client multi-projects：A complex
   adaptive systems perspective[J]. International Journal of Project Management, 2009,
   27(1)：72-79.

[85] MÜLLER R, PEMSEL S, SHAO J. Organizational enablers for governance and
   governmentality of projects：A literature review[J]. International Journal of Project
   Management, 2014, 32(8)：1309-1320.

[86] 罗岚，陈博能，程建兵，等. 项目治理研究热点与前沿的可视化分析[J]. 南昌大
   学学报(工科版)，2019, 41(4)：365-370+408.

[87] 胡毅，李永奎，乐云，等. 重大工程建设指挥部组织演化进程和研究评述——基
   于工程项目治理系统的视角[J]. 工程管理学报，2019, 33(1)：79-83.

[88] WINCH G M. Towards a theory of construction as production by projects[J]. Building
   Research and Information, 2006, 34(2)：154-163.

[89] 丁荣贵. 基于过程的项目治理方式的实现[J]. 项目管理技术，2007(10)：73-76.

[90] 丁荣贵，邹祖烨，刘兴智. 政府投资科技项目治理中的关键问题及对策[J]. 中国
   软科学，2012(1)：90-99.

[91] TURNER J R, KEEGAN A. Mechanisms of governance in the project-based
   organization：roles of the broker and steward[J]. European Management Journal,
   2001, 19(3)：254-267.

[92] AHOLA T, RUUSKA I, ARTTO K, et al. What is project governance and what are its
   origins？[J]. International Journal of Project Management, 2014, 32(8)：1321-1332.

[93] 王卓甫，杨高升，洪伟民. 建设工程交易理论与交易模式[M]. 北京：中国水利
   水电出版社，2010.

[94] 沙凯逊，曾大林，张琳. 对我国建筑交易体制发展历程的回顾与思考[J]. 建筑经
   济，2017, 38(4)：5-8.

[95] 沙凯逊. 从欧盟五国看建筑交易体制的多样性[J]. 施工企业管理，2019(4)：
   74-76.

[96] 盛昭瀚，程书萍，李迁等. 重大工程决策治理的"中国之治"[J]. 管理世界，
   2020,36(6)：202-212+254.

[97] 张劲文，盛昭瀚. 重大工程决策"政府式"委托代理关系研究——基于我国港珠
   澳大桥工程实践[J]. 科学决策，2014(12)：23-34.

[98] 陆佑楣. 长江三峡工程建设管理实践[J]. 建筑经济，2006(1)：5-10.

[99] 张劲松. 南水北调——东线源头探索与实践[M]. 南京：江苏科学技术出版
   社，2009.

[100] 南水北调东线江苏水源公司,河海大学.南水北调东线江苏段工程建设与管理(上卷:工程建设管理)[R].2016.

[101] 河海大学.南水北调东线工程淮阴三站工程建设投资评价报告[R].2010.

[102] 陈世清.经济学的形而上学(第 2 版)[M].北京:中国时代经济出版社,2011.

[103] 陈勇强,焦俊双.工程项目交易方式与支付方式对项目成本的影响[J].同济大学学报(自然科学版),2011(9):1407-1412.

[104] 陈勇强,焦俊双,张扬冰.工程项目交易方式选择的影响因素及其方法[J].国际经济合作.2010(2):51-55.

[105] 李维安.公司治理[M].天津:南开大学出版社,2001.

[106] 陈勇强,傅永程,华冬冬.基于多任务委托代理的业主与承包商激励模型[J].管理科学学报,2016,19(4):45-55.

[107] 洪伟民,王卓甫.工程监理寻租行为的博弈分析与对策[J].人民黄河,2008,30(2):66-67+69.

[108] 吴光东.基于演化博弈的建设项目代理人合谋行为研究[C].上海:第八届中国管理学年会(管理与决策科学分会场)论文集,2013:54-62.

[109] WINCH G M. Managing construction project: An information processing approach [M]. Oxford: Blackwell Science, 2002.

[110] 尹红莲,王卓甫,陈治义.工程总分包动态联盟收益分配研究[J].人民长江,2009,40(5):87-89+94+113.

[111] 王卓甫,凌阳明星,丁继勇,等.南水北调工程设计优化收益分配模型分析[J].科技管理研究,2016,36(19):220-223+241.

[112] 孙春玲,张华,李贺等.基于共同代理框架的项目经理授权赋能研究[J].建筑经济,2012(6):31-34.

[113] 广东省东江—深圳供水改造工程建设总指挥部.东深供水改造工程(第一卷 建设管理)[M].中国水利水电出版社,2005.

[114] 管百海,胡培.重复合作联合体工程总承包商利益分配机制[J].系统管理学报,2009,18(2):172-176.

[115] 安晓伟,王卓甫,丁继勇,等.联合体工程总承包项目优化收益分配谈判模型[J].系统工程理论与实践,2018,38(5):1183-1192.

[116] 王卓甫,丁继勇.工程项目管理:工程总承包管理理论与实务[M].中国水利水电出版社,2014.

[117] 丁继勇,王卓甫,安晓伟.水利水电工程总承包交易模式创新研究[M].北京:中国建筑工业出版社,2018.

第 3 章　重大工程项目顶层治理及其优化

20 世纪 90 年代起,我国重大工程建设逐步实行"政府主导+市场机制"的建设体制,即政府方组建或授权工程/建设项目法人/建设单位,然后由项目法人采用市场机制负责工程全过程实施。显然,项目法人组建方式,以及其诚信和能力对重大工程交易治理影响重大。

3.1　重大工程项目顶层治理及其发展

我国重大工程项目顶层治理体系经近 30 年的发展,日趋完善,但仍有较大的优化空间。特别在进入 21 世纪后,我国重大工程建设发展迅猛,各种新项目的顶层治理结构和机制均在探索之中,但其中缺乏与我国新时代经济社会发展相适应,并结合重大工程建设特点具有创新性理论的指导。因而迫切需要广泛、深入、系统地开展相关理论研究,为重大工程建设高质量发展提供理论支持。

3.1.1　重大工程项目顶层及其治理问题

近 30 年来,我国重大工程建设由政府方发起,并参与工程投资,然后由其组建重大工程建设责任主体——项目法人。在重大工程实施中,政府方要求项目法人采用市场机制实施工程,并对工程重大问题决策和建设条件落实等方面提供支持。因而这里将重大工程建设体制概括为"政府主导+市场机制"。实践表明:这一建设体制是合理的,政府主导协调解决重大工程建设中的关键问题,体现了我国社会主义制度"集中力量办大事"的优势和强大的组织协调能力;而工程建设采用市场机制,即引进市场竞争机制,可促进生产力水平的提升。

从重大工程项目直接参与管理主体的顶端至具体实施工程的基层,存在着政府→项目法人→工程承包方/工程咨询方→工程分包方等自上至下的垂直关系链,该链中间的横向,还包含着各类物料供应的横向关系链。而在重大工程实施的垂直关系链中,"政府→项目法人"这一关系层面中两者并不完全独立,它们之间相互联系和依赖,但它们位于重大工程项目的顶端,其下才是相对独立的市场主体。因而称"政府→项目法人"为项目顶层。另外,在委托代理理论视角下[1],在政府方和项目法人之间,事实上存在委托代理关系。政府是委托方,项目法人是代理人,即在政府方与项目法人之间存在代理人问题,重大工程项目顶层治理问题因此被提出了。

在项目治理视角下,重大工程项目从上至下垂直关系链所形成的治理体系被称为垂直治理[2,3]。其中,"政府→项目法人"这一层面的治理在此处称重大工程项目顶层治理。在项目法人之下的各个层面,包括与项目法人直接相关的层面,在市场经济环境下,均属重大工程交易治理层面。显然,项目顶层治理是重大工程项目治理体系的龙头,其影响着重大工程的各类交易治理;同时项目顶层治理现代化是实现整个重大工程治理现代化的基础和保证。

政府管理重大工程项目涉及多个方面,涉及下属多个部门,对此政府一般会授权一个下属部门主管重大工程项目,称其为政府主管部门,其是项目所有者的代表或发起人[4,5],并代表工程所涉及的人民群众;而工程项目法人则既是项目顶层管理团队,又是重大工程交易层面治理的主导者[6,7],并承担重大工程实施的责任。显然,重大工程项目顶层治理能力不仅影响着重大工程建设绩效[8,9],而且也关系到与重大工程相关的人民群众的福祉。

3.1.2　重大工程项目顶层治理结构发展及面临的挑战

我国重大工程项目治理结构随着经济体制的发展而发展,并从建设指挥部模式跨越到项目法人责任制,且在不断完善之中。

3.1.2.1　重大工程项目顶层治理结构(一):建设指挥部模式

20 世纪 50—80 年代中期,我国实行计划经济体制,重大工程建设均采用建设指挥部模式,指挥部负责人由不同层级政府领导担任,这决定了该工程建设或运行的影响范围。如 20 世纪 60 年代成功建成的南京长江大桥,其建设指挥部负责人由铁道部大桥局和江苏省政府领导担任[10]。

在建设指挥部模式下,建设投资由政府投资主管部门按条块分配,地方或企业无偿使用;工程设计、工程施工和工程设备制造等任务也是按计划,并采用行政指令方式分配。事实上,当时在重大工程建设实施中,不存在交易问题,但存在项目治理的问题。由中央或地方政府组建的工程建设指挥部负责,即工程建设指挥部在重大工程实施中统一协调工程建设条件、参建各方的关系,并承担项目实施总体计划和控制等职能,其本质为重大工程项目顶级管理层。

建设指挥部虽是临时性的跨政府职能、跨部门的组织机构,但其拥有双重职能:一是要代表政府对重大工程生产活动进行全面统筹和计划,包括协调和配置经济、物质资源,以及保障建设所需的外部条件;二是要履行主管工程现场管理职能,计划和组织现场施工安排,指令或调度各参建方的现场作业,确保工程项目目标的实现。

在现代管家理论视角下,临时组建的建设指挥部就是政府专门管理某个或某些重大工程建设的管家,政府充分信任工程建设指挥部,并授予其项目建设外部条件协调,以及项目实施过程计划、组织和决策的权力;而工程建设指挥部虽为一临时机构,但在计划经济体制下,具有主人翁的责任感,为实现项目目标而努力工作。当重大工程项目完成后,相关人员将继续被安排至政府其他部门或国有企业工作。

在工程建设领域,计划经济时代出现的建设指挥部模式,在我国推行社会主义市场经济的环境下,项目实施管理(或项目交易治理)的职能被与市场经济相适应的项目法人责任制、"代建制"所替代,但协调工程建设外部环境的职能还存在,如21世纪初建成的长江三峡工程,设有国务院长江三峡工程领导小组及其办公室;2014年建成通水的南水北调工程(一期),设有国务院南水北调工程建设委员会及其办公室;它们的主要任务是协调工程建设外部环境,并履行政府对项目法人的监管职能。又如,目前广东省正在建设的珠江三角洲水资源配置工程等多项重大工程,广东省人民政府成立了以省长为总指挥的重大工程建设项目总指挥部及其办公室,其主要任务是重大工程建设外部条件的协调[11]。因此,此处提及的重大工程建设指挥部与传统工程建设指挥部不同,其主要承担重大工程建设外部环境的协调任务,并对项目法人履行监管职责。

3.1.2.2　重大工程交易顶层治理结构(二):项目法人责任制

20世纪80年代初,我国开始由计划经济体制向市场经济体制发展。在工程建设领域,1982年我国利用世界银行贷款的云南省鲁布革水电站引水系统工程项目开工建设。为满足世界银行贷款条件,该工程引进了国际上通行的招标承包和由"业主—(监理)工程师—承包商"三位一体的建设管理模式,并取得了工程投资省、工期短和质量优的效果[12,13]。该工程项目建设模式改革的成功,形成了巨大的"冲击波",促进了整个工程建设领域管理体制的改革,并影响着其他经济领域体制的改革和发展。在1984年全国六届人大二次会议的政府工作报告中,明确肯定了工程投资包干责任制和招标承包制。1988 年国务院在《投资管理体制近期改革方案》(国发〔1988〕45 号)中明确提出了,由建设项目投资方组成董事会或管委会对建设项目投资全面承担责任。但这一改革方案的普遍指导意义不足,因而一直没有公布详细实施细则。此后的 1992 年,原国家计划委员会下发了《关于项目实行业主责任制的暂行规定》,但谁是业主? 也难以认定。直到 1996 年水利部和原国家计划委员会先后提出实行(建设)项目法人责任制[14,15],才解决了这一问题,特别是原国家计划委员会明确规定,项目法人可按《中华人民共和国公司法》的规定设立有限责任公司(包括国有独资公司)或股份有限公司。项目法人对项目的策划、资金筹措、建设实施、生产经营、债务偿还和资产的保值增值,实行全过程负责。因而经过十多年的探索,工程建设领域管理体制改革的标志性成果——项目法人责任制出现了。

项目法人责任制的建立,全面推进了工程建设领域市场化的改革,为工程建设领域构建完善的交易体系奠定了基础。但要注意到,原国家计划委员会仅针对国有企业投资的建设项目(或经营性建设项目)提出项目法人的设立方式,但对于政府投资建设项目的项目法人如何确定? 国务院和国家投资主管部门均没有明确规定。2000 年国务院批转原国家计委、财政部、水利部、原建设部《关于加强公益性水利工程建设管理若干意见的通知》(国发〔2000〕20 号),对水利公益性建设项目的项目法人责任制进行了完善,但其中对如何设立项目法人也没有明确规定。各地在构建中国特色社会主义市场经济体系思想指导下,政府投资的工程项目法人组建方式在不断探索,深圳市借鉴香港等地区的经验设立建筑工务署,主要负责市政府投资建设工程项目(水务和交通工程项目除外)的资金管理、前期审批事项报批、招投标管理、预决算和投资控制管理,政府公共房屋本体结构性维修工程的监督管理;南水北调工程设立国资公司对项目的建设实施进行管理,包括工程交易计划、工程招标和工程目标控制等;江苏、安徽等省水利领域,省水利主管部门下设水利工程建设管理局,对省属政府投资重大水利工程建设进行管理。总之,在各地、各行业,政府投资工程项目法人责任制的形式呈多样化的趋势。

根据江苏、安徽和广东等省水利建设领域的调研结果,项目法人(或项目法人组建方式)是个“大家族”,政府投资水利建设的项目法人组建基本方式有:事业型项目法人和企业型项目法人。在事业型项目法人中,按项目法人单位运作的经费来源,又可分为事业 I 型和事业 II 型项目法人,前者为政府全额拨款单位,后者为政府部分拨款、部分依靠项目的建设管理费支持;按管理项目的多少,可分为"集中"型项目法人和"一对一"分散型项目法人。前者管理多个工程项目;后者仅管理单个工程项目,项目完成后移交或继续项目的营运管理。企业型项目法人,主要针对经营性项目或准经营性项目,其中又分为国有全资企业型项目法人和国资参股企业型项目法人[16]。

重大工程由政府主导,项目法人如何组建对工程项目实施有深刻影响,并直接影响着项目实施的绩效,因此,相关研究有待深入。

3.1.2.3 重大工程交易顶层治理结构(三):代建制

项目法人责任制为保证重大工程实施过程中应用市场机制创造了条件、奠定了基础。但由政府直接组建项目法人,其主要缺陷如下。

(1)项目法人为临时性组织。政府部门可能针对某项目组建项目法人,由相关人员组成临时组织,而项目实施完成后,相关人员的安排一般为两种去向:一是继续负责建成工程的运行管理;二是解散项目法人这一临时组织,相关人员回原单位或另谋职业。

(2)项目法人的专业管理能力差。项目法人因具体工程项目而设立,相关人员不一定有工程项目管理的经历;相关人员为临时集合,而他们一般没有专业化管理的合作经历,更谈不上具备管理上的经验。因此,项目法人的管理专业化方面存在较大问题,对建设项目管理水平提升会产生直接影响。

针对项目法人责任制实行过程中存在的不足,21世纪初,在深圳、厦门等地率先开始探索如何落实项目主体责任、如何科学构建项目法人的问题。这在后来被总结并称为"代建制"。2004年国务院在《国务院关于投资体制改革的决定》(国发〔2004〕20号)中明确提出,对非经营性政府投资项目加快推行"代建制",即通过招标等方式,选择专业化的项目管理单位/企业负责建设工程项目的实施,严格控制项目投资、质量和工期,竣工验收后移交给使用单位。

"代建制"的关键是建设市场要有能力提供与工程项目相适应的专业性工程咨询公司,特别是针对重大工程,要求这类专业工程咨询公司有强大的项目管控能力,这在一定程度上限制了"代建制"在重大工程建设领域的应用和发展。

项目法人责任制解决了工程建设项目责任主体落实的问题。在此基础上,"代建制"进一步弥补了项目法人责任制存在的临时性,以及专业化程度低的不足,并为项目法人的设立或构建增加了更多的选择,为工程建设市场化发展增添了活力。在一些工程上,也出现了"项目法人+"的模式,即以项目法人责任制为基础,项目法人聘请项目专业管理公司为其提供服务的项目管理模式。在现代工程咨询视角下,亦称全过程工程咨询模式[17]。

3.1.2.4　重大工程交易顶层治理结构(四):PPP 模式下的项目公司

2014 年国家发改委下发《关于开展政府和社会资本合作的指导意见》(发改投资〔2014〕2724 号),财政部也下发《政府和社会资本合作模式操作指南(试行)的通知》(财金〔2014〕113 号),大力推行 PPP 模式。对于采用 PPP 模式的项目,其项目公司自然为传统的项目法人,该公司不仅是工程项目建设的责任主体,还是建成后工程营运的责任主体。项目公司一般有独资和股份制两种形式。显然,与项目法人责任制和"代建制"相比,采用 PPP 模式,表明其传统的项目法人是通过市场化选择的,但这种选择并没有将传统项目法人或"代建制"中代建方的选择标准作为主要依据,而是将社会资本方资金实力等方面作为主要考量指标。在这一方面,与推行项目法人责任制和"代建制"时选择项目法人的初衷并不完全吻合。

经过几年发展,我国 PPP 模式的推广应用也出现了不少问题。因此,2018 年国家发改委和财政部又分别发文,对 PPP 模式推广应用中出现的一些异常现象进行纠偏。PPP 模式 30 多年前就在国外出现,虽一些项目取得了成功,但失败的项目也不在少数[18]。总体而言,PPP 模式并不具有普适性,这种项目顶层治理结构也仅是在 PPP 模式下存在,但无论如何,政府与项目法人的治理问题总是存在的。

3.1.2.5　重大工程项目顶层治理发展评述与面临的挑战

(1)重大工程项目顶层治理发展评述

20 世纪 50 年代到 80 年代中期我国实行计划经济,在工程建设领域,项目顶层治理则采用政府主导的工程建设指挥模式,其具有两大功能:一是协调项目建设的外部条件,二是组织项目的实施,包括项目实施中设计、施工,以及工程设备和物料的供应。在这种顶层治理模式下,我国也建成了一批重大工程,如大庆油田、南京长江大桥、成昆铁路、刘家峡水电站、北京地铁 1 号线一期(苹果园至复兴门段)等,但建设效率不高的现象也客观存在,这与建设技术及实施体制机制相关。"工期马拉松,投资无底洞"现象在当时重大工程建设中经常出现[12],其中,江西省重大工程万安水电站 20 世纪 60 年代初开工,90 年代初才全面完工,历时近 30 年[19]。

20 世纪 80 年代初,我国开始推行社会主义市场经济,建设领域的改革重点是在工程实施过程中引进市场机制,采用承包制、通过招标方式选择承包方等。这一改革的最大收获是在工程实施中引进了市场竞争机制,促进了生产力的发展。此后,工程建设领域改革的重要方向为:由政府主导的建设指挥部模式,转向由市场主体主导来实施工程项目。这一改革一方面促进了工程建设市场化和专业化;另一方面解决了长期以来政企不分,即政府既是"运动员"又是"裁判员"的问题,全面实现建设领域市场化,并让政府扮演好建设市场监管者和协调者的角色。

20世纪90年代中后期,项目法人责任制的形成,标志着我国工程建设领域基本上实现了市场化,项目法人作为工程项目实施的责任主体,对工程项目实施全过程负责,包括建设资金筹措、项目组织,以及项目实施全过程的管理。但对政府投资项目,项目法人是先天缺位的,如何组建项目法人? 相关研究和实践并没有给出理想答案。

针对政府投资工程项目法人责任制面临的问题,2004年国家投资主管部门提出了"代建制"的概念,其本质是通过市场机制选择工程交易的责任主体,并用合同方式对其进行监管。但这样建设市场就面临着有没有能力提供重大工程建设"代建方"的问题,即建设市场是否存在可供选择的能承担重大工程建设管理任务的工程咨询类企业? 因而"代建制"在我国重大工程建设领域的应用并不广泛。

进入2014年后,PPP模式在我国大行其道,在水利建设领域还废止了项目法人责任制的相关规定(国发〔2000〕20号)。在这种模式下,项目公司本质上承担项目法人的角色,即为项目法人,而该项目公司可能为国资参股企业或民营企业。然而,实践表明,PPP模式并不具有普适性,"十三五"期间国务院确定建设的172项重大水利工程中,仅有少部分采用了这种模式。

特别注意到,传统的重大工程建设指挥部模式已经分解,其直接管理工程项目的职能已经由项目法人(包括政府下属事业单位、国有全资企业或工程咨询企业等)所替代,而其协调建设条件等职能还存在,最典型的就是广东省2019年10月成立的重大工程建设项目总指挥部。省政府明确指出,建设项目总指挥部的主要功能是推进重大工程建设条件的落实,以促进重大工程建设[16]。

(2) 重大工程项目顶层治理面临的挑战

目前,我国重大工程项目法人构建方式趋向多样化,包括:政府组建事业单位、专门构建国资或国资参股企业,以及在市场上选择工程咨询公司等多种方式,各有特色,应用于不同工程项目。然而,不同方式与政府间的关系存在差异。因此,针对具体重大工程,既存在项目法人构建方式优选问题,也存在重大项目顶层如何治理的问题。本书收集的国务院2014

年确定建设的 172 项重大水利工程中,8 个典型工程项目顶层治理结构如表 3-1 所示。

表 3-1 典型重大水利工程顶层治理结构

工 程 名 称	投资概算 (亿元)	开工年份 (工期/月)	项目法人/建设 单位(性质)	政府常设 管理机构	政府主管 部门
江西峡江水利枢纽工程	99.2	2009 (72)	江西省峡江水利枢纽工程建设总指挥部(事业单位)	无	江西省水利厅
贵州黔中水利枢纽工程(一期)	73.0	2009 (72)	贵州省黔中水利枢纽工程建设管理局(事业单位)	无	贵州省水利厅
广西大藤峡水利枢纽	357.4	2015 (108)	广西大藤峡水利枢纽开发有限责任公司(股份制企业)	无	水利部珠江水利委员会
滇中引水工程	825.8	2015 (96)	云南省滇中引水工程建设管理局(事业单位)	无	云南省人民政府
引江济淮(安徽段)工程	857.3	2016 (72)	安徽省引江济淮集团有限公司(省属国有独资企业)	省引江济淮工程领导小组办公室(挂靠省发改委)	安徽省引江济淮工程领导小组
引江济淮(河南段)工程	76.5	2019 (48)	河南省引江济淮工程有限公司(PPP项目:合资企业)	河南省豫东水利工程管理局(事业单位,原水管单位)	河南省水利厅
湖南涔天河水库扩建工程	130.0	2015 (88)	湖南涔天河工程建设投资有限责任公司(市属企业)	无	湖南省永州市水利局
珠三角水资源配置工程	354.0	2018 (60)	广东粤海珠三角供水有限公司(股份制企业)	省水利重大项目建设总指挥部办公室(挂靠省水利厅)	广东省重大工程建设项目总指挥部

调研结果表明,表 3-1 中顶层治理结构上均存在一些缺陷,相对而言,引江济淮工程、珠三角水资源配置工程顶层治理结构形式较为完整。但在项目顶层治理机制上,均以重大工程实施中重大事项协调为主,而对项目

法人行为的激励、约束较为薄弱。如广东粤海珠三角供水有限公司为省属国资企业及工程受益地区政府所属企业(除中央和省政府财政投资外)构建的合资公司,省水利重大项目建设总指挥部办公室设在省水利厅,主要职责是对工程建设的征地拆迁等进行协调。

(3) 重大工程项目交易治理暴露较多问题,但部分原因还是在项目的顶层

2019 年,水利部根据《水利工程建设质量与安全生产监督检查办法(试行)》(水监督〔2019〕139 号)分两批对 20 个省份的 32 项重大水利工程(含子项目)进行了稽查。经稽查发现这些重大工程实施中存在较多问题,而其责任主体为项目法人的问题有 544 个,平均每项工程有 18.1 个问题,其中,严重问题 44 个,较重问题 199 个,一般问题 301 个。经分析,引起这些问题的根源较多的是项目法人履责不到位。进一步分析其原因,既有项目法人工程交易治理能力薄弱、依法办事意识淡薄,以及项目法人积极性和创造性没有被充分调动等因素,也存在负责重大工程实施的政府主管部门对项目法人支持、监督或协调不到位等问题[20]。

[案例 3-1] 长江三峡工程顶层治理结构分析

举世瞩目的长江三峡工程,坝高程 185m;装机:主要包括 32 台单机容量为 70 万 kW 的发电机;正常蓄水位:175m;总库容 393 亿 m³;1994 年正式动工兴建,2003 年开始蓄水发电,于 2009 年全部完工,产生了重大的经济效益和社会效益。该工程实施主要分成枢纽工程、输变电工程和库区移民工程 3 块,分别由中国长江三峡集团公司、国家电网公司和三峡工程建设委员会移民开发局负责实施。而国务院成立三峡工程建设委员会(非常设机构),下设三峡工程建设委员会办公室(常设机构),该办公室的主要职责是对工程重大事项进行协调,并没有明确与项目顶层管理机构的关系。在长江三峡工程十多年实施中,除国家审计署曾多次对工程实施进行审计外,对中国长江三峡集团公司等 3 个单位的常态化监管也存在一定的漏洞。这在工程项目顶层治理视角下,即为治理结构或机制存在的一定的不足。因此,在工程竣工决算草案审计时,虽充分肯定了取得的成绩,也指出了存在的一些问题。

国家审计署最终的审计报告认为,三峡工程的主要成效有:各项建设任务如期或提前完成;工程质量总体优良;综合效益逐步显现;移民生活水平不断提高,生态环境建设保护工作得到加强,对我国水电工程建设和重大装备技术进步起到了积极带动作用。主要评价包括:投资控制有效,建设管理比较规范,建设资金管理总体规范,竣工财务决算草案基本真实。

但该报告还指出,国家审计署对枢纽工程进行了 6 次审计,对移民资金进行了 13 次审计。进行了全面整改,追回被挤占挪用等资金 24.35 亿元,收回多计的工程价款 1.06 亿元;纠正违规改变资金使用计划等问题金额 8.86 亿元;审计移送有关部门处理的 76 起违法违纪和经济犯罪案件均已结办,涉案的 113 人分别被追究刑事责任或受党纪政纪处分。在工程竣工决算草案审计时还发现:建设项目管理不到位,导致增加投资 8.08 亿元;一些中小子项目的设计、施工、监理合同管理不够规范,涉及金额 41.3 亿元;移民资金被挤占挪用等涉及金额 2.79 亿元;等等[21]。

[解析]　审计是事后查找问题,并提出整改或纠偏的管理工具,可起"亡羊补牢"和挽回损失的作用。若赋予该工程优化顶层治理结构和治理机制任务,例如,国务院三峡工程建设委员会办公室强化对中国长江三峡集团公司等 3 个机构的监管和激励,并以此推动工程交易治理优化,上述问题可能会减轻、减少或部分避免,也可能会进一步调动工程参与方的积极性和创造性。

3.2　重大工程项目顶层治理理论重构

3.2.1　重大工程交易顶层治理的特点

20 世纪 80 年代中期以来,特别是进入 21 世纪后,我国重大基础设施工程,即重大工程发展迅猛,取得了举世瞩目的成就,有力促进了我国经济社会的发展,这得益于我国"政府主导+市场机制"的建设体制优势。在这种制度下,工程所在地政府主管部门委托或授权项目法人实施项目是关键;在政府相关部门审查并批复工程建设方案和确定工程建设目标的基础上,项目法人在实施工程过程中有充分的工程交易自主权、监管权和决策权,即工程交易在国家建设制度框架和批准的工程初步设计文件(包括工程概算)的基础上,由项目法人负主要责任,政府主管部门不再具体参与。然而政府主管部门与项目法人客观上存在关联——项目顶层治理。这种项目顶层治理与一般工程交易治理关系不尽相同,主要存在下列特殊性。

(1) 参与主体的特殊性。委托方是政府主管部门,而工程实施中受托方,即项目法人,可能是政府下属事业单位、政府组建的国资公司或国资参与的股份公司,或政府委托的工程咨询公司等多种性质的机构或企业。实践表明,它们要与不同性质或不同建设条件的重大工程相适应,因而政府主管部门与项目法人一般也是一种临时关系,这种关系并不是行政关系,也不是标准的交易关系,仅因工程项目而存在,是一种较为特殊的委托代理关系。

(2)政府主管部门与项目法人合作的长期性。一般工程交易中,交易双方就某一交易合作,具有阶段性、一次性等的特点。政府主管部门与项目法人合作至少要经历工程建设的各个阶段,即建设全过程。大多重大工程建设全过程为 5~10 年,相对于一般项目周期更长。

(3)项目法人具有双重属性。一方面,政府主管部门委托其承担工程建设管理任务,即希望其成为政府的“管家”;另一方面,在工程实施,即工程交易过程中项目法人的身份是业主方,是市场交易的主体;而在工程实践中,当项目法人为事业单位时,其并非是真正的市场主体,而当项目法人为公司企业时,其才是真正的市场主体。

(4)项目顶层治理影响着工程交易治理,并进而影响重大工程实施绩效。项目顶层治理水平与调动项目法人的积极性、创造性关系密切,并直接影响到重大工程实施过程相关方案的优化、行为决策,以及对工程承包方和咨询方的科学管理或控制。

在传统公司治理、交易治理和项目治理研究中,代理理论(agency theory),即委托代理理论是占主导地位的理论范式[22-24]。但心理学和社会学领域的学者认为,代理理论的假设具有局限性,无法圆满地解释公司治理的现实问题[25],并提出了管家理论(stewardship theory)。而在重大工程顶层治理中,由于政府主管部门与项目法人关系的特殊性,以及项目法人属性的多样化,应用代理理论研究其治理问题并不十分适当[26],当然单一应用管家理论也具有偏差。因而,有必要将代理理论与管家理论融合,重构工程交易顶层治理理论体系。

3.2.2　代理理论与管家理论及其比较

(1)代理理论。20 世纪 30 年代后期,当一些现代企业中出现所有权与控制权/经营权分离后,直到 20 世纪 70 年代 Jensen M C 等深入研究公司所有者和经营者的信息不对称和激励问题而明确提出代理理论[26],其是过去 40 年中契约理论发展最为重要的方面之一,也成为经济学家解释委托人和代理人关系的经典理论范式。代理理论认为,公司所有者和经营者间目标并不一致,经营者/代理人接受公司所有者委托负责公司的日常经营,拥有绝对的信息优势,一旦有机会,就有可能以损害所有者或其他相关主体的利益为代价追求自身利益的最大化[27]。公司治理本质上要解决公司所有权与经营权分离而产生的代理问题,即委托人运用什么样的控制或监督和激励机制来遏制或减轻经理人的机会主义倾向。在工程交易治理研究领域,主要也是沿用基本代理理论[28,29],研究如何通过控制和/或激励机制等手段,诱导工程承包方在工程实施中的行为与发包方的要求相接近[30]。但 Finkelstein S 在分析公司治理实践时发现,按照代理理论设计和实施了各种治理措施,公司业绩并没有因此而明显提高[31];在工程交易领域,按代理理论设置的激励措施所发挥的作用也受到限制,难以实现预期效果[32]。

(2) 管家理论。所谓"管家",《现代汉语词典》中解释为:旧时称呼为地主、官僚等管理家产和日常事务的地位较高的仆人;现在指为集体管理财物或日常生活的人。在 20 世纪 90 年代,Donaldson L 和 Barney J B 等率先在其研究成果中较早提出管家理论的框架[33,34],后经 Davis J H 等的发展,初步形成了管家理论体系[35];Davis J H 等在与 Preston L E 争论后[36],管家理论体系得以完善,并获得学者们较为广泛的认同。该理论是以心理学、社会学等理论为基础的,强调人的感性化,认为人是"社会人",具有强烈追求自我价值实现的动机,假定人性"善",将管理者看作忠于职守的"管家";管理者行为受成就动机和社会动机驱动,追求委托人利益的最大化,把自身利益视为委托人/组织利益的组成部分,不以牺牲组织利益为代价来谋求个人利益[37]。Ma 等的研究认为,项目法人的管家行为具有普遍性,并可从心理、情景和关系等维度进行识别。该研究成果支撑着管家理论在重大工程项目顶层治理中的应用[38]。

(3) 代理理论与管家理论的比较。综合相关研究成果[33,39,40],针对重大工程项目交易治理的特点,从理论基础、基本假设、委托方与受托方的关系及其表达方式,以及委托方对待受托方的策略等维度比较,结果如表 3-2 所示。

表 3-2　代理理论与管家理论的比较

比较内容	理　　论	
	代 理 理 论	管 家 理 论
理论基础	经济学、博弈理论	心理学、社会学
基本假设	"恶"的经济人,存在机会主义倾向	"善"的社会人,有共同的事业;有集体主义、合作精神
委托方与受托方基本关系	不信任	信任

比 较 内 容	理 论	
	代 理 理 论	管 家 理 论
委托方与受托方间合作关系表达方式	用正式的、标准化的合同,详细、具体规定双方责任、权力和义务	用非正式合同,笼统、粗略,甚至用"不言而喻"的形式表达双方的关系
委托方与受托方相处的理念	采用监督与物质激励相结合方法控制受托方行为,以实现项目目标	采用充分授权与精神激励相结合方法激发受托方创造力和奉献精神,以实现项目目标
委托方对待受托方的策略	以控制/监督为核心,辅以物质激励	信任为本,充分授权与精神激励相结合

由表 3-2 可见,代理理论和管家理论形成的根基,即人性假设完全不同,甚至几乎相反;由此而形成的委托方与受托方相处的基本理念和策略等均存在很大差异。然而,在现代经济社会发展中,专业化分工及其发展相当充分,专业能力对委托方选择受托方,以及处理双方关系均有重要影响,而在这两个理论的框架中均没有得到体现。

3.2.3 代理理论或管家理论单一应用的局限性

在我国近 20 年的重大工程实践中,存在多种项目顶层的组织方式,如政府下设事业单位或国资公司,以及政府通过招标方式在市场上选择工程咨询公司对项目实施进行管理。这其中事业单位可称为政府的"管家",而工程咨询公司即为经济学中的代理人,而国资公司则介于"管家"与代理人之间。显然,在传统理论体系下,对事业单位更适用管家理论,对工程咨询公司更适用代理理论,而对国资公司两理论均难应用。事实上,在项目顶层治理视阈下,单一应用代理理论或管家理论均有明显局限性,表现如下。

(1)面对重大工程的不确定性,项目法人会调整其经营策略,进而改变项目法人的固有属性。如当重大工程项目的项目法人为事业单位,由于重大工程项目的不确定性使得项目目标与该事业单位的绩效目标存在冲突时,其一般会选择绩效目标而放弃工程项目目标。此时,通常被认定的"管家",实质变成了地道的代理人;而当重大工程的这种不确定朝着有利于项目法人的方向发展时,即使项目法人是一家经营性公司,其为了自身社会声誉或后续经营,此时,其完全有可能为重大工程项目目标而努力,即一般假定的代理人,事实上在扮演着"管家"的角色。显然,重大工程的不确定性,要求人们根据工程实施情境与项目法人管理工程的绩效,选择适当的治理机制,以充分调动项目法人的积极性和创造性。

（2）重大工程实施分阶段进行,各阶段项目法人所处情境存在差异,理论应用不能"一刀切"。当某重大工程项目法人采用某一组建方式,即项目顶层采用某一治理结构后,在项目不同阶段,因项目外部的边界,如政策法规环境等方面存在差异,客观上要求采用不同的治理机制,该机制可能需用代理理论或管家理论才能解释。如在重大工程交易规划过程,现行政策法规较缺乏,交易规划理论和方法也不是太成熟,在这种背景下,政府项目主管部门就应采用将控制与指导/建议相结合的治理机制;在工程招标过程,在工程招标制度较为成熟的条件下,政府主管部门就没有必要另加控制,而是鼓励项目法人在现行政策框架内选择好工程承包方;在工程建设条件落实过程,征地拆迁的矛盾较为突出,政府方就有必要为项目法人提供协助、指导,重点不是对项目法人的控制。在工程施工阶段,对不确定性较大的工程,即存在较大风险时,如工程实施/交易过程的变更等处理方面,就有必要对项目法人进行适当放权,鼓励其选择恰当的风险应对方案,而当这种变更规模较大时,政府方就有必要适当控制,如组织专家对风险处理方案进行论证等。显然,政府主管部门对项目法人是以代理理论还是管家理论为指导,应考虑项目实施的情境,单一应用代理理论或管家理论将会导致项目治理效果的偏差。

（3）重大工程项目实施中专业化分工较为细化,对项目专业化管理的要求较高,传统代理理论和管家理论中的以诚实为主导的信任已经不能适用,还存在专业能力信任问题。同样,控制/监督并不是代理理论下的专属工具,在管家理论下,受托方专业能力以及由其而产生的任务执行力方面也存在控制/监督的问题。即使重大工程和项目法人是诚实的,当其专业管理能力与项目的技术或管理复杂性不相适应时,项目目标依旧难以实现,同样需要政府方采用控制/监督工具。例如,组织相关专家对项目决策过程或项目中间成果进行控制、把关,或提出指导建议。当然这种条件下控制/监督的重点可能与代理理论下的重点不尽相同。

3.2.4　代理理论与管家理论融合的纽带

3.2.4.1　代理理论和管家理论的分界:信任及其模糊性

表 3-2 分析了代理理论与管家理论的基本假设、委托方和受托方的基本关系和合同关系,进而比较了两理论下委托方治理理念和治理策略的差异。显然,信任是核心差异,是选用代理理论或管家理论的分界。

信任是什么？其含义十分复杂，既包括多个层面，如人际间信任、组织间信任，也有许多学者基于社会学、心理学和经济学角度在对其进行定义，而且十分不统一。其中，心理学学者 Rousseau D M 等将信任定义为，面对风险的条件下对他人动机和行为的积极预期，愿意接受脆弱性的一种心理状态[41]；经济学家对信任有不同的定义方式。Coleman J S 认为，信任是一种有风险的行为，其产生条件为：$PG-(1-P)L>0$。其中，P：受信方可信的概率；G：若受信方可信带来的可能效益；L：若受信方不可信造成的可能损失[42]。Williamson O E 认为，信任是有限理性的契约人进行内心权衡机会损益的风险的子集[43]。

在政府方与项目法人之间，政府方不存在谋求利益的动机，但有实现项目目标和谋求管理绩效的期望。因此，可将政府方对项目法人的信任定义为：对项目法人控制项目风险水平的积极预期。这些定义有一个共同之处：信任存在于双方或多方之间；信任是某方与其他方合作中面临风险的一种积极预期；尽管经济学家用数学式表达信任，信任仍是条模糊界限。Boyd B K 的研究甚至认为，信任与不信任处于同一连续体，它们分别处于两个极端[44]。因而，信任这条区分代理理论和管家理论应用的界限并不清晰，而是一个模糊的区间。

3.2.4.2　代理理论和管家理论对情境的依赖性

陈勇强将工程交易的不确定性分为环境不确定性和行为不确定性，并进一步以中国建筑业 220 个项目法人及工程总承包方为研究对象，发现项目不确定性与机会主义行为之间存在正相关关系[45]。Boyd、Albanese R 和 Tosi A L 等在研究公司治理时认为，CEO/受托人既不是绝对理性的，也不是完全感性的；既不是纯粹的"经济人"，也不是单纯的"社会人"，是集"经济人"与"社会人"于一身，具有理性和感性双重性的"复杂人"[44,46,47]，即代理理论和管家理论的应用依赖于公司营运的情境因素，两者是可以融合的。

类似的，重大工程实施/交易过程情境复杂，不论是采用何种方式组建项目法人，其行为受到众多因素的影响，难以用单一的代理理论或管家理论来构建项目顶层治理机制，并保证能使项目取得成功。这主要受两方面因素的影响：一是重大工程实施过程一般具有较大的不确定性，而这种不确定性会影响到项目目标的实现，这经常会改变政府方对项目交易层面治理的满意程度，即改变政府方对项目法人治理项目绩效的认同程度，并进而影响到政府方与项目法人之间的信任或合作关系。二是对项目法人而言，由于项目受不确定因素的影响，以及项目目标实现程度的变化，其行为也会呈不确定性,即项目法人会调整行为策略。在重大工程项目的某一个实施情境下是"管家",而在项目实施的另一个情境下可能是代理人。

3.2.4.3　重大工程实施中政府方与项目法人之间的依存性

在传统代理理论与管家理论中,委托方与受托方之间是相互独立的,基本模式是委托方支付费用,受托方提供服务。而在重大工程项目实施中,政府方/主管部门依靠项目法人去组织实施项目,实现项目目标;但项目法人也需要政府帮助解决工程重要建设条件或环境,即双方存在一定的相互依存性。在工程建设条件上,项目法人难以独立去构造,如果离开政府方的支持,其构造建设条件的成本会很高,或难度很大。这些工程建设条件经常包括:工程的征地、拆迁或移民,以及工程使用的电力和道路等工程建设中的基本条件。广东省 2019 年成立重大工程项目建设指挥部,其主要目的之一就是要协助项目法人解决工程建设条件问题,即该建设指挥部的主要任务是协调工程所在地方政府、企业或个人的关系,解决征地拆迁、施工用电和工程交通用路等问题[15]。在项目建设环境发生重大变化,确定工程变更方案时,改变了政府方与项目法人之间的原有约定。此时,项目法人也需要政府方认同,以调整项目的目标。这些双方的依存维系依靠的是信任。因此,在这一视角下,重大工程项目顶层治理的重要方面是提升双方的信任程度。

3.2.4.4　信任:重大工程代理理论和管家理论融合的重要纽带

在理论上,一方面,代理理论与管家理论的分界线是信任,但信任程度是模糊的,并难以用定量的标准去衡量;另一方面,不论是代理理论还是管家理论,均对委托方和受委方所处的情境具有依赖性,即双方的信任并不是一成不变的,而是随着它们所面临情境的变化而变化。因而,是信任将这两种理论紧密地联系在了一起,是它们相融合的重要纽带。此外,在重大工程实施中项目法人与政府方存在着相互依赖性,而不能完全独立,构建合理的体制和机制,以提升双方信任程度,是实现项目目标的关键。因此,重大工程顶层治理需要代理理论和管家理论融合支持,并将信任作为代理理论和管家理论融合的中间或协调变量,以克服这两种理论单一应用的局限。

3.2.5　融合代理和管家理论的重大工程项目顶层治理体系构建

在现有公共治理、公司治理的相关研究中,对代理理论与管家理论关系的认识并不统一,但归纳起来基本有三种认知:一是两者相互对立,即代理理论和管家理论之间类似于零和博弈,接受一种理论就不可避免拒绝另一种理论[48];二是两者互补,正如 Van S D 所指出的,管家理论对于代理理论而言扮演的是补充、完善的角色;代理理论在多数研究中是占主导地位的,但是在代理理论失灵的情况下需引入管家理论[40];三是认为管家理论是代理理论阈值内的特例,Caers R 等认为,管家理论应当被理解为受限于代理理论框架的实例[49]。

敬乂嘉在研究政府方与非营利组织的关系时指出,当合作合同是通过非竞争的方式签订时,则存在导向管家关系的初始倾向;而当合作合同是通过竞争的方式签订时,则存在导向委托代理关系的初始倾向[52]。笔者在许多重大水利工程项目法人组建的调研中发现,重大/政府投资工程项目法人,一些是政府方直接组建的事业单位,初始就具有"管家"属性,而另一些是通过招标方式确定的企业,其具有代理人的属性;中间还存在通过竞争谈判或直接委托的企业等确定项目法人的方式[15]。因此,重大工程项目顶层治理是以代理理论,还是以管家理论为主导,并没有固定模式,但其受到项目法人组建方式的影响较大。

此外,代理理论和管家理论应用的分界线是信任,但由于重大工程顶层治理中信任具有模糊性,以及两理论均存在情境依赖性,信任是联系代理理论和管家理论应用的纽带。因此,可将信任作为中间变量,将代理理论和管家理论融合,即修复或提升政府对项目法人信任的措施可根据项目情境而选择应用,为构建重大工程项目顶层治理体系提供支持。在这样的理论分析框架支持下,可得图 3-1 所示重大工程项目顶层治理体系构建过程。

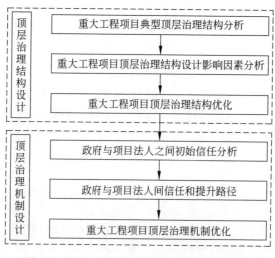

图 3-1　重大工程项目顶层治理体系构建过程

3.3　重大工程项目顶层治理结构优化设计

在我国重大工程实施/交易中,项目法人的构建主要依据是项目法人责任制和"代建制"。而在项目法人责任制这个"大家族"中又派生出多种项目法人组建方式,它们各有特点,并在不同的重大工程项目中应用,呈现出不同的活力。因此,针对重大工程项目,采用何种项目法人组建方式,值得深入研究。

3.3.1　项目顶层治理结构及其特点

经过对江苏、安徽、广东等省典型地区水利建设领域的深度调研,并参考相关研究成果,发现工程项目典型顶层治理结构[15,53],包括项目法人组建方式和政府项目主管部门与项目法人合约方式,以及相应治理结构特点可归纳为如表 3-3 所示。

表 3-3　典型项目法人组建方式及相应顶层治理结构特点

项目法人组建方式		双方合约方式	相应顶层治理结构特点
事业型 经费来源	事业Ⅰ型	规定明确管理职能	项目法人为政府主管部门下属的全额拨款事业单位,是工程实施过程的责任主体,并拥有项目资金筹划、交易规划、交易组织、拥有项目交易过程决策、控制等方面权力;工程项目投资完全由政府承担
	事业Ⅱ型	规定明确管理职能	项目法人为政府主管部门下属的差额拨款事业单位,项目法人部分运作费用由工程项目建设管理费中支付;项目法人是工程实施过程的责任主体,并拥有项目资金筹划、项目交易规划、组织、决策、控制等方面权力。项目法人承担项目投资控制带来的风险和收益
集中度	集中型	规定明确管理职能	项目法人管理某行政区划内全部或部分,或某行业全部或部分工程项目;项目法人可为事业Ⅰ型或事业Ⅱ型
	分散型	明确管理职能和项目目标	对新建项目,项目法人为某一工程项目而设立,项目完成后即转入项目运行管理;对扩建或改造类项目,依托原管理机构组建项目法人;项目法人可为事业Ⅰ型或事业Ⅱ型

项目法人组建方式		双方合约方式	相应顶层治理结构特点
企业型	国有全资企业型	明确企业经营范围和目标、任务	项目法人为国有独资企业,除去政府财政投入外,工程项目资金由其筹措,并对建设实施、生产经营、债务偿还等全过程负责。其可经营单个项目或多个项目
	国资股份企业型	用正式合同规定实现的项目的目标,以及双方责任、权力和义务	项目法人为国资股份企业,包括不同层级、不同地方政府国资企业;项目法人负责项目资金筹措,并对建设实施、生产经营、债务偿还等全过程负责。其可经营单个项目或多个项目
	工程咨询企业型	用正式合同规定实现的项目目标,以及双方责任、权力和义务	项目法人为建设市场上专业从事项目管理的公司,为政府/社会投资人提供项目管理服务,包括资金筹措、项目实施过程管理等,并按项目管理服务合同约定,承担义务,享受权力。一般情况下其服务于多个投资方,即承担多个工程项目的咨询/管理服务

在表 3-3 中,项目法人的各种典型组建方式,对于重大工程项目而言,没有最优,只有最适合。在项目顶层治理结构中,项目法人向政府方报告项目实施情况,并接受政府项目主管部门监管,且符合明示或隐含的基本要求。

3.3.2 项目顶层治理结构优化影响因素

对于重大工程项目顶层治理结构选择或设计的影响因素目前鲜有研究,但项目交易层面治理结构优化影响因素研究较多。Bowers D D 收集了 82 个建设工程的相关资料,分析出 30 个影响因素,并最终评选出 20 个相互独立的影响因素[52];已有研究从工程项目投资/业主方、工程项目特性和建设环境 3 方面入手分析研究,认为存在工程规模等 12 个影响因素,其中 6 个是主要因素[53,54]。类似的,从政府方能力、重大工程特性和建设环境影响 3 方面出发,分析重大工程项目顶层治理结构优化影响因素。

(1)政府方能力。政府方能力包括政府财政能力,即政府投资工程的能力,以及政府方重大工程建设管理能力,或目前是否存在项目法人,或有能力和有必要组建新的项目法人。

(2)重大工程特性。重大工程特性包括工程经济属性,以及工程规模和复杂性,即工程建设和运行影响的范围及影响因素的复杂性。在现代,工程技术复杂性与工程经济关系密切,而与工程建设管理或交易治理关系不大。

(3)建设环境影响。建设环境影响包括工程所处的自然环境和社会环境,即自然环境和社会环境对重大工程建设的影响,以及建设市场发育程度,即建市场是否存在能胜任重大工程管理的项目法人——工程管理/咨询公司,也就是建设市场的供应能力。

经初步分析,将重大工程项目顶层治理结构优化主要影响因素归纳为5个,如表 3-4 所示。

表 3-4　重大工程项目顶层治理结构优化主要影响因素

序号	影响因素名称	影响因素特征说明
1	政府财政能力 (投资结构)	包括中央政府与地方政府在内的投资工程的能力,用总投资的百分比度量;政府投资为主时,一般组建国有独资企业型或事业型项目法人
2	政府方重大工程建设管理能力	政府方是否现存重大工程管理机构,是否有必要或有能力组建项目法人
3	工程经济属性	重大工程是公益性项目,还是经营性项目或是准经营性项目。对公益性项目常为事业型项目法人;经营性和准经营性项目常为企业型项目法人
4	工程影响范围	主要指出影响的行政范围,是跨省,还是跨市。一般影响范围大,其复杂程度也增加,这种复杂性主要表现在要考虑各利益相关方
5	建设市场发育程度	建设市场能够提供项目法人和其他工程咨询方的能力

3.3.3　项目顶层治理结构优选方法

将经调研归纳出的重大工程项目法人组建方式,与理论分析得出的重大工程项目顶层治理结构优化影响因素进行整合,形成如表 3-5 所示矩阵结构关系表。

表 3-5　项目法人组建方式与其选择/设计影响因素矩阵关系表

项目法人类型	影 响 因 素				
	政府财政能力 (投资结构)	政府方重大工程 建设管理能力	工程经济 属性	工程影响 范围	建设市场 发育程度
集中+事业 I 型					
集中+事业 II 型					
分散+事业 I 型					
分散+事业 II 型					
国有全资企业型					
国资股份企业型					
工程咨询企业型					

重大工程项目顶层治理结构优选的实质是不同项目法人组建方式的决策问题。针对本问题的特点,可考虑应用加权综合法或熵权—VIKOR法两种方法中的任一种定量优选[55~57],前者较简单,后者采用了客观赋权法,避免主观赋权的二次不确定性,详细可参考本书第4章第4.4.2节。

3.4 融合代理理论和管家理论的重大
工程项目顶层治理机制优化

3.4.1 典型项目顶层治理结构下政府方对项目法人的初始信任分析

对于表3-2中的信任,一般认为其核心要素是委托人或/和受托人的诚实。而Pinto J K则认为在工程发包人与承包人之间信任包括3个维度:基于诚实的信任(integrity trust)、基于工作胜任能力的信任(competence trust)和基于直觉的信任(intuitive trust)。对于工程发包人而言,基于诚实的信任和基于工作胜任能力的信任是双方健康关系的重要因素[58]。敬乂嘉在研究政府方与非营利组织的合作信任时,将政府方选择非营利组织时采用的竞争力度作为测量政府对非营利组织信任的一个维度[59]。类似的,在重大工程实践中,工程发包人在选择工程承包方或咨询方时,竞争力度也是决定性因素。而在竞争力度中常包括两个重要维度:承包方或咨询方的诚实和专业能力[52];而政府方选择项目法人,类似于工程发包人选择承包方或咨询方。因此,政府方对项目法人的初始信任也可按诚实和专业能力两个维度进行分析。

(1)基于诚实的政府方对项目法人的初始信任度 B_0^1。

① 政府方采用直接组建项目法人方式,即项目法人为政府方直接下属的单位,政府方对其信任度应是最高水平,此时其为典型的"管家"。

② 政府方采用委托方式构建项目法人时,信任度较高,但比前者较低。

③ 政府方采用有限竞争方式构建项目法人时,信任度相对下降。

④ 政府方采用公开招标方式构建项目法人时,信任度最低,此时其为典型的代理人。

综上所述,并结合部分重大工程调查、深度访谈和初步研究[15],可得基于诚实的政府方对项目法人初始信任度 B_0^1 与典型项目法人类型的关系,如图3-2所示。

(2)基于专业能力的政府方对项目法人的初始信任度 B_0^2。工程项目

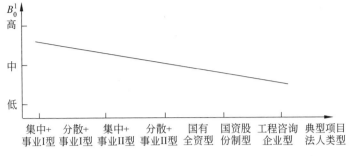

图 3-2　基于诚实的典型项目法人类型与基本信任度的关系

专业能力决定于项目法人从事工程项目管理的经历、组织的稳定性、人员配置等方面。这其中，事业分散型一般是临时项目组织，B_0^2 最低；而工程咨询公司型项目法人的 B_0^2 最高，因其参与市场竞争，专业能力一般较强；而"集中+事业Ⅰ型"是一稳定的专业从事工程项目管理的组织，因而 B_0^2 也较高。同样，结合重大工程初步研究[15]，可得基于专业能力的政府方对项目法人初步信任度 B_0^2 与典型项目法人类型的关系，如图 3-3 所示。

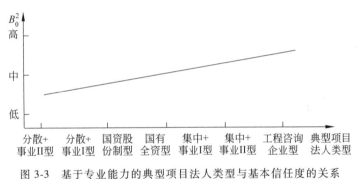

图 3-3　基于专业能力的典型项目法人类型与基本信任度的关系

进而得政府方对项目法人的初始信任度 B_0 有：

$$B_0 = \alpha B_0^1 + \beta B_0^2 \tag{3-1}$$

式（3-1）中，$\alpha+\beta=1$，α、β 分别为基于诚信和专业能力基本信任度的权重，与重大工程的特点相关，也与政府方的偏好相关。

但在图 3-2 与图 3-3 中，基于诚实和专业能力的典型项目法人类型的排序并不一致。显然，政府方对不同类型项目法人的信任度可能存在较大的差异。更重要的是，因构建 B_0^1 和 B_0^2 的基础不同，政府方应根据 B_0^1 和 B_0^2 分别优选治理策略。

3.4.2 政府方与项目法人信任的特点、演化及其提升路径分析

3.4.2.1 政府方与项目法人之间信任的特点

政府方与项目法人之间信任的内涵不同于我国传统意义上信任的概念,与公司治理中的信任也不尽相同,主要表现如下。

（1）政府方/主管部门与项目法人之间信任的特殊性。政府方与项目法人之间信任属组织间的信任,但这其中政府方是特殊的组织,其既是重大工程项目出资方,又是宏观政策制定者,以及行政权力的主体;其虽不存在损害项目法人的动机,但纵观经济社会的发展历程,也存在部分政府方失信,或少数政府官员以权谋私的问题。此外,不论什么类型的项目法人,他们均有项目实施过程的工程发包权、项目管理中一般问题的决策权等。而目前政府方对项目法人的监管所依靠的监管主体不像公司监事会那样是一专业、常设的机构,而是依靠政府方设置的临时机构或委托的专业监管机构,实行某一领域或某一阶段的临时性、集中性的监管。因而项目法人存在较大的"偷懒"或"谋私利"的空间,即对政府方而言,面临较大的道德风险。

（2）政府方与项目法人之间信任形成机制的特殊性。信任如何构建? Khalfan M M A 等指出,信任建立的过程由沟通、行动和结果组成。当沟通中的信息可靠时,信任出现;当人们履行诺言,结果超出预期之外,信任又会得到加强;而当期望没有得到满足时,就会产生怀疑[60]。Munns A K 构建了信任的螺旋发展模型,并指出项目中的初始信任非常重要。如果交往之初都持有戒备心理,即一开始就假定对方是不值得信任的,容易导致交往中互相防备,并如此恶性循环下去[61]。目前典型的项目法人组建方式有两大类:一是由政府方直接组建的临时或永久性的项目法人,即事业单位类项目法人;二是政府方采用市场机制组建的临时的或永久性的项目法人,即企业类项目法人。不管是采用何种方式组建的项目法人,与政府方均没有经过适度的合作或磨合。因此,从这一角度看,政府方与项目法人之间形成的初始信任并不十分稳定。而对于政府方通过招标选择的项目法人,政府方与其初始信任可能更不理想。对此,政府方应针对不同类型项目法人,选用不同形式的合同,包括正式合同或非正式合同。如对通过招标选定的项目法人,应采用标准化的工程咨询合同,即正式合同,用其具体规定政府方与项目法人的责任、权利和义务;而对于事业型项目法人,则采用项目管理责任或任务书等非正式合同,以明确项目法人在工程实施中的职责和任务,以及政府方在重大工程实施中承担的项目融资、协调、监

管等方面的责任。

（3）政府方与项目法人之间信任的核心维度。工程发包人与承包人之间的信任包括基于诚实的信任和基于工作能力的信任，而政府方与项目法人之间的信任也同样如此。这源于工程项目管理是一项专业性较强的活动，特别对重大工程项目，一般在技术和管理上均较为复杂，并不是任何组织均能胜任的；若让具有不同专业能力的管理者管理同一项目，其项目绩效可能完全不同。没有相当专业能力的项目法人，即使十分诚实，也难以实现重大工程项目的建设目标。因此，政府方与项目法人之间的信任存在"诚实"和"专业能力"两个维度。

（4）政府方与项目法人之间信任的不对称性。组织间信任不对称（organization trust asymmetry）一般是指彼此之间的信任程度的不对等[62,63]。由于政府方与项目法人的地位、目标和期望存在差异，以及信息的不对称，使得双方对于彼此间信任程度的认识存在差异。此外，重大工程项目实施过程相当复杂，例如，项目法人为克服项目实施过程的困难并付出巨大努力。但这一努力不一定能取得明显效果，或即使有明显效果，但可能还得不到政府方的响应。因此，在项目实施过程中，政府方与项目法人无论哪一方决定是否要赋予对方信任时，并不能够肯定对方是否也同样信任自己。这就是重大工程实施中政府方与项目法人之间的信任不对称性。这要求政府方与项目法人加强沟通。

3.4.2.2　政府方与项目法人之间信任的演化及其特性

信任演化，即信任的发展和变化。Munns A K 运用博弈论原理得出了工程项目信任的螺旋发展模型，该模型强调了交易双方初始/基本信任的重要性[61]；Cheung 等的研究认为，建设工程参与方间的信任是一个由低水平向高水平的发展阶段，每个阶段信任具有不同的特征[64]；杜亚灵等对PPP 项目中信任演化进行研究，认为其中的信任演化是一个随着时间的推移，信任度和信任维度不断变化的过程，主要是由项目不同阶段的不同工作内容决定的[65]。对重大工程项目，政府方与项目法人之间信任的演化是必然性的，而且具有下列特性。

（1）初始信任没有经过双方磨合，基础十分脆弱，发生演化的可能性很大。不论是基于诚实，还是基于专业能力的初始信任，均没有在特定重大工程环境与实践下接受考验，如工程不确定性大，并给项目目标实现带来较大的风险，又如工程技术复杂，项目法人难以驾驭等。在这些环境下，政府方与项目法人间信任演化的可能性就很大。

（2）重大工程实施过程分成多个阶段，不同阶段双方信任也在演化。

一方面,在工程不同阶段,现有制度存在差别,对于现有制度较为成熟的阶段,政府方对项目法人信任较高,反之亦然;另一方面,不同阶段项目法人的任务不同,其完成任务的能力和取得的绩效也会有差异,因而双方信任度会随工程不同阶段发生演化。

(3)重大工程及其实施环境的变化,也会促使双方信任演化。重大工程变化主要是指重大工程实际地质条件与获得的勘查资料存在差异等;重大工程实施环境变化包括自然环境和社会环境两方面的变化。自然环境变化主要表现为:气象、水文等环境与预期不同;社会环境变化主要包括:征地拆迁、施工用电和用路与原设计的不同,以及政策法规的变化等。组织间信任演化博弈分析表明,外部环境向好可促进企业间的信任,而外部环境变差则会促使组织间信任恶化[66],因而,重大工程实施环境变化会引起政府方对项目法人信任的演化。

(4)重大工程项目目标实现程度,会直接影响到政府方对项目法人信任的演化。重大工程建设目标的实现程度除了与重大工程及其实施环境变化这一因素相关外,主要与项目法人的努力程度和专业管理水平相关。因此,在许多重大工程项目实施中,政府方常将项目目标实现程度作为考核项目法人的重要指标[15],其直接影响政府对项目法人的信任程度。

3.4.2.3　政府方与项目法人之间信任的提升路径

(1)管家理论下政府方与项目法人之间信任的提升路径。管家理论的基础是信任,在项目实施中如何不断修复或提升信任度?在社会科学中已有一些研究。其中,张传洲在对经济社会生活中一般信任进行研究后认为,要从信任演化中找到修复信任的路径[67]。针对重大工程的特点,经对政府方与项目法人之间信任的特点及演化分析,可得政府方提升与项目法人之间信任度的路径有:

① 政府方积极做好建设条件的保障工作,为项目法人提供更多服务,构造更好的重大工程项目实施环境;

② 政府方对项目法人充分授权,尽可能简化审批或审查流程,最大限度地下放项目决策权,提高其在项目实施过程的决策效率,促进项目目标的高效实现;

③ 政府方与项目法人加强沟通,将双方信任的不对称性降低到最低程度,进而促进双方互信;

④ 政府方对项目法人赋予精神激励,使项目法人具有成就感、获得感,进而激发其积极性、创造性和奉献精神。

上述的①和②有助于保障项目实施过程的高效运作,或排除项目法人实施项目中可能遇到的建设环境、审批流程等方面障碍。项目法人在重大工程实施中遇到的风险若得到政府协助可有效被控制。因而可将其归纳为政府方合理分担风险的路径。

（2）代理理论下政府方与项目法人之间信任的提升路径。代理理论的基础是不信任，在该理论框架下，沙凯逊的研究指出，可采用合理分配风险和激励措施来降低这种不信任[68]。Fu Y C 等的研究发现，激励能够调动代理人努力工作的积极性，而信任对关系行为的影响是路径依赖的；同时当代理人努力成本的变化率小于或等于一个阈值时，激励和信任可以互补[69]。此外，考虑到信息不对称对政府方与项目法人之间信任的影响，可将代理理论下政府与项目法人之间信任的提升路径概括如下。

① 在项目实施中，通过加强沟通，实现信息共享，即克服双方信息不对称而提升信任；

② 合理分配风险，减轻项目法人实现项目目标难度，进而激发其努力工作的积极性；

③ 政府方采用物质激励方法，诱导项目法人为实现政府方提出的工程项目目标而努力。

3.4.2.4　政府方与项目法人不信任的弥补路径

Wong P S P 等的研究认为，严格的控制/监督不利于信任[70]。然而，对于政府方，控制/监督可以弥补不信任，也可认为是提升信任的重要途径。

（1）管家理论的基础是信任，其是基于诚实的信任，并没有涉及重大工程实施中专业能力的信任。当基于专业能力的信任度明显低下时，政府方也有必要选择控制/监督的弥补路径。除现有制度要求对工程技术方案进行审核、批复等环节外，还可要求项目法人将工程实施方案，如重大工程交易规划报备，甚至组织专家到项目现场指导等。特别是对临时组建的项目法人，其专业能力一般较为薄弱，政府方对其在专业能力方面的信任较差，有必要经常组织专家对技术或管理方案进行专门的审查或指导。

（2）代理理论下不信任的弥补路径。基于诚实的不信任，代理理论下提出了不信任的弥补路径：控制/监督。由于重大工程的一次性，以及实施过程的不重复性，不会允许政府方与项目法人有更多的机会构建信任。因此，当基于诚实的信任度明显低下时，政府方就有必要采取控制/监督措施。如南水北调工程（一期）实施中，政府方为国务院南水北调工程建设委员会办公室，其对项目实施进行"飞检"，即在不让项目法人，以及工程监理和承包方知情的条件下，随机抽样检查项目现场[71]；主要由香港特区政府发起并投资近 50 亿元建设的广东省东深供水改造工程，投资方派专员驻工程建设现场,要求其履行反馈建设信息与监督职能[72];英国政府在21世纪初以 PPP 模式对伦敦整个地铁系统进行升级改造时,由英国交通部大臣任命专员代表政府方进驻项目现场,对项目实施进行监督[73]。

上述两种不信任的弥补路径并不完全独立,对政府方而言,可根据重大工程项目特点,将两路径整合,以降低工程交易成本。

3.4.3 重大工程交易顶层治理机制优化策略

3.4.3.1 提升政府方与项目法人之间信任的路径分类

针对重大工程项目实施特点,经过政府方与项目法人之间信任提升路径和不信任弥补路径分析,可将其分为两大类,即各类项目通用路径和不同类项目或不同项目法人差别化选择路径。

(1)各类项目提升政府方与项目法人之间信任的通用路径包括两条:

① 政府方与项目法人加强沟通,降低信息不对称性;

② 政府方合理分担风险,包括积极协调重大工程建设环境,针对工程不确定性及时调整项目目标等。

在代理理论和管家理论下,上述两条路径表述上可能存在差异,但内涵上相近。

(2)不同类项目或不同项目法人提升相互信任的差别化选择路径包括两条:

① 政府方对项目法人的精神或物质激励;

② 政府方派员对项目法人的控制/监督,或指导。

上述两类路径,在不同 B_0^1 和 B_0^2 下,其内涵存在一定差异。

3.4.3.2 通用的优化项目顶层治理机制

不论何类项目法人,或采用代理理论和管家理论任一理论指导的项目顶层治理的通用机制包括:沟通机制和项目风险管控机制。

(1)政府方与项目法人的沟通机制。在管家理论下,沟通能有效将政府方反馈的精神激励及时传达至项目法人,使其更具有获得感、成就感;在代理理论下,有效沟通能有效解决政府方与项目法人之间的信息不对称问题,预防项目法人的机会主义倾向。但总体而言,出发点虽不同,但政府方的治理策略基本相同。有效的沟通方式包括:

① 项目法人定期或按项目实施节点/控制点向政府方报告项目实施现状;如遇突发事件,项目法人应及时向政府报告。

② 政府方定期或不定期派专员进驻项目现场把握相关情况,并及时反馈,也可派专员/联络员常进驻项目现场。不同的沟通方式,双方沟通的

有效程度不同,成本也不同,应根据政府方对项目法人的信任程度及重大工程实施各阶段的任务进行选择。

（2）政府方对项目风险的积极管控机制。重大工程项目实施中,项目法人的主要风险包括:工程建设条件的落实、工程地质及建设市场等条件发生变化和一些自然及社会的突发事件。这些风险责任一般应由政府方承担,其应积极管控好此类风险。在管家理论框架下,这是为项目法人创造良好的项目管理环境,激发其努力工作的积极性、创造性;在代理理论框架下,是使项目法人体会到政府方讲究信用,履行承诺,可促进其自觉履行好合同的积极性。总体而言,出发点似乎不一样,但对政府方而言,采用的治理策略基本一致,包括:做好协助建设条件落实工作,根据重大工程地质环境改变或不利自然条件的影响,及时调整项目目标,降低项目法人实现目标的风险。

3.4.3.3　不同类项目法人差别化应用的项目顶层治理机制

对不同类型项目或不同类项目法人,项目顶层治理的差别化选择机制包括:对项目法人的激励和控制/监督机制。对这两种机制的应用有必要充分考虑重大项目治理结构和政府对项目法人的初始信任度,然后精准施策。

（1）政府方对项目法人的激励机制。包括精神激励和物质激励机制,其中,精神激励是管家理论假设人性为"善/社会人"条件下提出的激励机制;物质激励则是代理理论假设人性为"恶/经济人"条件下推崇的激励机制。而事实上,两种理论对人性的两种假设均有偏差。特别是在中国特色社会主义制度下的新时代,对项目法人的精神激励和物质激励均有必要。

① 不论何种类型的项目法人精神激励均不可缺失。对事业类,包括Ⅰ型、Ⅱ型,或集中、分散型,以及国有全资企业型,其精神激励更加重要,需要大力提倡。就政府方,这种激励不仅针对这些组织,而且更重要的是要面向这些组织的高级管理人员,精神激励的内容包括:赠予荣誉、提供更多职业发展通道,甚至提升职级等。因任何组织中的高级管理人员是领导的核心和组织指挥者、决策者,调动他们的积极性、创造性意义重大。这用管家理论完全可以得到解释。对国资或国资参股企业及工程咨询企业,通过精神激励不仅能满足组织或高级管理人员的成就感,提升他们为实现项目目标而努力的积极性,而且在我国现行制度框架下,获得精神激励,可为他们的进一步发展创造更好的环境或条件。例如,对国资或国资参股企业,会增加更多的与政府方合作的机会;对工程咨询企业,在后续参与市场竞争中会获得更多的机会。因此,精神激励对国资参股企业及工程咨询企

业同样能产生效果。

② 应针对不同类型的项目法人,采用不同程度、不同方式的物质激励机制。在传统管家理论框架下,不提物质激励。事实上,在市场经济环境下,物质是组织或个人生存和发展的基础。对事业I型项目法人,其员工薪酬、福利,以及组织活动经费等均列入政府预算,并由政府按预算支付。但这并不表示,提高员工福利,以及对员工物质激励就没有必要。恰恰相反,对员工物质激励是调动其积极性的有效措施之一。不论是何种努力总会增加付出或成本,作为政府方,绝不能"让老实人吃亏",这是一个基本原则。面对2020年春天抗击新冠病毒的战斗,一方面,许多医务工作者积极报名到一线参与抗击疫情;另一方面,政府方关爱战斗在抗疫一线的医务工作者,并及时宣布提高他们的薪酬和福利待遇。这为事业型项目法人应用物质激励机制提供了范例。此外,水利部针对公益类水利项目,提出了对项目法人的激励思路:对做出突出成绩的法定代表人及有关人员进行奖励,奖金可在建设管理费或结余资金建设单位/项目法人留成收入中列支[74]。对于企业型项目法人,以及事业II型项目法人,应用物质激励机制,在代理理论下更能获得解释。水利部针对工程咨询型项目法人(即代建方)提出的激励思路:代建项目实施完成并通过竣工验收后,经竣工决算审计确认,决算投资较代建合同约定项目投资有结余,按照财政部门相关规定,从项目结余资金中提取一定比例奖励代建单位[75]。水利部在2020年下发的《水利工程项目法人管理指导意见》中,鼓励各地结合本地实际,建立与项目法人履职绩效相挂钩的薪酬体系和奖惩机制[76]。这些均可供参考。

(2)政府方对项目法人的控制/监督机制。代理理论与管家理论的界线是信任,而其存在着模糊区间。此外,控制/监督也存在多种方式和不同力度,即控制/监督在重大工程项目实施不同阶段的表现形式不尽相同;与此同时,重大工程实施分工程设计、施工准备(包括工程交易规划、建设条件落实等)、工程施工和工程竣工验收等阶段[77];进而可将政府方控制/监督机制进一步细分为:

① 项目法人向政府方报备项目状态;

② 政府方组织审查或审批;

③ 政府方组织抽检或巡视;

④ 政府方组织专家对专业能力弱的项目法人进行专业审核/指导;

⑤ 政府方派专员进驻工程现场等[15,71,73]。

政府方对项目法人控制/监督机制选择归纳为表3-6。

表 3-6　政府方对不同类项目法人控制/监督机制选择表

项目实施阶段	项目法人类型						
	事业型				企业型		
	集中+事业Ⅰ型	分散+事业Ⅰ型	集中+事业Ⅱ型	分散+事业Ⅱ型	国有全资企业型	国资股份企业型	工程咨询企业型
工程设计阶段(确定设计文件和项目目标)	②	②+④	②	②+④	②	②+④	②
施工准备阶段(包括交易规划和落实建设条件)	①	①+④	①	①+④	①	①+④	①
工程施工阶段	①	①+④	①	①+④	①+③+⑤		①+③+⑤
工程竣工验收阶段	②						

注：表中①~⑤代表不同方式的控制/监督；表中包括①~⑤中出现 2 项时,表示将 2 项组合；表中有 3 项时,后 2 项选其中 1 项即可。

重大工程项目设计阶段,政府方对各类项目法人的控制主要是组织审查工程初步设计文件,包括工程概算,以及批复项目目标。项目施工准备阶段,政府方除要求各类项目法人报告工程交易规划等情况,必要时组织专家提供咨询服务,这对临时性项目法人十分有必要。工程项目施工阶段是政府方控制的重点,政府方除要求项目法人报告工程实施情况外,对临时性项目法人要提供专家指导；对国有全资企业型和国资股份企业型项目法人,要对工程实施情况实行抽检或巡视；对工程咨询企业型项目法人,政府方有必要派专员进驻项目现场,并及时向政府方反馈工程进展现状。工程竣工验收阶段政府方对各类项目法人主要是审查工程项目目标的实现程度。

3.4.3.4　重大工程交易顶层治理机制的实施

针对重大工程特点,政府主管部门可对治理机制(治理策略)进行选择,并采用与项目法人签订"项目责任状"的方式,将政府方与项目法人各自在重大工程实施中的责任、权力和义务,以及项目实施不同情境下的治理机制(治理策略)用正式制度明确,以落实项目顶层各方应尽的责任和义务。

3.5　本 章 小 结

我国经 30 多年重大工程建设实践,已形成了具有中国特色的重大工程建设体制："政府主导+市场机制",并成功实施了一批重大工程,对我国经济社会高速发展发挥了重要作用。在该体制下,政府负责组建项目法人,而项目法人采用市场机制负责实施重大工程项目。重大工程项目顶层治理对工程交易治理有着较大影响。

（1）本课题组在研究中发现,政府方是重大工程的投资方或发起人,政府授权项目法人实施重大工程,在政府与项目法人之间已经存在了委托代理关系。然而,重大工程实施中,项目法人没有能力解决工程实施中的所有问题,或解决工程实施中的一些难点问题,如征地拆迁,客观上要求政府方给予协调。此外,重大工程项目一般具有不确定性,工程变更难以避免,而有些工程变更可能会影响到工程建设目标,甚至对工程功能产生较大影响。因而,要求政府方对工程实施过程中的这些重大问题进行决策。显然,在重大工程实施中,政府方与项目法人是项目管理的顶层,它们间存在项目职责划分、权力分配等制度安排,即存在重大项目顶层治理结构设计的问题。

（2）在重大工程顶层治理中,政府方应根据工程特点等方面因素,设计重大工程治理结构,但由于工程实施阶段的任务不同、项目不确定程度不同,以及项目法人的类型不同,政府方还有必要考虑重大工程项目顶层治理机制。顶层治理机制为更好地协调政府方与项目法人之间关系的具体项目运行的规则。项目顶层治理结构与治理机制是一枚硬币的"两面",相互紧密联系。在公司治理研究中,其治理机制涉及的理论有代理理论和管家理论,这两种理论假设不同,甚至是相反,当然治理措施也完全不同。相关研究也指出,这两种理论的假设均存在偏差,较为极端。而对重大工程顶层治理,由于项目法人类型不同,工程实施阶段的任务不同、项目不确定程度不同,单一使用代理理论或管家理论面临的问题比公司治理更加突出。

（3）对企业型项目法人,与传统公司治理情境较为接近;对事业型项目法人,其是典型的政府方的"管家"。因此,在重大工程顶层治理机制设计中,针对这两类项目法人选择这两种理论作为研究顶层治理机制的起点是可行的。但普遍的情况是,有必要将代理理论和管家理论融合,并研究顶层治理机制优选策略。在重大工程治理结构的基础上,有必要针对重大工程的不同阶段、不同情境和不同治理效果,选择不同的顶层治理策略。

（4）本章主要创新点为:提出了重大工程项目顶层治理的理念、项目顶层治理结构的优化/设计方法,为深入开展交易治理研究奠定了基础;融合代理理论和管家理论,提出了重大工程项目顶层治理机制优选策略,并建议用签订"项目管理责任状"的方式落实项目顶层各方权利责任和义务。

　　本章提出的重大工程项目顶层治理的理念,为进一步发展项目治理理论奠定了基础,相应的优化设计方法可为政府方优选重大工程项目法人类型,或优化/设计项目顶层治理结构,以及优选项目顶层治理机制策略提供支持。

参 考 文 献

[1] HOLMSTROM B, MILGROM. 多任务委托代理分析:激励性契约、资产所有权及工作设计/交易成本经济学[M]. 北京:人民出版社,2008.

[2] WINCH G M. Governing the project process:a conceptual framework[J]. Construction Management and Economics, 2001, 19(7):799-808.

[3] 严玲,赵黎明. 政府投资项目双层多级委托代理链的分析[J]. 财经问题研究, 2005 (12):41-47.

[4] BRUNET M, AUBRY M. The three dimensions of a governance framework for major public projects [J]. International Journal of Project Management, 2016, 34 (8): 1596-1607.

[5] VOLDEN H G, ANDERSEN, B. The hierarchy of public project governance frameworks:an empirical study of principles and practices in Norwegian ministries and agencies[J]. International Journal of Managing Projects in Business, 2018, 11(1): 174-197.

[6] 乐云,白居,韩冰等. 重大工程高管团队的行为整合、战略决策与工程绩效[J]. 中国科技论坛, 2016(12):98-104.

[7] SAINATI T, BROOKES N, LOCATELLI G. Special purpose entities in megaprojects: empty boxes or real companies? [J]. Project Management Journal, 2017, 48(2): 55-73.

[8] DANWITZ S. Organizing inter-firm project governance-a contextual model for empirical investigation[J]. International Journal of Managing Projects in Business, 2018, 11 (1):144-157.

[9] HU Y, CHAN A P, and LE Y. Understanding the determinants of program organization for construction megaproject success:case study of the shanghai expo construction[J]. Journal of Management in Engineering, 2015, 31(5):05014019.1-05014019.10.

[10] 吴水金,史平. 南京长江大桥建设纪实[J]. 世纪风采, 2018(8):33-38.

[11] 广东省人民政府. 广东省重大工程建设项目总指挥部组建方案(粤府函〔2019〕367 号)[R]. 2019.

[12] 李新军,杨建基等. 水利建设项目实行项目法人责任制与建立现代企业制度

[M]. 北京：中国水利水电出版社, 1997.

[13] 汪小金. 对鲁布革项目管理经验的再思考[J]. 水力发电, 2004, 30(2)：1-4.

[14] 水利部. 水利工程建设项目实行项目法人责任制的若干意见(水建〔1995〕129 号通知)[S]. 1995.

[15] 国家计划委员会. 关于实行建设项目法人责任制的暂行规定(计建设〔1996〕673 号)[S]. 1996.

[16] 王卓甫, 丁继勇, 乔然等. 广东省水利工程建设项目法人组建方式和治理对策研究[R]. 南京：河海大学工程管理研究所, 2019.

[17] 黄晓微. 全过程工程咨询的国际经验借鉴及启示[J]. 中国工程咨询, 2020(6)：51-55.

[18] 孙慧, 孙晓鹏, 范志清. PPP 项目的再谈判比较分析及启示[J]. 天津大学学报(社会科学版), 2011, 13(4)：294-297.

[19] 江志成. 万安水电站工程简介[J]. 水力发电, 1991(10)：41-43.

[20] 水利部水利工程建设司. 水利建设项目法人管理存在问题及对策思路[R]. 2020.

[21] 中华人民共和国审计署. 长江三峡工程竣工决算草案审计结果(2013 年第 23 号)[R], 2013.

[22] 张志波, 徐向艺. 经理人代理行为与管家行为的选择：基于博弈分析的视角[J]. 东岳论丛, 2008, 29(6)：66-69.

[23] 陈伟民. 代理理论、管家理论与公司治理分析框架的重构[J]. 理论探讨, 2013(3)：86-90.

[24] 徐全军. 管家理论与代理理论的比较研究[J]. 环渤海经济瞭望, 2007(7)：40-42.

[25] 李善波. 公共项目治理结构及治理机制研究：基于互联契约的视角[D]. 南京：河海大学, 2012.

[26] JENSEN M C, MECKLING W H. Theory of the firm：managerial behavior, agency costs and ownership structure[J]. Springer Netherlands, 1979.

[27] DAVIS J H, SCHOORMAN F D, DONALDSON L. Toward a stewardship theory of management[J]. Academy of Management Review, 1997, 22(1)：20-47.

[28] TURNER J R, KEEGAN A. Mechanisms of governance in the project-based organization：roles of the broker and steward[J]. European Management Journal, 2001, 19(3)：254-267.

[29] WINCH G M. Towards a theory of construction as production by projects[J]. Building Research and Information, 2006, 34(2)：154-163.

[30] SHA K X. Vertical governance construction projects：an information cost perspective[J]. Construction Management and Economics 2011, 29(11)：1137-1147.

[31] FINKELSTEIN S, MOONEY A. Not the usual suspects：How to use board process to make boards better[J]. Academy Management Executive, 2003(17)：101-113.

[32] 广东省总工会,广东省水利厅,等. 东深供水改造工程开展劳动竞赛的探索和实现[M]. 北京:中国水利水电出版社, 2004.

[33] DONALDSON L. A rational basis for criticisms of organizational economics: A reply to barney[J]. Academy of Management Review,1990(3): 394-401.

[34] BARNEY J B. The debate between traditional management theory and organizational economics: substantive differences or intergroup conflict? [J]. Academy of Management Review, 1990(3): 382-393.

[35] DAVIS, J H, SCHOORMAN, F D, and DONALDSON, L. The distinctiveness of agency theory and stewardship theory[J]. Academy of Management Review, 1997, 22 (3): 611-613.

[36] PRESTON L E. Agents, stewards, and stakeholders[J]. Academy of Management Review, 1998(23): 9-13.

[37] 周志强,田银华,王克喜. 家族企业契约治理模型、模式及其选择研究:基于代理理论与管家理论融合视角[J]. 商业经济与管理, 2003(5): 5-12.

[38] MA T Y, WANG Z F, SKIBNIEWSKI M J, et al. Investigating stewardship behavior in megaprojects: an exploratory analysis [J]. Engineering, Construction and Architectural Management, 2020,ahead-of-print.

[39] 杨林. 管家理论与代理理论的比较分析[J]. 外国经济与管理, 2004, 26(2): 22-27.

[40] VAN S D. Agents or stewards: using theory to understand the government-nonprofit social services contracting relationship[J]. Journal of Public Administration Research, 2007(17): 157-187.

[41] ROUSSEAU D M, SITKIN S B, BURT R S, et al. Not so different after all: a cross-discipline view of trust [J]. Academy of Management Review 1998(23): 393-404.

[42] COLEMAN, J S. Foundations of social Theory [M]. Cambridge, MA: Harvard University Press, 1990.

[43] WILLIAMSON O E. Calculativeness, trust and economic organization [J]. Journal of Law and Economics, 1993, 36(1,Part2): 453-486.

[44] BOYD B K. CEO duality and firm performance: a contingency model[J]. Strategic Management Journal, 1995, 16(4): 301-312.

[45] YOU J, CHEN Y, WANG W, et al. Uncertainty, opportunistic behavior, and governance in construction projects: the efficacy of contracts[J]. International Journal of Project Management, 2018, 36(5): 795-807.

[46] ALBANESE R, DACIN M T, HARRIS I C. Agents as stewards[J]. Academy of Management Review, 1997, 22(3): 609-611.

[47] TOSI A L, BROWNLEE A L, SILVA P, et al. An empiriacal exploration of decision-making under agency controls and stewardship structure [J]. Journal of Management

Studies, 2003, 40(8): 2053-2071.

[48] DONALDSON L, DAVIS J H. Boards and company performance—research challenges the conventional wisdom[J]. Corporate Governance: An International Review,2010,2 (3): 151-160.

[49] CAERS R, DU B C, JEGERS M, et al. Principal-agent relationships on the stewardship -agency axis[J]. Nonprofit Management & Leadership, 2006, 17 (1): 25-47.

[50] 敬义嘉. 社会服务中的公共非营利合作关系研究: 一个基于地方改革实践的分析[J]. 公共行政评论, 2011,4(5): 5-25+177.

[51] 丁继勇, 王卓甫, 安晓伟. 水利水电工程总承包交易模式创新研究[M]. 北京: 中国建筑工业出版社, 2018.

[52] BOWERS D D. Integrated project delivery and contract strategy options[D]. Dept. of Civ. Engrg., Texas A&M University. College Station, TX. 2001.

[53] 王卓甫, 杨高升, 洪伟民. 建设工程交易理论与交易模式[M]. 北京: 中国水利水电出版社, 2010.

[54] AN XIAOWEI, WANG ZHUOFU, LI HUIMIN, et al. Project Delivery System Selection with Interval-Valued Intuitionistic Fuzzy Set Group Decision-Making Method [J]. Group Decision Negotiation, 2018(27): 689-707.

[55] CHEN Y, LI B. Dynamic multi-attribute decision making model based on triangular intuitionistic fuzzy numbers[J]. Scientia Iranica, 2011, 18(2): 268-274.

[56] 张市芳. 直觉模糊多属性群决策的 VIKOR 方法[J]. 西安工业大学学报, 2015, 35(3): 182-185.

[57] 胡芳, 刘志华, 李树丞. 基于熵权法和 VIKOR 法的公共工程项目风险评价研究 [J]. 湖南大学学报(自然科学版), 2012, 39(4): 83-86.

[58] PINTO J K, SLEVIN D P, ENGLISH B. Trust in projects: An empirical assessment of owner/ contractor relationships [J]. International Journal of Project Management, 2009,27(6): 638-648.

[59] 敬义嘉, 崔杨杨. 代理还是管家: 非营利组织与基层政府的合作关系[J]. 中国第三部门研究, 2015,9(1): 14-31.

[60] KHALFAN M M A, MC DERMOTT P, SWAN W. Building trust in construction projects[J]. Supply Chain Management: An International Journal, 2007, 12(6): 385-391.

[61] MUNNS A K. Potential influence of trust on the successful completion of a project[J]. International Journal of Project Management, 1995, 13(1): 19-24.

[62] GRAEBNER M E. Gaveat venditor: trust asymmetries in acquisitions of entrepreneurial firms[J]. Academy of Management Journal, 2009, 52(3): 435-472.

[63] DE JONG B A, DIRKS K T. Beyond shared perceptions of trust and monitoring in

teams: implications of asymmetry and dissensus[J]. Journal of Applied Psychology, 2012,97(2): 391-406.

[64] CHEUNG S O, WONG W K, Yiu T W, et al. Developing a trust inventory for construction contracting[J]. International Journal of Project Management, 2011, 29 (2): 184-196.

[65] 杜亚灵, 王垚. PPP 项目中信任的动态演化研究[J]. 建筑经济, 2012(8): 28-33.

[66] 张学龙, 韩黎丽, 覃滢樾等. 基于马尔可夫链的供应链信任演化博弈与稳定策略 [J]. 统计与决策, 2019,35(10): 47-51.

[67] 张传洲. 信任演化及其修复研究[J]. 辽宁行政学院学报, 2016(2): 48-51.

[68] 沙凯逊. 建设项目治理十讲[M]. 北京: 中国建筑工业出版社, 2017.

[69] FU Y C, CHEN Y Q, ZHANG S B, et al. Promoting cooperation in construction projects: an integrated approach of contractual incentive and trust[J]. Construction Management and Economics, 2015, 33(8): 653-670.

[70] WONG P S P, CHEUNG S O. Structural equation model of trust and partnering success[J]. Journal of Management in Engineering, 2005, 21(2): 70-80.

[71] 王松春, 刘春生. 中国南水北调工程·质量监督卷[M]. 北京: 中国水利水电出版社, 2019.

[72] 广东省东江—深圳供水改造工程建设总指挥部. 东深供水改造工程: 第一卷 建设管理[M]. 北京: 中国水利水电出版社, 2005.

[73] National Audit Office. London Underground: are the public private partnerships likely to work successfully? [EB/OL]. https: //www. nao. org. uk/report/london-underground-are-private-the-public-partnerships-likely-to-work-successfully/

[74] 中华人民共和国水利部. 关于加强中小型公益性水利工程建设项目法人管理的指导意见(水建管〔2011〕627 号发布, 公告〔2017〕32 号修改)[S]. 2017.

[75] 中华人民共和国水利部. 关于水利工程建设项目代建制管理的指导意见(水建管〔2015〕91 号)[S]. 2015.

[76] 中华人民共和国水利部. 水利工程建设项目法人管理指导意见(水建设〔2020〕258 号)[S]. 2020.

[77] 王卓甫, 谈飞, 张云宁等. 工程项目管理: 理论、方法与应用[M]. 北京: 中国水利水电出版社, 2007.

第 4 章　重大工程交易治理结构模式优化

重大工程存在多层交易治理问题,本章将在第 2 章给出的交易治理结构模式 GS 定义的基础上,研究项目法人主导的交易层面治理结构优化问题。经近两百年的研究和工程实践,工程(市场)交易治理结构模式基本形成[1],并表明:一方面,任何一种工程交易治理结构模式不具有普适性;另一方面,由于重大工程项目的特殊性,项目法人层面的(市场)典型交易治理结构模式也迫切要求创新和发展[2]。

4.1　项目法人主导的重大工程交易治理结构模式分析

项目法人主导的重大工程交易治理,即为项目法人层面交易治理结构模式,在整个重大工程交易中具有重要影响。

4.1.1　常用工程交易治理结构模式及其特点分析

4.1.1.1　常用工程交易方式及其特点分析

经过两百年的工程实践,工程交易已经形成了 DBB、DB/EPC 和 CM 等方式。而在这之前,历史上的许多著名工程,如埃及金字塔、我国长城和印度泰姬陵等均为设计施工一体化实施的工程,Tenah K A 认为这些即为现在所称的 DB 交易方式[3]。Pietroforte R 和沙凯逊等在研究美国工程交易/发包方式时发现,从 18 世纪 90 年代到 19 世纪 30 年代经济"大萧条"爆发之前这段时间,约 90%的基础设施采用设计-施工-运行"三位一体"的发包方式。但是设计与施工之间缺乏有效制约,再加上承包人整体技术能力不足,使得"豆腐渣"工程大量出现。因此,20 世纪 30—80 年代,美国政府大力推行 DBB 方式。但随着工程技术的进步和专业分工的细化,20 世纪 90 年代后期,DB 方式又开始受到美国的重视,并呈现 DB 和 CM 方式在不同工程上分别应用的局面[4,5]。事实上,目前常用的 DBB、DB/EPC 和 CM 等交易方式各具特色,并适用于不同的工程项目中,具体详见表 4-1。

表 4-1　常用工程交易方式分析表

工程交易方式类型	经典交易方式/主要参与方的关系图	交易方式的衍生方式	主要特点
DBB		（1）DBB 方式可进一步分为：DBB（施工总包，GC）和 DBB（分项发包）两种方式；（2）项目法人可能分别聘请设计方、控制方；也可能仅聘请设计方，并让其兼控制方的角色	（1）项目按设计→招标→建造顺序实施；（2）主要优势：有利于选择专业化的设计方、施工方，分别完成工程设计和施工任务；（3）主要缺陷：设计与施工相分离，难以实现设计施工整合优化
DB/EPC		（1）DB 方式可细分为 DB（初步设计开始）和 DB（详细设计开始）；（2）EPC 可视为 DB 的衍生方式，主要应用于有大型设备采购的建设项目，如石油化工和水电工程项目等；（3）控制方与 DBB 不一样，在国际工程中一般不配监理工程师，而是设 DA/AB（dispute avoidance/ disputes board）	（1）DB 总承包人为项目实施的单一责任主体，即项目法人只面对一个 DB 承包人[6]；（2）DB 总承包人充分利用设计施工一体化和总价合同的特点优化工程

119

工程交易方式类型	经典交易方式/主要参与方的关系图	交易方式的衍生方式	主要特点
CM		(1) CM 方式可细分为 CM at risk 和 CM at agency 方式； (2) CM at risk：CM 承包人的任务包括承担部分施工,对设计方和其他施工承包人进行监管和协调[7]； (3) CM at agency：CM 承包人的任务是对设计方和施工承包人进行监管和协调	(1) CM 承包人在协调设计施工各方的同时,还可以承担部分施工任务； (2) CM 承包人一般较早介入工程,有利于设计与施工的结合； (3) 可实现有条件的"边设计,边施工"

注：——▶合同关系；- - -▶监管、协调关系；- - - -合作、协调关系。

对于重大工程,交易方式除了传统的按设计施工分离交易和整体交易外,还存在项目分块交易,即当一个重大工程项目由几个相对独立的子项工程组成,而每个子项的工程特性差异较大,且它们的投资额较大时,实际工程中常将它们分别独立交易,这就涉及同一个项目存在多个交易方案的问题；对于某交易方案中的各子项工程,它们的交易方式也不一定相同。因此,对于重大工程项目,可能存在多个交易方案,每个交易方案中各子项工程同样存在交易方式选择的问题。

4.1.1.2 常用项目法人管理组织方式及其特点分析

项目法人/建设单位为工程项目实施的责任主体。重大工程除了具有一般工程项目一次性、单件性,以及专业性强等特点外,主要特点之一是由政府主导,由政府方负责确定项目法人,这在第 3 章作过讨论,可将重大工程项目法人分为事业型和企业型两类。在政府方确定项目法人的基础上,项目法人一般会根据重大工程的特点,进一步研究充分利用市场上存在的工程咨询力量辅助其进行工程交易管理,经多年工程实践已经形成的"项目法人+"的工程交易管理方式,如表 4-2 所示。

表 4-2　常用"项目法人+"工程交易管理组织方式分析表

项目法人+ 管理组织	特　点	应　用　场　合
项目法人+"代 建方"	(1) 项目法人委托"代建方(工程咨询/管理企业)"对重大工程子项目进行管理,即"代建制"[8]; (2) 项目法人仅对重大问题进行决策,项目实施中一般问题,如计量、支付等事项通常由"代建方"决定,具体权限由委托合同约定	(1) 可弥补项目法人管理力量或专业管理能力不足的问题; (2) 适用于重大工程部分较特殊的子项工程,如技术复杂的工程、建设条件复杂的工程等
项目法人+ 工程监理	(1) 项目法人委托工程监理方对施工合同进行管理,包括工程进度、投资、质量和安全的目标控制,以及施工过程的协调; (2) 工程监理方具体责任由监理合同约定	(1) 重大工程项目目前一般采用这种方式; (2) 通常仅负责对施工合同履行的监管
项目法人+全 过程工程咨询	(1) 项目法人委托工程咨询方承担的任务包括工程监理、造价咨询、工程招标代理等中的若干项; (2) 工程咨询方的具体责任由咨询合同约定	(1) 可弥补项目法人管理力量或专业管理能力不足的问题; (2) 重大工程项目可整体委托一家咨询企业,也可按子项工程特点分别委托咨询方

注:目前"项目法人+"的模式下一般要委托具有工程监理资质的工程咨询方。

4.1.1.3　常用工程交易主体选择方式/评标方法及其特点分析

对重大工程项目,一般采用公开招标或邀请招标方式,而对于选择投标人的标准,在理论上分为单目标招标/评标方法、双目标和多目标招标/评标方法[9,10],在工程实践中则分为经评审的最低投标价法和综合评估法两种方法。

对于工程评标方法问题,Harris M 和 Raviv A 等已经证明,在满足投标者是风险中性者、投标者具有独立私人估价信息、支付只是报价的函数,以及投标者之间是独立的、机会均等的、信息对称的等 4 个假设条件下,对于一级密封价格招标,即工程招标中,参与投标的人越多,最后合同价越低,即应采用公开招标方式,同时也有必要采用单目标招标方法,即选择最低报价者中标为最优[11,12]。邢会歌等认为在选择工程承包人时不考虑项目合同履行中可能出现的交易成本是不合理的[13]。吴福良和李建章的研究表明,对于较复杂工程的招标,需要考虑项目合同履行中可能出现的额外交易成本,此时采用多目标招标方式较为合理[14,15]。已有研究表明,工程评标方法的选择,不仅要充分考虑投标人的报价,还要考虑工程合同履行过程中可能出现的交易成本,并得到了工程项目招标评标模型[1,16]:

$$
\left.\begin{array}{l}
\text{商务目标函数:考虑交易成本后的报价 } C_0 \\
C_0 = \min_I(\text{投标人报价 } C_{0i} + \text{交易成本 } C_{1i}) \\
\text{技术约束条件:工程质量和建设工期满足规定要求}
\end{array}\right\} \tag{4-1}
$$

式(4-1)中,I 为项目投标人的数量或集合;C_{0i} 为招标项目第 i 个投标人的报价;C_0 最小时,中标人的报价 C_{0i} 即为交易合同价;C_{1i} 为第 i 个投标人中标后,招标方交易成本的预期;项目质量和建设工期等要求是在建设工程项目整体目标要求下,合同工程的质量和进度等方面的具体要求。

绝对交易成本大小的估计难度很大,但威廉姆森在研究企业层面交易成本计算时认为,相对交易成本还是有可能被测算的[17]。因而式(4-1)中不同投标方的相对交易成本是可以估计的,这使得工程项目招标评标模型具有较高的应用价值。

一般而言,简单工程宜采用公开和单目标招标方法,即经评审的最低投标价法;而对复杂工程宜采用多目标评标方法,即综合评估法。

在采用单目标方法评标时,面临恶意低价和"围标"等招标方的风险较为突出。徐军祖等建立经济博弈模型开展研究,提出设置招标控制价、构建信用体系和加强监管等措施[18];Chotibhongs R 等基于回归模型,以及残差检验和成本结构稳定测试技术研究了串通投标行为的识别方法[19]。此外,工程招标标底一般是保密的,那么对招标控制价该是公开还是保密?李慧敏等基于一级密封拍卖私人价值模型讨论了公开控制价对投标人报价和招标人支付的影响。结果表明,公开控制价不仅降低了投标人的报价,而且也降低了招标人的支付[20]。但要注意到,在一级密封拍卖私人价值模型中,假定投标人的估价服从均匀分布,而在公开控制价的条件下,每个投标人报价均具有向招标控制价靠近的"冲动"。因此,相关研究还有待深入。

4.1.1.4 常用工程合同计价方式及其特点分析

按工程交易合同计价方式/合同类型,可将工程合同分为总价合同(LSC)、单价合同(UPC)、成本加酬金合同(CPF)和固定价加激励合同等 4 类,并可以进一步细分。丁继勇等的研究认为,不同类型合同的主要差异是,它们决定了工程项目所用物料价格的不确定引起的市场风险的分配,或由工程量不确定性引起风险的分配[21]。详细讨论如表4-3所示。

为降低工程交易成本,不同计价方式/类型的合同应与不同的工程交易方式相匹配。根据国内外相关资料分析,上述 4 类合同与工程交易方式

表 4-3　常用工程合同计价方式分析表

合同计价方式/类型		特　点	市场价波动风险分配			工程量波动风险分配		
			发包方承担	承包方承担	共同承担	发包方承担	承包方承担	共同承担
总价合同	固定总价合同	（1）总价优先，投标人报总价，双方约定合同总价；（2）最终按总价结算，或按合同约定调整合同价格		√			√	
	调价总价合同		√				√	
	固定工程量清单总价合同		√					√
单价合同	固定单价合同	（1）单价优先，发包方给出的工程量表中的工程量为参考数据；（2）合同价款按实际发生的工程量和合同约定价计算		√		√		
	可调单价合同				√	√		
成本加酬金合同	实际成本加百分率合同	（1）合同没有明确合同价，也没有工程量清单；（2）按实际发生费用，加上实际费用的百分比或合同中固定的酬金进行支付	√			√		
	实际成本加固定酬金合同		√			√		
固定价加激励合同	限定最高价激励合同	（1）合同中有明确的最高价或目标价；（2）实际支付超过/低于合同确定的最高价或目标价时，由双方分担/分成		√				√
	目标价激励合同			√				√

相匹配的情况列于表 4-4。当然，选择合同类型是十分复杂的事情，具体选择何种工程项目交易方式/发包方式，以及采用与此相应的合同类型，还应根据工程建设具体情况，包括工程内部属性、外部属性、工程发包方的建设管理能力和偏好，以及工程建设环境等，对其进行详细分析研究后才能进行决策。

表 4-4　工程交易方式与常用合同计价方式的匹配关系

工程交易方式	常用合同计价方式/类型			
	总价合同	单价合同	成本加酬金合同	固定价加激励合同
DBB	△	★	△	—
GC	△	★	△	—
DB	★	△	—	△
EPC	★	△	—	△
CM	△	△	—	△

注:(1)表中"★"表示匹配;"△"表示较匹配;"—"表示不常用。

　　(2)表中相匹配分析仅适合于项目风险一般、工期不太长的情况。

4.1.2　交易治理结构模式谱分析与创新发展

交易治理结构模式所涉交易方式、交易治理组织方式、交易主体选择方式和合同计价方式,它们内在有一定的规律性。

4.1.2.1　交易治理结构模式谱分析

(1)工程交易方式/发包方式谱分析。常用的建设工程交易方式有 DB/EPC、CM at risk 和 DBB,它们的核心差异是承包工程的工作深度不同。EPC/DB 的承包工作深度包括了工程设计和施工,即设计施工一体化的承包;不论是 DBB(施工总包,GC),还是 DBB(分项发包),均是在工程设计完成后才组织施工发包;CM at risk 则介于上述两者之间,即设计还未能完成就组织施工发包,此后在 CM 经理的协调下边设计、边施工。显然,在这其中,不同交易方式应用时的设计深度或工程实施阶段是不同的。因此,以工程设计深度或工程建设阶段为坐标,建立建设工程交易方式谱[22],如图 4-1 所示。

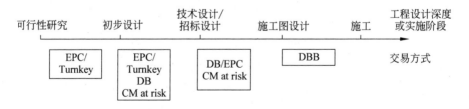

注:每种交易方式的承包范围为发包名称左边的工程内容。

图 4-1　工程交易方式/发包方式谱

图 4-1 描述了经典交易方式与工程设计深度或工程建设阶段的关系,

同时也表明了经典交易方式的应用随工程设计深度或工程建设阶段而变化的分布规律，即交易方式谱。这是对工程实践的一种总结。在图 4-1 中，DB/EPC 和 CM at risk 交易方式的应用在时间上均有变化幅度，并不是绝对的。如，DB/EPC 交易方式既可以在工程初步设计前应用，也可以在工程初步设计完成后应用，这取决于其他影响因素。

（2）交易主体选择方式/评标方法谱分析。可按选择考虑的目标多少的标准[23~25]，构建如图 4-2 所示的交易主体选择方式/评标方法谱。

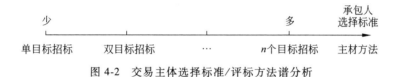

图 4-2　交易主体选择标准/评标方法谱分析

在图 4-2 中，目标包括工程报价、工程质量和工程进度等要求，以及投标人能力、经验和诚信等方面；单目标招标，一般是指将工程报价作为选择承包人的唯一依据，即最低报价中标法；多目标招标，一般是指综合考虑工程报价、质量和进度保证程度，以及投标人能力、经验和诚信等多方面因素作为选择承包人的依据，即综合评标法。

（3）工程合同计价方式/合同类型谱分析。工程合同选择何种计价方式/类型，主要取决于工程项目的不确定性[26,27]。例如，建设工程的范围和工程结构较为确定时，一般采用总价合同，因为此时工程价变化的风险不大，其最大优点是管理简单；而建设工程的范围、工程结构十分不确定时，一般采用成本类合同，因为此时会面临较大的工程价变化的风险。因此，可以建立以工程不确定性为坐标的合同计价方式/类型谱，如图 4-3 所示。

图 4-3　工程交易合同计价方式/合同类型谱

图 4-3 描述了工程不确定性与合同计价方式选择的关系，同时也显示了合同计价方式的选择随工程不确定性而变化的分布规律，即合同计价方式谱。在图 4-3 中，成本类合同和单价合同的应用均有一定的变化幅度，还会受到其他一些因素的影响，但不是绝对的。

4.1.2.2　交易治理结构模式创新发展

从图 4-1 到图 4-3 各种方式/方法的谱分析表明，目前所列各方式仅是常用的典型方式,还有较大的创新发展空间。例如,DB/EPC 是设计施工工程总承包方式的统称。现有研究与实践表明,应根据工程特点,确定工程总承包的范围[1];同样,工程项目选择 DB/EPC 方式时一般采用总价合同。但当工程项目不确定性较大时,有没有可能采用工程总价与单价相结合的计价方式呢? 丁继勇等的研究结果表明,对项目法人而言,设计施工工程总承包方式的优势之一是"责任主体单一",可降低监管成本。但当项目不确定性较大时,因一般设计施工工程总承包项目总是采用总价合同,因而其风险较大,但当根据工程特点重新设计项目合同计价方式后,可有效控制风险,并继续发挥工程总承包方式的优势[28]。

4.1.3　交易治理结构模式的经济学分析

工程交易治理结构模式的经济学分析,主要是探讨其所包括的建设工程交易主体选择方式/评标方法、工程交易方式/发包方式和工程合同计价方式/合同类型,对工程交易总价的影响,以便为工程治理结构模式选择或设计提供支持。

4.1.3.1　交易总费用组成分析

项目法人在通过市场方式获得建设工程的条件下,项目法人工程交易的总费用包括交易合同价和交易成本[29]。其中,合同价还包括工程招标后签订合同时的工程价格和工程实施过程中工程变更或索赔补充合同的价格(指价格水平与原合同价格水平相同的部分);交易费用包括建立建设管理组织及其运作费用。

(1) 工程项目交易合同价,即工程项目交易支付价(payment price)。一般情况下,是项目法人需要支付给承包人的费用。当交易过程中项目增/减子项或增/减工程量时,一般项目法人还要增/减支付,这决定于交易合同的计价方式或交易合同的专门约定。

(2) 工程项目交易成本。项目法人的工程交易成本由其组建的项目治理机构及其运作的费用,以及交易过程中由于监管不力而支付的额外费用组成[30]。如工程变更或索赔费用超出正常成本的费用,以及额外管理协调等增加的费用。前者可称为治理组织的交易成本,主要决定于项目法人选择的交易治理组织方式、组织规模等因素,其相对稳定,亦称为不变交易成本;后者称为额外交易成本,其与项目法人监管水平相关,亦称可变交易成本。

4.1.3.2　交易方式的经济学分析

为使分析具有代表性,将工程交易方式/发包方式中经典的、差异较大的 DBB 方式和 DB/EPC 方式进行比较[31]。比较内容为工程交易的总费用与工程交易方式的关系,并将交易的总费用分为交易(合同)价和交易成本。

(1) 工程交易(合同)价的比较。为了便于分析,假设如下:

① DBB 和 DB/EPC 针对的是同一工程交易;

② 两种不同交易方式采用相同的技术;

③ 工程具有一定的规模。

令 DB/EPC 交易方式下的交易合同价为 C_E;DBB 下的交易合同价为 C_D,则 DB/EPC 交易方式下的交易合同价与 DBB 方式下的交易合同价之差 ΔC 为:

$$\Delta C = C_E - C_D \tag{4-2}$$

将工程复杂程度 i 作为变量,则 ΔC 随复杂程度 i 变化的关系为 $\Delta C = f(i)$,如图 4-4 所示。

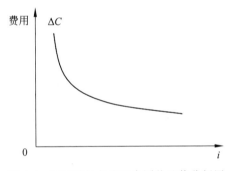

图 4-4　不同交易方式下合同价差值分析图

对图 4-4 可作如下分析。

① 总存在 $\Delta C > 0$,即 $C_E > C_D$,这说明采用 DB/EPC 交易方式的交易合同价比采用 DBB 方式的交易合同价高。这可解释为 DBB 方式的市场竞争刺激力强,而 DB/EPC 交易方式的市场竞争性受到较多的限制,且 DB/EPC 承包人在投标报价时也会更多地考虑风险因素。

② $\Delta C = f(i)$ 是随 i 的增大而递减的函数。这可解释为,随 i 的增大,采用 DBB 交易方式时,项目法人对投标人的限制在增加,承包人也在考虑增加风险费用;而采用 DB/EPC 交易方式时,这些变化相对较小。

③ 当 $i \to \infty$ 时,$\Delta C \to 0$,即 i 很大时,两种不同交易方式的生产转化费用的差异将消失。这可解释为,项目法人不论对 DBB 方式的潜在承包人,还是对 DB/EPC 方式的潜在承包人均提出较高的要求,即两种不同交易方

式的竞争性均受到较多的限制,两种不同交易方式的潜在承包人均在考虑更多的风险因素。

(2)交易成本比较。

令 DB/EPC 交易方式下的交易成本为 G_E,DBB 交易方式下的交易成本为 G_D,则 DB/EPC 交易方式下的交易成本与 DBB 交易方式下的交易成本之差 ΔG 为:

$$\Delta G = G_E - G_D \tag{4-3}$$

将工程复杂程度 i 作为变量,则 ΔG 随 i 变化的关系为 $\Delta G = f(i)$,如图 4-5 所示。

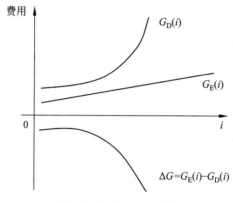

图 4-5　交易成本比较图

对图 4-5 可作如下分析。

① $G_E(i)$ 随 i 而变化,当采用 DB/EPC 交易方式,即使工程复杂程度最低时,交易成本也不会为 0,当 i 值增加时,G_E 较平缓地上升。

② $G_D(i)$ 也随 i 而变化,不同的是,即使复杂程度很低,工程也需通过招标选择承包人,需要交易成本,而且在 DBB 下需经过多次招标。显然,DBB 的招标费用总比 DB/EPC 的招标费用要高。此外,$G_D(i)$ 是 i 的增函数,即当生产的复杂程度增加时,DBB 的交易成本在上升,这主要是因为当复杂程度增加时,需要较多的协调费用,以及处理工程变更和索赔,处理合同争端所需的额外交易成本也会大幅上升。经分析可得:

$$\Delta G = G_E(i) - G_D(i) \tag{4-4}$$

显然,有 $\Delta G < 0$,而且 ΔG 是 i 的递减函数。

(3)工程交易总费用/成本分析。令 $\Delta = \Delta G + \Delta C$,则图 4-6 中的 Δ 曲线是由 ΔG 和 ΔC 曲线叠加而成,其即为交易的总成本曲线。所谓优化,就是讨论总的交易成本的最优。根据图 4-6 可作如下分析。

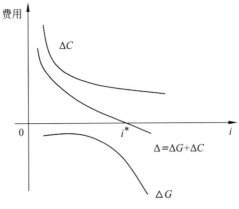

图 4-6　交易总成本比较图

① 当 $i<i^*$ 时，$\Delta G+\Delta C>0$，即 $(G_E+C_E)>(G_D+C_D)$，在工程复杂程度较低时，DB/EPC 交易方式损失了市场竞争激励带来的效益，交易成本的节约仍抵消不了市场竞争刺激带来的效益。因此，采用 DBB 交易方式比 DB/EPC 交易方式更经济合理。

② 当 $i=i^*$ 时，即 $\Delta=\Delta G+\Delta C=(G_E+C_E)-(G_D+C_D)=0$，亦即 $G_E+C_E=G_D+C_D$ 时，在工程复杂程度为 i^* 时，两种交易方式的交易成本相等，因此，i^* 点被称为这两种不同交易方式的无差异点。

③ 当 $i>i^*$ 时，有 $(G_E+C_E)<(G_D+C_D)$，即当工程复杂程度足够大时，市场竞争的刺激效益已不那么明显了，而另一方面 $G_E\ll G_D$。因此，选择 DB/EPC 交易方式更加合理。

4.1.3.3　交易主体选择方式/评标方法的经济学分析

（1）单目标评标方法/经评审的最低报价中标法。采用单目标评标方法，即采用经评审的最低报价中标法时，工程签约合同价一般会比综合评标法低。但当采用这种评标方法时，不能排除投标人为了中标提交恶意低价，这对较为复杂的工程，如技术难度较大或不确定性较大的工程而言，可能会面临着恶意变更或索赔的风险[32]，即产生较高的工程交易成本。因此，经评审的最低报价中标法一般用于简单工程。

（2）多目标评标方法/综合评估法。综合评估法一般要对投标人施工组织设计、项目组织、工程报价和业绩等多个方面进行综合评估，并根据综合评估结果确定中标人。采用这种方法时，报价不是唯一因素，因此可一定程度上控制恶意低价，因而工程签约合同价一般会比经评审的最低报价中标法要高。但是，一般可减少工程实施过程中恶意变更或索赔的现象，即可有效控制工程交易成本。

4.1.3.4 交易合同计价类型的经济学分析

工程交易合同方式/类型的选择,一般与工程设计深度密切相关。此处引入工程产品的模糊度/不确定性 q 这一指标来描述设计深度,并探讨在一定的 q 下,不同工程交易合同类型对交易费用的影响。

用工程产品的模糊度 q 作为分析变量,对同一工程,在考虑项目法人采用某种交易方式和治理方式的条件下,采用不同类型合同,签约后交易成本随 q 的变化关系如图 4-7[1] 所示。

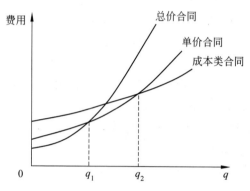

图 4-7　不同类型合同交易成本分析

$q=0$ 表明工程十分明确,不论采用何种合同类型,合同签订后交易成本均不为 0。这表示组建项目治理机构及其一般运作的固定费用,当然从总价合同到成本类合同,总价合同的治理工作量最小,相应的交易成本也低。

对于图 4-7,可做这样的解释:随着 q 的增加,总价合同交易费用增加速度最快,其次是单价合同、成本类合同。这可解释为,q 的增加表明设计深度趋于不足,即工程的不确定性、合同的不确定性均在上升。此时若采用总价合同,工程承包方的风险在上升,促使工程承包人的机会主义倾向也在不断增长,并导致项目法人协调、监管工作量会陡然增加,最终导致交易成本的急剧上升;此时若采用成本类合同,工程承包方始终承担较低的风险,项目法人协调、监管工作量也不会过快增长,因此交易成本增长速度较慢。对单价合同,随着 q 的增加,项目法人交易成本的增长速度介于总价合同和成本类合同之间。

图 4-7 表明,对同一工程,当工程设计较具体、深度较大,$q<q_1$ 时,采用总价合同所对应的交易成本较低;$q=q_1$ 为总价合同与单价合同交易成本的无区别点;当工程设计深度一般,即 $q_1<q<q_2$ 时,采用单价合同所对应的交易成本较低;$q=q_2$ 为单价合同与成本类合同交易成本无区别点;当工程

设计深度较浅,即 $q>q_2$ 时,采用成本类合同所对应的交易成本较低。

4.2　重大工程交易治理结构模式设计/选择影响因素分析

对工程交易治理结构模式 GS,式(2-1)给出了其定义,而式(2-2)和式(2-3)也给出了其优化模型。它们的理论意义和价值在于给出了优化工程交易治理结构的设计方向,但实际运用时却难以用解析方法寻求最优解,只能借用半经验、半理论的方法寻求满意解。

4.2.1　交易治理结构模式设计/选择的影响源分析

项目交易主体、交易客体是任何交易的最基本要素,缺少其中任何一个,交易就不能成立。此外,由于工程项目交易为“先订货,后生产”,交易过程和工程项目实施过程相交织。因此,工程项目交易客体最终虽是工程产品/实体,但工程项目实体的形成离不开建设条件和建设市场,即交易环境的支持。显然,在工程项目交易中,交易主体、交易客体和交易环境等 3 个方面是工程项目交易治理模式设计/选择的影响源。

4.2.2　交易主体的影响分析

工程项目交易主体包括工程发包方,即项目法人,以及工程承包主体,即工程承包方,它们对工程交易治理结构模式设计/选择必然会产生影响。

4.2.2.1　工程发包方/项目法人的影响

选择或设计什么样的建设工程(市场)交易治理结构模式,项目法人起主导、决定性作用。下列几方面对交易治理结构选择或设计工程交易治理结构模式均有着不同程度的影响。

(1)项目法人对建设工程的治理能力。工程项目管理/治理基本知识领域包括了项目管理和土木工程技术两个方面[33,34]。显然,工程项目治理是一项专业性较强的活动,并不是所有建设工程项目法人都具有这种治理能力。事实上,因工程项目的一次性,对于大多数临时组建的项目法人来说,缺乏工程项目管理/治理的专门人才;而对于政府投资的公益性工程项目来说,真正的工程业主方是缺位的,建设工程项目管理/治理专门人才更加缺乏。在这种背景下,项目管理公司、“代建制”等概念应运而生。国内外的实践表明,公益性建设工程项目的法人偶然组织实施的建设工程,以及项目法人虽有一定的工程建设管理能力,但当工程项目较为复杂或工程建设规模很大,凭借自身能力难以完成建设任务或管理成本很高时,项目法人总是采用"委托管理"方式,委托有能力的专业化公司对建设工程的实施进行监管、协调。一般仅当自身长期从事建设工程开发,拥有一支稳定的建设队伍,如房地产开发公司、大江大河的流域开发公司、政府中具有长期建设任务的专业部门等才会组织专门的队伍对建设工程的实施进行监管。因此,项目法人工程项目治理能力对交易治理组织方式的设计/选择起决定性作用。此外,其对建设工程交易中的交易方式也有一定的影响。例如,当项目法人建设工程治理能力较强时,可以选择 DBB 交易方式,其他条件适当时也可以采用分项交易方式;反之,当项目法人建设工程治理能力较弱时,可以采用工程总承包(DB/EPC),或施工总承包(GC)方式,因不论是工程项目总承包还是施工总承包,均可以减少项目法人的监管工作量和协调难度。

(2)项目法人/发包方对建设工程目标的要求。建设工程目标包括工期、质量和造价等目标。例如,广东某核电站工程项目,工程开工后,项目投资方/发包方考虑到核电站工程的平稳、经济运行,决定投资建设抽水蓄能电站与之相配套。在这一背景下,该抽水蓄能电站工程的建设工期就十分紧张,工程发包方在工程交易方式选择等方面采取了一系列措施。20世纪 60 年代后期的美国,许多工程发包方对工程工期目标要求很高。针对这一情况,美国建筑基金会委托美国纽约州立大学 Thomson C B 等人对工程交易方式开展研究,并于 1968 年提出了 CM 模式。CM 模式为众多工程承包方中的某一方在发包方的授权下,负责对工程项目设计、施工等过程进行监管、协调。这使得项目在初步设计完成后,可实现项目施工图设计与项目施工搭接进行,从而能有效地缩短建设工期[7]。该工程承包方受发包方委托履行施工现场设计与施工职责,以及各施工方间的协调职能,改变了传统工程承包方式中设计和施工分离的现象,以及不同施工方各自为政的局面,也在一定程度上促进了设计优化,并使设计和施工融合,减少了工程施工过程的设计变更。

(3)项目法人的偏好,包括对交易方式、工程风险的偏好。建设工程交易治理结构模式设计/选择由项目法人确定,这就决定了项目法人的偏好、管理文化对工程交易治理组织方式的设计/选择会产生重要的影响。其中,项目法人负责人的偏好又对交易治理组织方式的选择起关键的作用。项目法人负责人的偏好、企业文化是在多年的管理实践中逐步形成的。因此,工程交易治理组织方式等的优化要充分尊重管理传统,当然也不能排除工程交易治理结构模式的创新。

4.2.2.2　工程承包方的影响

项目法人为获得建设工程产品,首先要从建设工程市场上寻找满足要求的建设工程承包方,即工程交易中的卖方。一般而言,不同的工程交易方式,项目法人对承包方的要求不同,即对承包方的资质和能力要求不同。当建设市场发育较充分,有足够多的不同类型的潜在承包方可供选择时,对工程交易方式的选择限制性就较小;反之对工程交易方式的选择就有较大的限制。如当建设市场上具有工程项目总承包能力的潜在工程总承包人很少或供应不足时,采用 EPC 或 DB 方式也许不太现实。原因有两方面:一是在市场经济条件下,当能承包工程任务的总承包方很少时,应用并不普遍,说明工程总承包条件还不成熟;二是工程总承包人很少时,参与工程投标竞争的对手就少,Harris M 和 Riley J G 等在理论上证明了此时工程项目合同价较高[11,12]。因此,设计工程交易方式时,有必要考虑建设市场相应潜在承包方数量的多少,即建设市场承包主体的状态对建设工程交易方式选择或设计的影响。

此外,潜在承包方的诚信水平对选择工程承包方式也有一定的影响。例如,建设市场诚信水平较差时,对较为复杂的工程项目就有必要采用多目标评标方式。

4.2.3　交易客体的影响分析

工程项目交易客体常指被交易的建设工程产品/实体,或建设工程设计,或管理服务。其中,最主要的是工程产品/实体,建设工程设计或管理均服务于工程产品/实体的形成。工程产品/实体对交易治理结构模式的影响可从下列几方面进行分析。

4.2.3.1　工程项目经济属性的影响

根据建设工程项目投产或运营后能否产生经济效益,其可分为经营性项目、公益性项目,以及介于两者之间的准公益性项目。对于公益性项目一般由政府投资,业主方缺位,常采用代理的方式;对于经营性项目,有明确的业主方,业主方可以根据自身的治理能力和偏好选择治理方式。由于建设工程尤其是政府投资项目常常涉及公共利益和公共安全,因此国家和地方政府均有相应的法律法规对建设工程治理结构模式进行规范。如《必须招标的工程项目规定》(国家发改委 2018 年第 16 号令)对必须招标项目的规模做出了明确的界定,又如《江苏省省级政府投资项目代建制暂行规定》(2006)对必须实行代建制的项目和代建单位的主要职责作出了界定。由此可见,工程项目经济属性对工程交易治理结构模式的影响是通过政府

133

法律法规的强制规定实现的,其影响可以并入政府法律法规的影响。

4.2.3.2 工程项目复杂程度的影响

对于项目法人而言,工程项目复杂性包括了工程技术难度、工程的不确定性、工程产品特征值的易观察性等方面。当工程项目较为复杂时,工程项目设计与施工联系紧密,实施过程设计和施工的监管、协调的工作会明显增加,实行设计施工一体化对工程整体优化、提高"可建造性"具有明显优势;但对工程承包方的能力、经验,以及信用等方面会提出较高的要求。张水波等的研究发现,一般国际大型复杂的工程经常采用 DB 或 EPC交易方式,选择具有丰富工程经验和实力强的承包人[6]。相应地,项目法人的管理也经常采用委托监管方式,即委托专业化的项目管理公司进行管理。反之,对于较为简单的工程,项目法人经常采用 DBB 交易方式,选择专业承包方,同时也多采用自主监管和协调方式,有时还聘请工程师/监理工程师提供监管、协调服务。

4.2.3.3 工程项目规模的影响

工程规模经常可用工程投资规模、工程结构尺寸或影响范围等指标衡量,并分成重大/大型工程、中型工程和小型工程。对于大型建设工程,对承包人的能力、经验会提出较高的要求,对项目法人的治理能力也是挑战。重大工程常由若干相对独立的子项目组成,经常采用 M-DB、M-EPC,或DBB 的交易方式,即相对独立的子项工程,采用不同的工程交易方式。如当初具有 4 项世界第一的苏通长江大桥工程,不论是工程投资还是结构尺寸,都属于重大工程,该工程项目法人根据工程结构特点,将工程合理切块,对部分相对独立的子项目分别采用 EPC 方式发包,取得明显的技术经济效果[35]。此外,对于一些重大工程,若采用 DB,或 EPC,或采用施工总承包(GC)。由于采用这些交易方式对承包人施工能力、资金垫付能力要求高,可能会影响到投标竞争。在这种情况下,项目法人有时就选择分项交易方式,即 DBB,以实现提高竞争性、降低工程造价的目标。

4.2.3.4 实施过程中子项工程间依赖程度的影响

不论是重大工程,还是小型工程,其子项目之间在实施过程中的依赖程度对交易方式影响很大。如水利水电枢纽工程,工程十分集中,子项目之间在施工中依赖性强。若将其采用 DBB(分项发包)方式,则在施工过程中不同承包方之间的干扰会十分明显,最终结果是协调工作量的显著增加和交易成本的大幅上升。因此,对这一类工程的施工是采用分项发包还是施工总包,及如何分标值得研究。但对于一些较为分散的工程,如南水北调工程,以及轨道交通工程、高速公路工程等均是沿线分布,采用 M-

DBB(施工分项发包)方式时,实施过程中承包方的相互干扰将会很少。当然采用 DBB(施工总包,GC)、DB 或 EPC 时,一般不存在承包方之间施工期间的相互干扰。因此,当工程相对集中、子项目间施工联系紧密时,经常采用 DBB(施工总包,GC)、DB 或 EPC;当工程相对分散或子项目之间施工联系不多时,可选择 M-DBB(施工分项发包)。

4.2.4　交易环境的影响分析

任何工程交易总是在一定环境下进行的,这种工程交易环境包括经济社会环境和自然环境。建设工程交易具有历时长、与实施过程相交织等特点,对交易环境非常敏感。因此,交易环境对交易治理结构模式的设计/选择会产生较大的影响。

4.2.4.1　征地拆迁/移民的影响

征地移民是工程实施中经常碰到的问题,也是一个难题,这经常会左右项目法人交易治理组织方式或项目交易方式的选择。南水北调东线江苏段工程(一期)呈线状分布,项目法人根据工程特点和建设条件,将其分成若干子项目工程,并针对不同子项目采用不同管理方式。其中,对于征地拆迁难度较小的子项目工程,采用 PM(project management)方式,即通过招标方式委托有能力的咨询单位提供 PM 服务;而对于征地拆迁难度较大的子项目工程,则采用委托管理方式,即委托工程所在地政府组建项目现场机构对项目实施进行监管、协调。

4.2.4.2　工程实施现场条件的影响

工程实施现场条件包括施工场地占用、施工道路占用和施工临时设施布置等。由于工程交易与工程实施相交织,且是同步进行的,因而工程实施现场条件对交易治理结构模式的选择影响较大。如南水北调东线工程江苏段的河道工程,投资规模不大却延绵数公里,甚至数十公里。这些标段施工难度并不大,但在施工过程中,所涉及的交通道路占用、废弃土料堆放、施工临时用地的征用等方面遇到较多的干扰。对此,项目法人不得不委托地方政府来组建项目现场机构,对项目的实施进行监管、协调。在项目交易方式选择上,也采用 DBB(分项发包)方式,更多地为工程所在地承包企业提供竞争的机会。

4.2.4.3　政府政策法规的影响

工程交易是一种较为特殊的交易,经常关系到公共利益和公共安全,因此国家和工程所在地政府均有政策法规对工程交易进行限制或规范交易双方的行为。这些政策法规不论对项目交易方式还是项目法人交易治理组织方式,均有不同程度的影响。例如,1997 年颁布的《建筑法》,在第三十条中规定,国家推行建筑工程监理制度,国务院还规定实行强制监理的建筑工程的范围。与此同时,水利、电力、交通、铁道等国务院相关部门对工程/建设监理均作出了相应的规定。20 世纪 90 年代后期,所有建设工程基本上实行了监理制,建设监理企业也迅速发展。国务院 2000 年颁发的《建设工程质量管理条例》(2017 年修改)和 2004 年颁发的《建设工程安全生产管理条例》,均对建设监理单位在工程建设中应承担的责任和义务做出了规定。而自 2018 年开始,上海、北京等相关省市逐步放松一些工程项目实行强制监理的规定。而李开运的研究发现,在国际上,委托工程监理仅为项目法人监管工程可以选择的一种方式[36]。在 FIDIC 的土木工程施工合同条件中,对工程师/监理工程师的职责和权利做了明确规定。这表明,在国际工程的土木工程施工中,工程师/监理工程师已被广泛应用。但在 FIDIC 的 DB 和交钥匙工程合同条件中,并没有设置工程师/监理工程师这一角色,而是设置了争端避免/裁决/协调小组 DA/AB;在美英等西方发达国家,其本土工程的合同条件中也没有一定要用工程师/监理工程师的规定,也没有普遍使用工程师/监理工程师的监管方式的迹象。又如,我国《建筑法》第二十九条规定,施工总承包的,建筑工程主体结构的施工必须由总承包方自行完成。显然,在我国相关法律中,对工程总承包、施工总包有很多限制。这些均是政策法规对交易治理结构设计/选择的影响。

4.2.4.4 建设市场发育程度的影响

在工程项目交易中,项目法人根据工程特点、交易方式等在建设市场上选择承包方,而建设市场能提供什么样的承包商与建设市场的发育程度相关。例如,我国建设市场开放仅有 30 多年的历史,而且在计划经济体制和传统的工程设计与施工专业分工的影响下,建设市场发育不健全。专业化设计或施工队伍庞大,水平也较高,但设计施工综合型、能扮演 DB/EPC 承包人队伍却稀缺,即使有,水平也十分有限。因此,目前要采用 DB/EPC 交易方式,有必要分析潜在的 DB/EPC 承包人数量是否足够多。同样,在选择项目法人交易治理组织方式时,若选择 PM 类方式,也有必要分析潜在的 PM 咨询方(有能力承担这种咨询服务的机构)的市场。因为近 30 年,我国一直致力于推行监理制,即"自主+控制人"项目交易治理组织方式。在这种交易治理组织方式中,项目法人起主导作用,监理方仅扮演着辅助监管与协调的角色。目前监理队伍的素质每况愈下,对项目交易管理产生不利影响。因此,目前我国积极推行全过程工程咨询等项目法人交易管理组织方式,这对促进交易治理组织的多样化,使项目法人交易管理组织方式有多种选择,进而促进交易管理水平的提升具有重要意义。

4.3　重大工程交易治理结构模式设计/选择影响因素集

在上一节讨论交易主体、客体和环境对交易治理结构模式设计/选择影响的基础上,下面进一步分析工程交易方式、项目法人管理组织方式等设计/选择的影响因素,并构建影响因素集。

4.3.1　现有相关研究提出的影响因素

现有工程交易治理结构模式设计/选择影响因素研究,较多地集中在工程交易方式设计/选择影响因素方面,可分为理论分析和实证分析。

(1) 理论分析。Gordon C M 从工程项目特点、工程发包方的能力与偏好、市场环境等 3 个方面分析了工程交易方式选择的影响因素[37]。Mohammed I 将工程交易模式选择的影响因素分为项目特性、发包方的需求和发包方的偏好等 3 类[38]。张立山等在研究工程交易模式优化时,将影响因素分为项目属性、项目控制目标、承包方的能力、发包方的能力、监理方的能力、项目资金状况以及项目外部环境等 7 个方面[39]。Ibrahim M M 等从发包方特性、项目特性、设计特性、法律法规、承包方特性、风险管理,以及索赔与争议等 7 个方面,列举了 34 个影响工程交易模式选择的因素[40]。Alhazmi T 等从发包方需求、项目特性、市场特性、承包方需求、当地的建筑法律法规、发包方的类型,以及发包方的设计组织等 7 个方面,列举了 47 个影响工程交易模式选择的因素[41]。陈勇强从项目、组织、环境和其他等 4 个方面分析归纳了工程项目交易方式选择的 18 个影响因素[42]。Liu B S 等针对发包方特性,研究影响工程交易方式选择的因素,通过文献综述总结出 22 个发包方特性的影响因素,经过专家讨论后总结出 14 个相对重要和高频的因素[43]。这些研究分析结果各异,论证不多。

(2) 实证分析。Bowers D D 受美国建筑业研究院(Construction Industry Institute,CII)的委托,收集了 82 个建设工程的相关资料,并结合相关业主的项目目标,总结出 30 个工程交易方式选择影响因素,即 30 个交易方式决策影响因素[44]。随后,CII 的另一支研究团队的 10 位专家对 Bowers D D 提出的影响因素的内涵进行了甄别,并以此为基础,评估影响因素相互之间的独立性,最终评选出 20 个相互独立的工程交易方式决策影响因素。

本课题组在研究建设工程交易理论与交易模式时,将研究范围从交易方式拓展到了交易合同类型、交易管理组织方式设计影响因素的研究,并将它们的设计影响因素分别归纳为:12、2 和 14 个[1,28,31,45]。

4.3.2 交易治理结构模式设计/选择影响因素集分析

重大工程交易治理结构模式包括了工程交易方式、项目法人交易管理组织方式、交易主体选择方式和交易合同计价方式等。因此,本课题在先前工程交易理论与交易模式研究的基础上,开展了进一步研究工作。

4.3.2.1 交易方式的设计影响因素子集分析

工程项目交易方式本质上为工程交易客体的组织方式,工程项目交易方式决定了工程交易的范围和内容。项目法人选择交易方式,会考虑到建设条件、建设市场发育程度(潜在承包方状况)和其对工程控制的要求。因而,工程交易方式的设计影响因素主要是由交易客体派生而来。此外,交易客体的形成及交易过程总是离不开一定的交易环境。根据上述分析,并参考相关文献资料[1,37~45],可得到如下重大工程交易方式的设计影响因素子集。

(1)项目复杂程度,包括:工程技术复杂性和工程不确定性。

(2)工程建设条件,包括征地拆迁/移民,以及交通、供水供电等施工现场条件。

(3)工程所在地建筑市场发育程度。

(4)项目法人管理能力。

(5)政策法规。

(6)工期控制要求。

(7)质量控制要求。

(8)投资控制要求。

(9)子项目间施工干扰程度。

(10)项目法人对风险的偏好。

(11)项目法人对交易方式偏好。

4.3.2.2 项目法人管理组织方式设计影响因素子集分析

项目法人管理组织方式的设计影响因素主要决定于项目法人的类型,包括项目法人管理能力、项目法人监管偏好等;其次也受到管理对象(交易客体)、建设条件和建设市场发育程度等方面的影响。因此,对重大工程可得到下列项目法人管理组织方式设计影响因素子集:

（1）项目复杂程度。

（2）工程建设条件。

（3）工程所在地建设市场发育程度。

（4）项目法人管理能力。

（5）政策法规。

（6）项目法人对管理组织方式的偏好。

4.3.2.3　交易主体选择方式/评标方法设计影响因素子集分析

交易主体选择方式/评标方法，包括单目标评标方法和多目标评标方法，这主要取决于工程复杂程度。因而，工程交易方式的设计影响因素主要应是由交易客体、政府政策法规等派生而来，并参考相关文献，可得到如下对重大工程交易主体选择的影响因素子集。

（1）项目复杂程度，包括：工程技术复杂性和工程不确定性。

（2）工程项目交易方式/发包方式。

（3）政策法规。

（4）单个交易客体的工程规模。

4.3.2.4　合同计价方式设计影响因素子集分析

合同计价方式主要与影响建设工程价款结算的因素相关。当工程不确定程度较高时，工程量，甚至工程结构在实施中均有可能发生变化，此时采用总价合同，交易双方均存在较大的风险；如采用单价合同，则这类风险就会大大降低。不仅如此，当工程不确定程度较高时，一般也会发生较高的交易费用。除此之外，当建设工期较长时，交易双方均面临着物价变化的较大风险，如何合理分配这类风险，同样也影响到合同类型的设计；当采用DB/EPC方式时，一般采用总价合同。综上所述，可将合同计价方式设计影响因素子集概括如下。

（1）项目复杂程度，包括：工程技术复杂性和工程不确定性。

（2）工程交易方式/发包方式。

（3）建设工期。

4.3.3　交易治理结构模式设计/选择影响因素集构建

4.3.3.1　工程交易方式和交易管理组织方式设计/选择影响因素归纳

上文分析表明，工程交易方式/发包方式设计/选择影响因素较多。由文献[1]可知，其中前5个影响因素为主要因素，包括：项目复杂程度、工程建设条件、工程所在地建设市场发育程度、项目法人管理能力和政策法规，因此，对项目法人选择工程治理结构模式有特殊影响。

4.3.3.2 交易主体选择方式和合同计价方式选择的影响因素汇总

交易主体选择方式和合同计价方式选择的影响因素汇总如表 4-5 所示。

表 4-5 交易主体选择方式和合同计价方式设计/选择的影响因素汇总

序号	交易主体选择方式/评标方法	合同计价方式/合同类型
1	项目复杂程度	项目复杂程度
2	工程交易方式	工程交易方式
3	政策法规	建设工期
4	单个交易客体的工程规模	

表 4-5 表明,项目复杂程度、工程项目交易方式是交易主体选择方式和合同计价方式设计/选择的共同影响因素,交易主体选择方式设计/选择的影响因素较多。

4.4 重大工程交易治理结构模式优化决策分析

4.4.1 交易治理结构模式可行集构建

根据式(2-1),采用组合方法所得的工程交易治理结构模式集 $\{GS_i\}$ 的方案总数量 $N = a \times b \times c \times d$,其中 a、b、c 和 d 分别为工程交易方式、工程交易管理组织方式、交易主体选择方式和工程合同计价方式的数量。因此,工程交易治理结构模式集 $\{GS_i\}$ 的方案总数量 N 较大,不利于寻求优化的 GS。而事实上,在工程实践中,式(2-1)中的有些方式显然是不可行的。例如,对政府投资工程,400 万元以上的招标项目,根据现行政策法规,必须进行公开招标,因而邀请招标和协商议标/竞争性谈判这两种方式完全可以删除,这属于与现行政策法规相冲突的情境;又如,若选择 DB/EPC 交易方式,一般采用总价合同计价方式,其他计价方式可以删除。这属于式(2-1)内不同方式间的冲突或不相容的情境。根据式(2-1)和上文分析得到的项目复杂程度、政策法规、建筑市场发育程度和项目法人治理能力等 5 个主要影响因素,构建工程交易治理结构模式可行集分析表,如表 4-6 所示。

表 4-6 工程交易治理结构模式可行集分析表

各 种 方 式		主要影响因素				
		项目复杂 程度	工程建设 条件	建筑市场 发育程度	项目法人 管理能力	政策法规
交易 管理 组织 方式	项目法人+"代建"					
	项目法人+工程监理					
	项目法人+全过程工程 咨询					
交易 /发 包方 式	DBB 方式					
	DB/EPC 方式					
	CM at risk					
交易 主体 选择 方式	范围 维度	公开招标				
		邀请招标				
	目标 维度	单目标招标				
		多目标招标				
交易 合同 计价 方式	单价 合同	固定单价合同				
		可调单价合同				
	总价 合同	固定总价合同				
		调价总价合同				

注：成本类合同在一般工程中不用，因而在本表中没列出。

根据表 4-6，结合具体工程项目，依据 5 个主要影响因素删除不可行工程交易治理结构模式，得到工程交易治理结构模式可行集，作为工程交易治理结构模式优选的基础。

4.4.2 交易治理结构模式的优选程序和方法

4.4.2.1 交易治理结构分层和模式优选程序

（1）工程交易治理结构分层。工程交易方式、项目法人交易管理组织方式、交易主体选择方式和交易合同计价方式等 4 项是工程交易治理基本的、必须首先做出的交易治理制度安排。其中，工程交易方式和项目法人交易管理组织方式是整个项目层面的制度安排，称项目层面交易治理结构模式为交易治理结构模式Ⅰ；而交易主体选择方式和交易合同计价方式 2 项是标段/交易层面的制度安排，称交易层面的交易治理结构模式为交易治理结构模式Ⅱ。交易治理结构模式Ⅰ对交易治理结构模式Ⅱ有影响，在交易治理结构模式Ⅱ设计时,有必要首先选择/确定交易治理结构模式Ⅰ。

(2)项目法人交易治理结构模式优选程序。根据上文分析,可将工程交易治理结构模式的优选流程归纳为图4-8所示。

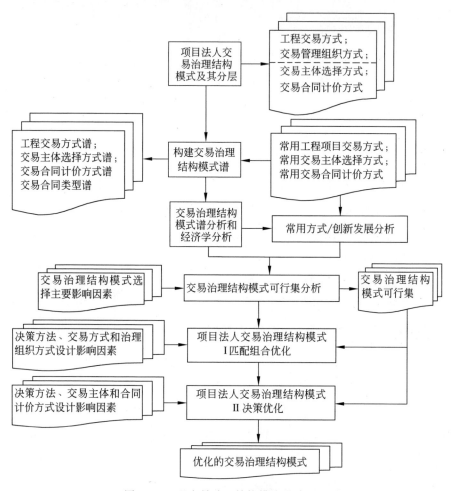

图4-8 工程交易治理结构模式设计流程

图4-8中重要环节如下。

① 构建项目法人交易治理结构模式分析谱。由常用的工程交易方式、交易主体选择方式和交易合同计价方式,分别根据工程设计深度/工程建设阶段、项目法人治理能力、工程项目的不确定性等,建立工程交易方式等分析谱。

② 根据项目法人交易治理结构模式分析谱和工程项目建设具体情境,研究交易治理结构模式所属各方式的创新发展,提出与工程项目建设具体情境相适应的交易治理结构模式所属各方式。

③ 构建项目法人交易治理结构模式可行集。根据交易治理结构模式的主要影响因素的限制和交易治理结构模式不同方式间存在的不相容性,删除相应不可行性模式,构建可行项目法人交易治理结构模式集。

④ 项目法人层面交易方式优化。在决策科学理论和方法支持下,通过建立二维匹配矩阵,筛选同时满足工程项目特性匹配满意度和项目法人要求匹配满意度最低要求的交易方式。

⑤ 交易层面的交易主体选择方式和交易合同计价方式的决策优化。在决策科学理论和方法支持下,针对标段项目/合同项目特点,考虑相关影响因素,在可行交易主体选择方式和交易合同计价方式集中选择优化的交易主体选择方式和交易合同计价方式。

4.4.2.2　交易治理结构模式的优化决策过程

根据交易治理结构模式设计流程,工程交易治理结构模式的优化决策分为两个阶段,第 1 阶段项目层面的制度优化安排,即根据工程项目特性、项目法人需求、项目法人的治理能力和建设环境因素确定工程交易方式和项目法人交易管理组织方式;第 2 阶段标段/交易层面的制度优化安排,即在确定的工程交易方式下,选择恰当的交易层面的交易主体选择方式和工程合同计价方式。

(1) 交易治理结构模式 I 优化,即项目层面工程交易方式的优化。

设工程交易方式和项目法人交易治理组织方式有 $a \times b$ 种方式,可得到工程交易治理结构模式 I 的集 $\{GS_{(I)i}\}$。每一个 $GS_{(I)i}$ 与项目特性和项目法人需求的匹配满意度各不相同,项目法人可以通过设定匹配满意度的最低要求,筛选出可接受的工程交易治理结构模式 I 集 $\{GS'_{(I)i}\}$,筛选流程如图 4-9 所示。

$GS_{(I)i}$ 的筛选过程具体分为四步。

该阶段分为四个步骤,通过建立二维匹配矩阵,筛选同时满足项目特性匹配满意度和项目法人要求匹配满意度最低要求的 $GS_{(I)i}$。

第一步:确定项目法人对形成匹配所要求的最低满意度 c_0 和 d_0。最低满意度是项目法人最低可接受水平的一种测度,对没有达到最低满意度要求的交易治理结构模式不予以考虑。其目的是剔除满意度较低的交易治理结构模式。

第二步:计算 $GS_{(I)i}$ 与工程项目特性和项目法人要求的匹配满意度值 c_i 和 d_i。首先,由专家组依据工程项目特性和项目法人要求进行评价,评价值采用 1~10 打分制,其中,1 表示满意程度最低,10 表示满意程度最高;其次,将评价值 c_{ij} 和 d_{ij} 依据式(4-5)、式(4-6)进行标准化处理。第三,

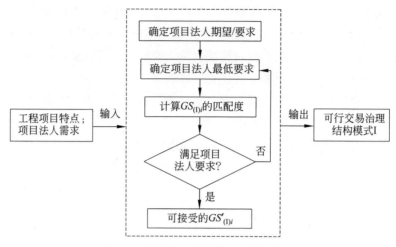

图 4-9　交易治理结构模式 I 筛选流程

由式(4-7)、(4-8)得到 $GS_{(I)i}$ 与工程项目特性和项目法人要求的匹配满意度值 c_i 和 d_i。

$$c'_{ij} = \frac{c_{ij} - \min\limits_i(c_{ij})}{\max\limits_i(c_{ij}) - \min\limits_i(c_{ij})} \quad i = 1,2,\cdots,n \tag{4-5}$$

$$d'_{ij} = \frac{d_{ij} - \min\limits_i(d_{ij})}{\max\limits_i(d_{ij}) - \min\limits_i(d_{ij})} \quad i = 1,2,\cdots,n \tag{4-6}$$

$$c_i = \sum_{j=1}^{m} W_j c'_{ij} \tag{4-7}$$

$$d_i = \sum_{j=1}^{m} W_j d'_{ij} \tag{4-8}$$

式(4-5)~式(4-8)中:

c_{ij} 表示专家 j 给出的 $GS_{(I)i}$ 与项目特性匹配度评价值;

d_{ij} 表示专家 j 给出的 $GS_{(I)i}$ 与项目法人要求匹配度评价值;

W_j 表示专家 j 的权重;

c_i 表示 $GS_{(I)i}$ 与项目特性的匹配满意度;

d_i 表示 $GS_{(I)i}$ 与项目法人要求的匹配满意度。

第三步:构建交易治理结构模式 I 二维匹配矩阵。横轴表示交易治理结构模式与工程项目特性的匹配满意度,纵轴表示交易治理结构模式 I 与项目法人要求的匹配满意度。c_o 和 d_o 把将二维矩阵分成四个象限,如图 4-10 所示。

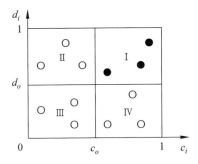

图 4-10　交易治理结构模式二维匹配矩阵

第四步：确定可接受的交易治理结构模式 I 集 $\{GS'_{(\text{I})i}\}$。落在第 I 象限内的交易治理结构模式 I 与项目特性的匹配满意度和项目法人要求的匹配满意度均大于匹配满意度的最低要求，即为可接受的交易治理结构模式 I。落在其他象限的交易治理结构模式 I 至少有一个匹配满意度不能满足匹配最低要求，即为不可接受的交易治理结构模式 I。在实际应用过程中，如果落在第 I 象限内的交易治理结构模式 I 太多或太少，可通过调整最低满意度 c_o 和 d_o 的值，来控制落在第 I 象限中的可接受的交易治理结构模式 I 数量。

（2）交易治理结构模式 II 优化，交易/标段层面的交易主体选择方式和交易合同计价方式的决策优化。

交易层面的制度安排，即交易主体选择方式和交易合同计价方式的安排，针对某一个具体标段工程，交易主体选择方式和交易合同计价方式安排具有唯一性，即存在最优解或最满意解。其优化流程是，在项目层面制度安排基础之上进行的，根据项目层面制度安排匹配优化的结果，从初步可行交易治理结构模式 II 集中删除不可接受的模式，再从保留下来的模式中选出最满意的制度安排。因此，交易/标段层面的制度安排可以抽象成如下形式的多准则群组决策问题：即由来自 P 个部门的专家组成决策组，$D_k(k=1,2,\cdots,p)$ 表示第 k 个决策者，分别对备选方案 $A_i(i=1,2,\cdots,m)$ 依据已建立的评价指标 $C_j(j=i=1,2,\cdots,n)$ 进行客观数据收集和主观经验判断，则该多准则群组决策问题可表示为：

$$D = (d_{ij}^k)_{m \times n \times p} = \begin{bmatrix} d_{11}^k & d_{12}^k & \cdots & d_{1n}^k \\ d_{21}^k & d_{22}^k & \cdots & d_{2n}^k \\ \vdots & \vdots & \cdots & \vdots \\ d_{m1}^k & d_{m2}^k & \cdots & d_{mn}^k \end{bmatrix} \tag{4-9}$$

式(4-9)中,d_{ij}^k表示决策者 D_k 给出的针对备选方案 A_i 在评价指标 C_j 下的效果评价值,其中,$i=1,2,\cdots,m;j=i=1,2,\cdots,n;k=1,2,\cdots,p$。

在现实的交易层面治理结构模式Ⅱ选择过程中,通常需要计划、工程、采购、审计等多个部门的共同参与,且需考虑众多因素的影响,针对标段/交易层面治理结构模式选择决策中评价值为混合型信息、准则权重和决策者权重难以确定的问题,可采用一种在权重信息未知情况下,基于信任函数和熵权转换的客观赋权法来解决,其核心是通过决策矩阵确定决策者和评价准则的权重,避免主观赋权的二次不确定性。同时针对混合型评价信息的不可公度性,采用混合型 VIKOR 方法对标段/交易层面治理结构模式进行优选,可克服原始数据的不可公度性和数据转换所造成的信息损失,同时保证"群体效益"最大化和"个别遗憾"最小化,从而使评判的结果更为客观、科学、合理。具体步骤如下。

第一步:构建交易治理结构模式Ⅱ评价指标体系。其是交易治理结构模式Ⅱ优化中十分重要的一步,综合评价指标体系设计既要遵循系统性、科学性、可比性和可操作性原则,又要有利于项目法人依据工程项目特性和自身需要选择交易治理结构模式Ⅱ。参考文献[1]的问卷调查分析结果,将决策准则归纳为工程项目特性、项目法人管理能力、要求与偏好以及工程项目建设环境 3 个方面,每个方面又包含若干指标。

第二步:构建决策者个体评价矩阵。由于评价指标中同时包含客观和主观指标,所以原始评价数据是包含精确数、区间数、直觉模糊数和语言变量的混合型数据。为消除量纲的影响和便于数据使用,需要将原始评价数据进行标准化处理,形成备选方案的个体评价矩阵。

① 区间数与直觉模糊数定义。

定义 1:设 $\tilde{a}=[a^L,a^U]=\{x\mid a^L\leqslant x\leqslant a^U\}$,$a^L,a^U\in R$;其中 a^L 表示下限值,a^U 表示上限值,则称实数轴上的一个闭区间 $\tilde{a}=[a^L,a^U]$ 为区间数。此外,若 $a^L=a^U$,则 $\tilde{a}$ 退化为确定数。

定义 2:设 X 为非空论域,X 上的直觉模糊集定义为 $A=\{(x,\mu_A(x),\gamma_A(x)\mid x\in X\}$[46]。其中,$\mu_A(x)$ 为元素 i 对于集合 A 的隶属度函数,$\mu_A(x):X\to[0,1]$,$x\in X\to\mu_A(x)\in[0,1]$;$\gamma_A(x)$ 为元素 x 对于集合 A 的非隶属度函数,$\gamma_A(x):X\to[0,1]$,$x\in X\to\gamma_A(x)\in[0,1]$;对于任意 $x\in X,0\leqslant\mu_A(x)+\gamma_A(x)\leqslant1$,$\pi_A(x)=1-\mu_A(x)-\gamma_A(x)$ 称作集合 A 的直觉模糊犹豫度,且 $0\leqslant\pi_A(x)\leqslant1$,非空论域 X 上的直觉模糊集全体记作 $IFS(X)$。

特别地,称 $\alpha=(\mu_\alpha,\gamma_\alpha,\pi_\alpha)$ 为直觉模糊数(IFN)。其中,$\mu_\alpha\in[0,1]$,

$\gamma_\alpha \in [0,1], \mu_A(x) + \gamma_A(x) \leq 1, \pi_A(x) = 1 - \mu_A(x) - \gamma_A(x), \alpha^+ = (1,0,0)$ 和 $\alpha^- = (0,1,0)$ 分别为最大直觉模糊数和最小直觉模糊数。

② 数值型数据。原始数据 d_{ij}^k 经标准化处理后记为 r_{ij}^k：

$$r_{ij}^k = \begin{cases} \dfrac{d_{ij}^k}{\max\limits_i(d_{ij}^k)}, & i = 1,2,\cdots,m; j = 1,2,\cdots,n; d_{ij}^k \in B \\[4mm] \dfrac{\min\limits_i(d_{ij}^k)}{d_{ij}^k}, & i = 1,2,\cdots,m; j = 1,2,\cdots,n; d_{ij}^k \in C \end{cases} \tag{4-10}$$

式(4-10)中,B 为效益型指标,C 为成本型指标。

③ 区间型数据。原始数据 $[d_{ij}^{kL}, d_{ij}^{kU}]$ 经标准化处理后记为 $[r_{ij}^{kL}, r_{ij}^{kU}]$

$$\left. \begin{aligned} & r_{ij}^{kL} = \frac{d_{ij}^{kL}}{\max\limits_i(d_{ij}^{kU})}, r_{ij}^{kU} = \frac{d_{ij}^{kU}}{\max\limits_i(d_{ij}^{kU})} \\ & i = 1,2,\cdots,m; j = 1,2,\cdots,n; [d_{ij}^{kL}, d_{ij}^{kU}] \in B \end{aligned} \right\} \tag{4-11}$$

$$\left. \begin{aligned} & r_{ij}^{kL} = \frac{\min\limits_i(d_{ij}^{kL})}{d_{ij}^{kU}}, r_{ij}^{kU} = \frac{\min\limits_i(d_{ij}^{kL})}{d_{ij}^{kL}} \\ & i = 1,2,\cdots,m; j = 1,2,\cdots,n; [d_{ij}^{kL}, d_{ij}^{kU}] \in C \end{aligned} \right\} \tag{4-12}$$

式(4-11)和式(4-12)中,B 为效益型指标,C 为成本型指标。

第三步:确定决策者权重。Chen 等研究表明,决策者在面对不确定的问题时会表现出犹豫不定的现象,其给出评价信息中也包含这种犹豫程度的信息,犹豫程度反应了其对方案评价的不确定程度。对决策者而言,犹豫程度越大则不确定程度越大,其信任度就越小,相应的权重就应越小[47]。由此,根据信息熵原理建立信任函数并确定决策者客观权重,定义决策者 D_k 的信任函数为 $B_k(\pi)$,客观权重为 λ_k,有:

$$B_k(\pi) = -1 \bigg/ \Big(\sum_{i=1}^m \sum_{j=1}^n \pi_{ij}^k \Big) \ln\Big(\sum_{i=1}^m \sum_{j=1}^n \pi_{ij}^k \Big) \tag{4-13}$$

$$\lambda_k = B_k(\pi) \bigg/ \sum_{k=1}^p B_k(\pi) \tag{4-14}$$

第四步:构建群组评价矩阵。由式(4-13)和式(4-14)得到的决策者权重 λ_k 与个体评价矩阵集结,从而得到群组评价矩阵。借用文献[46]的直觉模糊数的集结算子:

$$\begin{aligned} r_{ij} &= \lambda_1 r_{ij}^1 \oplus \lambda_2 r_{ij}^2 \oplus \cdots \oplus \lambda_p r_{ij}^p \\ &= \Big(1 - \prod_{k=1}^p (1 - \mu_{ij}^k)^{\lambda_k}, \prod_{k=1}^p (\gamma_{ij}^k)^{\lambda_k}, \prod_{k=1}^p (1 - \mu_{ij}^k)^{\lambda_k} - \prod_{k=1}^p (\gamma_{ij}^k)^{\lambda_k} \Big) \end{aligned}$$
$$\tag{4-15}$$

第五步：确定评价准则权重。采用熵权法确定各个评价准则的权重。熵权反映了备选方案的信息对决策的贡献度，在评价准则权重信息未知或难以确定的情况下，熵权法是一种较为切实可行的解决方法。具体做法如下。

① 计算各准则评价值的均值。准则 C_j 的均值记为 $\bar{r}_j$：

$$\bar{r}_j = (r_{1j} \oplus r_{2j} \oplus \cdots \oplus r_{mj})/m$$

$$= \begin{cases} \dfrac{1}{m}\sum\limits_{i=1}^{m} r_{ij}, & r_{ij} \in I_1 \\[3mm] \left[\dfrac{1}{m}\sum\limits_{i=1}^{m} r_{ij}^L, \dfrac{1}{m}\sum\limits_{i=1}^{m} r_{ij}^U\right], & r_{ij} \in I_2 \\[3mm] \left(1 - \prod\limits_{i=1}^{m}(1-\mu_{ij})^{\frac{1}{m}}, \prod\limits_{i=1}^{m}(\gamma_{ij})^{\frac{1}{m}},\right. \\[3mm] \left.\prod\limits_{i=1}^{m}(1-\mu_{ij})^{\frac{1}{m}} - \prod\limits_{i=1}^{m}(\gamma_{ij})^{\frac{1}{m}}\right), & r_{ij} \in I_3 \end{cases} \quad (4\text{-}16)$$

其中，I_1 为数值型数据，I_2 为区间型数据，I_3 为直觉模糊数型数据。

② 计算各准则的熵值。准则 C_j 的熵值记为 e_j：

$$e_j = -\frac{1}{\ln(n)}\sum_{j=1}^{n}\left[\frac{d(r_{ij}, \bar{r}_j)}{\sum\limits_{j=1}^{n} d(r_{ij}, \bar{r}_j)}\ln\left(\frac{d(r_{ij}, \bar{r}_j)}{\sum\limits_{j=1}^{n} d(r_{ij}, \bar{r}_j)}\right)\right] \quad (4\text{-}17)$$

③ 计算各准则的权重。准则 C_j 的权重记为 ω_j：

$$\omega_j = \frac{1 - e_j}{\sum\limits_{j=1}^{n}(1 - e_j)} \quad (4\text{-}18)$$

第六步：采用 VIKOR 方法对各备选方案进行排序。VIKOR 方法是一种折中排序方法，其最大特点就是将群体效益最大化和个别遗憾最小化，尤其适用于决策者不能或难以确定其偏好的情况。具体步骤如下。

① 确定正理想解和负理想解。令各备选方案 $A_i(i=1,2,\cdots,m)$ 在对应的评价准则 $C_j(j=1,2,\cdots,n)$ 下的评价值为 f_{ij}，分别用 f_j^+, f_j^- 表示最优和最差评价值，则：

正理想解 $F^+ = (f_1^+, f_2^+, \cdots, f_n^+)$；

负理想解 $F^- = (f_1^-, f_2^-, \cdots, f_n^-)$。

② 计算各备选方案的群体效益 S_i、个别遗憾 R_i 和妥协解 Q_i。

$$S_i = \sum_{j=1}^{n} \omega_j(f_j^+ - f_{ij})/(f_j^+ - f_j^-) \quad (4\text{-}19)$$

$$R_i = \max_j \left[\omega_j (f_j^+ - f_{ij}) / (f_j^+ - f_j^-) \right] \tag{4-20}$$

其中，S_i 值越小表示群体效益越大，R_i 值越小表示个别遗憾越小。

$$Q_i = v \left(\frac{S_i - S^+}{S^- - S^+} \right) + (1 - v) \left(\frac{R_i - R^+}{R^- - R^+} \right) \tag{4-21}$$

其中，$S^+ = \min_i S_i$，$S^- = \max_i S_i$，$R^+ = \min_i R_i$，$R^- = \max_i R_i$，$v \in [0.1]$ 为决策机制系数，$v > 0.5$ 表示决策侧重于最大化群体效用；$v < 0.5$ 表示决策侧重于最小化个别遗憾。Q_i 值越小表示备选方案越好。

③ 备选方案排序。采用胡芳等提出的类似方法[48]。

（a）根据 Q_i、S_i 和 R_i 值升序分别对备选方案进行优劣排序。

（b）Q_i 值排在首位的备选方案 $A^{(1)}$，同时满足如下两个条件时，即为最佳方案。

条件 1：$Q(A^{(2)}) - Q(A^{(1)}) \geqslant \dfrac{1}{m-1}$，其中，$Q_i$ 值排在首位的备选方案记为 $A^{(1)}$，第二位记为 $A^{(2)}$，依次排列，m 为备选方案个数。

条件 2：$A^{(1)}$ 依据 S_i 和 R_i 值排序仍为最佳方案。

（c）当上述两个条件不能同时满足时，分为两种情况：

情况 1：条件 2 不满足，则同时接受 $A^{(1)}$、$A^{(2)}$ 为折中方案。

情况 2：条件 1 不满足，则 $A^{(1)}$，$A^{(2)}$，$\cdots$，$A^{(J)}$ 均为折中方案，$A^{(J)}$ 由满足关系式 $Q(A^{(J)}) - Q(A^{(1)}) \leqslant \dfrac{1}{m-1}$ 的最大值 J 确定。

4.4.2.3　工程应用：珠江三角洲水资源配置工程交易治理结构分析

1）工程概况

该工程是从广东境内西江水系向东引水至东部的广州市南沙区、深圳市和东莞市大型的工程，属准经营性项目。工程引水采用地下隧洞，埋深 40~60m；总长度 113.1km；设 3 级提水加压泵站，引水流量 80m³/s；工程在 2019 年 7 月正式开工，建设总工期 60 个月。

2）项目顶层治理结构选择

广东省成立水利重大工程建设总指挥部，下设办公室（挂靠省水利厅），负责项目法人组建、对项目法人监管、征地拆迁和项目重大事项决策等工作。广东省政府决定，组建由省属国资企业和受水区政府所属国资企业参与的项目公司，即形成国资股份企业型项目法人，并由参股比例较大的省属国资企业粤海公司负责筹建项目法人，项目实施由项目法人负责。

3）交易治理结构模式Ⅰ优化，即项目层面工程交易方式优化

（1）工程建设特点

① 工程由输水干线（鲤鱼洲取水口—罗田水库）、深圳分干线（罗田水库—公明水库）、东莞分干线（罗田水库—松木山水库）和南沙支线（高新沙水库—黄阁水厂）组成。主要建筑物包括鲤鱼洲取水泵站、高新沙加压泵站、罗田加压泵站，鲤鱼洲、沙溪高位水池，高新沙水库，以及5座输水隧洞、1条输水管道、1座倒虹吸、4座进库闸等。其中，高新沙水库总库容529.4万 m^3，兴利库容411.5万 m^3。

② 输水线路由西向东经过珠江三角洲核心城市，对外交通运输条件便利，主要外购物资来源及水、电、通信等施工供应条件好。但是，输水线路穿越地区靠近经济发达城镇，土地资源稀缺、征地难度大，施工道路布置、施工工区布置、弃渣场选择等解决较为困难。

③ 工程盾构隧洞按地铁、城际铁路、市政等盾构隧洞标准尺寸设计，采用通用楔形管片、钢筋混凝土平板型管片，预制管片可利用本地区现有管片厂进行供应。同时，混凝土管片供应具有用量大、用量点多的特点。

④ 工程每隔3km左右设置一个盾构工作井，共布置37座。工作井的基坑支护具有支护深度大（平均深度50m）、使用时间长（4年）、上软下硬地层分布（基坑支护范围内为冲积层、基坑坑底以下为不同风化程度的岩层）等特点。

⑤ 工程部分线路以山岭隧洞方式自西向东穿过东莞市境内的大岭山、莲花山、马山，该段山体地势较高、穿越线路长，而主隧洞的部分洞段沿广深港客运专线北侧300m平行布置，穿越地区属于自然保护区范围，工程施工受周边环境影响较大。

（2）项目法人需求/目标与能力分析。项目法人的工程建设质量目标：确保单位工程的合格率为100%，并争创优质工程。项目法人相关人员大多有较丰富的水利工程建设管理经验。

（3）外部影响分析。该工程使用国有资金，因此，必须按现行的法律法规进行招投标，内容包括：工程设计、监理、施工，以及主要设备、工程材料采购等。项目征地移民工作与工程所在地政府一起协商。因此，地方政府的配合协调对工程建设有一定影响。

综上分析，该工程项目规模大，复杂程度高，且呈线状分布，并涉及多个设区市，不是某一个工程承包企业所具有的财力、人力和物力能够满足工程需要，因此，项目层面的工程交易方式只能采用 DBB 方式及其衍生方

式;根据国家相关政策法规、项目法人管理能力等方面因素,项目法人具体采用"项目法人+工程监理"工程交易管理组织方式。工程项目层面决策较简单,并不需采用复杂的数学方法进行分析。

4)交易治理结构模式Ⅱ优化,即交易/标段层面的交易主体选择方式和交易合同计价方式的决策优化,以鲤鱼洲泵站工程为例。

(1)可行的交易主体选择方式和交易合同计价方式分析。

① 鲤鱼洲泵站工程概况。其是整个工程的第一级泵站,总装机容量为 $8 \times 9\,000kW$,总设计抽水流量 $80m^3/s$,单机设计抽水流量 $13.5m^3/s$。泵站工程顺水流方向依次布置进水口、进水闸、进水前池、进水管、主泵房、出水管,出水管经量水间后,连接出水池。该泵站工程设计概算 16.97 亿元。

② 影响因素分析。项目特征:根据水利部颁发的《水利水电工程等级划分及洪水标准》SL252—2017 中泵站工程分等级指标规定,该泵站主要建筑物等级为 1 级,次要建筑物等级为 3 级。按世界银行(The World Bank)标准,该泵站工程可列为较复杂工程。项目法人需求:按整个工程总进度计划安排,该泵站工程的计划工期为 39 个月,投资计划在 4 个年度内完成。项目法人的质量目标/要求为确保单位工程的合格率为 100%,并争创优质工程。

③ 可行的交易主体选择方式和交易合同计价方式。交易主体选择方式设计包括选择范围和选择标准两个维度。选择范围,即是公开招标、邀请招标还是协商议标。鲤鱼洲泵站工程建设资金来源于国有资金,依据现行的建设法律法规,必须进行公开招标。选择标准,即是单目标招标,还是多目标招标,这主要决定于工程复杂程度,虽该泵站工程的复杂程度较高,但总的说来,单目标招标和多目标招标都是可行的。合同计价方式主要与影响建设工程价款结算的因素相关。当工程不确定程度较高时,工程量,甚至工程结构在实施中均有可能发生变化,宜采用单价合同,而水利工程通常都具有工程量不确定程度较高的特性,因此,该泵站工程应采用单价合同,单价合同可细分为固定单价合同和可调单价合同。

综上分析,可得出 4 个可行交易治理结构模式Ⅱ方案:

① 综合评标+固定单价合同(即 A_1);

② 最低价评标法+固定单价合同(即 A_2);

③ 综合评标法+可调单价合同(即 A_3);

④ 最低价评标法+可调单价合同(即 A_4)。

现拟从中选取最恰当的工程项目移交方式。

（2）构建交易治理结构模式Ⅱ评价指标体系。根据第4.3节的分析，将决策准则归纳为工程项目特性，项目法人管理能力、需求与偏好以及工程项目建设环境3个方面，每个方面又包含若干指标，如图4-11所示。

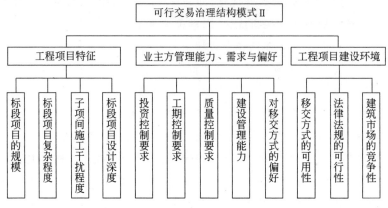

图4-11　交易治理结构模式Ⅱ评价指标

（3）评价值处理与转换。在决策过程中，决策者依据已建立的评价指标分别对备选方案进行评价，各准则的评价值可能是精确数、区间数，也可能是直觉模糊数、语言变量等数据类型。这些评价值的量纲大多不一样，须经过转换与处理后才能用在评价模型。

① 区间数运算。设 $\tilde{a}=[a^L,a^U]$ 和 $\tilde{b}=[b^L,b^U]$ 为正区间数，k 为正实数，区间数的运算规则为：

规则1：$[a^L,a^U]+[b^L,b^U]=[a^L+b^L,a^U+b^U]$；

规则2：$[a^L,a^U]-[b^L,b^U]=[a^L-b^L,a^U-b^U]$；

规则3：$[a^L,a^U]\times[b^L,b^U]=[a^L\times b^L,a^U\times b^U]$；

规则4：$[a^L,a^U]/[b^L,b^U]=[a^L/b^U,a^U/b^L]$；

规则5：$k\times\tilde{a}=[k\times a^L,k\times a^U]$；

规则6：$\tilde{a}^{-1}=\left[\dfrac{1}{a^U},\dfrac{1}{a^L}\right]$。

定义两个区间数 $\tilde{a}=[a^L,a^U]$，$\tilde{b}=[b^L,b^U]$；则 $\tilde{a}$ 与 $\tilde{b}$ 的距离如式（4-22）。

$$d(\tilde{a},\tilde{b})=\sqrt{\frac{1}{2}\left[(a^L-b^L)^2+(a^U-b^U)^2\right]} \qquad (4\text{-}22)$$

② 直觉模糊数运算。设 $\alpha=(\mu_\alpha,\gamma_\alpha,\pi_\alpha)$ 和 $\beta=(\mu_\beta,\gamma_\beta,\pi_\beta)$ 为两个直觉模糊数，λ 为正实数，直觉模糊数的运算规则为：

规则 1：$\alpha \oplus \beta = (\mu_\alpha + \mu_\beta - \mu_\alpha\mu_\beta, \gamma_\alpha\gamma_\beta)$；

规则 2：$\alpha \otimes \beta = (\mu_\alpha\mu_\beta, \gamma_\alpha + \gamma_\beta - \gamma_\alpha\gamma_\beta)$；

规则 3：$\lambda_\alpha = (1 - (1 - \mu_\alpha)^\lambda, \gamma_\alpha^\lambda)$；

规则 4：$\alpha^\lambda = (\mu_\alpha^\lambda, 1 - (1 - \gamma_\alpha)^\lambda)$。

定义任意两个直觉模糊数 $\alpha = (\mu_\alpha, \gamma_\alpha, \pi_\alpha)$ 和 $\beta = (\mu_\beta, \gamma_\beta, \pi_\beta)$ 欧氏距离为[49,50]：

$$d(\alpha, \beta) = \sqrt{\frac{1}{2}\left[(\mu_\alpha - \mu_\beta)^2 + (\gamma_\alpha - \gamma_\beta)^2 + (\pi_\alpha - \pi_\beta)^2\right]} \quad (4\text{-}23)$$

③ 语言变量的转换。对备选方案进行定性判断时，通常使用语言变量。为了便于语言变量的处理，此处统一将其转化为直觉模糊数[51]，其评估标度和相应的直觉模糊数如表 4-7 所示。

表 4-7　语言变量与 IFN 间的转换

语言变量	标　记	IFN
极差/极低	EP/EL	(0.05, 0.95, 0.00)
非常差/非常低	VP/VL	(0.15, 0.80, 0.05)
差/低	P/L	(0.25, 0.65, 0.10)
偏差/偏低	MP/ML	(0.35, 0.55, 0.10)
一般/中等	F/M	(0.50, 0.40, 0.10)
偏好/偏高	MG/MH	(0.65, 0.25, 0.10)
好/高	G/H	(0.75, 0.15, 0.10)
非常好/非常高	VG/VH	(0.85, 0.10, 0.05)
极好/极高	EG/EH	(0.95, 0.05, 0.00)

（4）备选方案排序。

第一步：聘请 5 位专家依据图 4-11 所示的评价指标体系，对 4 个备选方案在评价指标下进行评判，得出各备选方案的初始评价矩阵，如表 4-8 所示。

表 4-8　专家给出各备选方案的初始评价值

专家	方案	评价准则											
		C_1	C_2	C_3	C_4	C_5	C_6	C_7	C_8	C_9	C_{10}	C_{11}	C_{12}
D_1	A_1	G	(0.6,0.2)	(0.8,0.1)	(0.7,0.1)	MG	F	VG	(0.4,0.3)	F	VG	G	[0.9,1.0]
	A_2	G	(0.7,0.1)	(0.6,0.1)	(0.6,0.2)	MG	MG	G	(0.6,0.3)	G	G	MG	[0.7,0.9]
	A_3	VG	(0.8,0.1)	(0.7,0.2)	(0.8,0.1)	G	MG	G	(0.7,0.2)	G	VG	G	[0.7,0.9]
	A_4	MG	(0.7,0.1)	(0.5,0.3)	(0.6,0.2)	F	F	MG	(0.8,0.1)	MG	G	G	[0.7,0.8]
D_2	A_1	G	(0.5,0.4)	(0.7,0.1)	(0.7,0.2)	F	MG	G	(0.5,0.3)	F	G	VG	[0.8,0.9]
	A_2	MG	(0.7,0.1)	(0.5,0.3)	(0.6,0.3)	MG	MG	G	(0.6,0.3)	MG	G	G	[0.7,0.9]
	A_3	G	(0.8,0.1)	(0.7,0.2)	(0.8,0.1)	G	MG	VG	(0.7,0.1)	G	G	G	[0.7,0.9]
	A_4	MG	(0.7,0.2)	(0.5,0.4)	(0.6,0.2)	MG	G	MG	(0.7,0.2)	G	MG	MG	[0.7,0.8]
D_3	A_1	VG	(0.5,0.3)	(0.7,0.2)	(0.7,0.1)	F	MG	G	(0.5,0.4)	MG	G	G	[0.8,0.9]
	A_2	G	(0.7,0.2)	(0.6,0.3)	(0.6,0.3)	MG	MG	VG	(0.6,0.2)	F	G	MG	[0.7,0.9]
	A_3	VG	(0.8,0.1)	(0.7,0.2)	(0.8,0.1)	G	G	G	(0.8,0.1)	G	VG	G	[0.7,0.9]
	A_4	G	(0.7,0.1)	(0.5,0.3)	(0.6,0.3)	G	MG	MG	(0.7,0.1)	MG	G	G	[0.6,0.8]
D_4	A_1	G	(0.6,0.3)	(0.8,0.1)	(0.7,0.1)	MG	F	G	(0.6,0.3)	F	G	VG	[0.9,1.0]
	A_2	MG	(0.7,0.1)	(0.5,0.4)	(0.6,0.3)	MG	MG	MG	(0.7,0.2)	MG	MG	G	[0.8,0.9]
	A_3	G	(0.8,0.1)	(0.7,0.2)	(0.8,0.1)	G	G	G	(0.8,0.1)	G	G	MG	[0.7,0.9]
	A_4	MG	(0.8,0.1)	(0.4,0.5)	(0.5,0.4)	G	MG	G	(0.8,0.2)	VG	MG	G	[0.7,0.9]
D_5	A_1	VG	(0.5,0.3)	(0.7,0.1)	(0.7,0.2)	MG	MG	G	(0.6,0.3)	F	G	G	[0.8,0.9]
	A_2	G	(0.6,0.3)	(0.5,0.3)	(0.5,0.4)	MG	MG	VG	(0.7,0.2)	MG	MG	MG	[0.7,0.9]
	A_3	VG	(0.8,0.1)	(0.7,0.2)	(0.7,0.2)	G	G	G	(0.7,0.1)	VG	G	MG	[0.7,0.8]
	A_4	MG	(0.7,0.1)	(0.5,0.4)	(0.6,0.2)	G	MG	VG	(0.8,0.2)	VG	MG	G	[0.7,0.8]

第二步：构建决策者个体评价矩阵。由式(4-10)~式(4-12)将决策者给出的数值型和区间数型数据进行规范化以消除量纲的影响,同时将决策者给出的语言信息对照表 4-7 转化成直觉模糊数,形成决策者个体评价矩阵。

第三步：确定决策者权重。由式(4-13)、式(4-14)得到决策者权重分别为：$\lambda_1 = 0.168$,$\lambda_2 = 0.190$,$\lambda_3 = 0.204$,$\lambda_4 = 0.227$,$\lambda_5 = 0.211$。

第四步：构建群组评价矩阵。将决策者个体权重 λ_k 与个体评价矩阵集结,由式(4-15)得到群组评价矩阵,结果如下：

$$\begin{array}{c}\qquad\quad A_1 \qquad\qquad A_2 \qquad\qquad A_3 \qquad\qquad A_4 \\
\begin{array}{c} C_1 \\ C_2 \\ C_3 \\ C_4 \\ C_5 \\ C_6 \\ C_7 \\ C_8 \\ C_9 \\ C_{10} \\ C_{11} \\ C_{12} \end{array}
\begin{bmatrix}
(0.80,0.13) & (0.71,0.19) & (0.81,0.12) & (0.67,0.23) \\
(0.54,0.30) & (0.68,0.15) & (0.80,0.10) & (0.73,0.11) \\
(0.74,0.12) & (0.54,0.27) & (0.70,0.20) & (0.48,0.38) \\
(0.70,0.13) & (0.58,0.30) & (0.78,0.12) & (0.58,0.25) \\
(0.60,0.30) & (0.65,0.25) & (0.75,0.15) & (0.68,0.22) \\
(0.60,0.30) & (0.65,0.25) & (0.72,0.18) & (0.68,0.22) \\
(0.77,0.14) & (0.78,0.14) & (0.77,0.14) & (0.71,0.21) \\
(0.53,0.32) & (0.65,0.23) & (0.75,0.11) & (0.77,0.15) \\
(0.54,0.36) & (0.64,0.25) & (0.78,0.14) & (0.77,0.15) \\
(0.77,0.14) & (0.71,0.19) & (0.79,0.13) & (0.69,0.21) \\
(0.80,0.13) & (0.68,0.22) & (0.71,0.19) & (0.73,0.17) \\
[0.90,1.00] & [0.77,0.96] & [0.75,0.92] & [0.73,0.89]
\end{bmatrix}$$

第五步：确定评价准则权重。首先，由式（4-16）计算各评价准则评价值的均值；其次，由式（4-17）、式（4-18）计算各评价准则的熵权，计算结果为：

$$\omega = (0.023,\ 0.148,\ 0.035,\ 0.028,\ 0.131,\ 0.127,\ 0.169,\ 0.065,\ 0.056,$$
$$0.020,\ 0.113,\ 0.084)$$

第六步：采用 VIKOR 方法对各备选方案进行排序。

① 确定正理想解和负理想解。

$$F^+ = ((0.81,0.12),(0.80,0.10),(0.74,0.12),(0.78,0.12),(0.75,$$
$$0.15),(0.72,0.18),(0.78,0.14),(0.77,0.15),(0.78,0.14),(0.79,0.13),$$
$$(0.80,0.13),[0.9,1.0]);$$

$$F^- = ((0.67,0.23),(0.54,0.30),(0.48,0.38),(0.58,0.30),(0.60,$$
$$0.30),(0.60,0.30),(0.71,0.21),(0.53,0.32),(0.54,0.36),(0.69,0.21),$$
$$(0.68,0.22),[0.73,0.89])。$$

② 计算各备选方案的群体效益 S_i、个别遗憾 R_i 和妥协解 Q_i。令 $\nu = 0.5$，由式（4-19）、式（4-20）、式（4-21）分别计算各备选方案的 S_i、R_i 和 Q_i 值，计算结果如表 4-9 所示。

③ 最优方案选择。首先，按 Q_i 值升序得到各个备选方案的优劣排序为 $A_3 > A_2 > A_1 > A_4$；其次，A_3 作为 Q_i 值最小的备选方案，同时满足条件 1：$Q(A_2) - Q(A_3) = 0.640 > 1/3$ 和条件 2：根据 S_i、R_i 值排序 A_3 仍为最优方案（见表 4-9，A_3 的 S_i、R_i 值最小）。因此，最优方案为 A_3，即"综合评标法+可

调单价合同"。

表 4-9 各备选方案的 S、R 和 Q 值

参　　数	备选方案			
	A_1	A_2	A_3	A_4
S	0.568	0.543	0.203	0.567
R	0.148	0.113	0.083	0.169
Q	0.878	0.640	0.000	0.998

该工程实践表明,这一理论设计方案是可行、合理的。

4.5　本章小结

重大工程交易治理结构模式问题是交易治理研究中的重要内容之一。重大工程交易与一般中小型工程交易相比,主要差异为:工程结构规模大、工程投资多、空间分布范围广,存在多个交易,且一般还需要分期分批交易。因而,就有必要在顶层治理结构的基础上,分层构建交易治理结构,进而形成重大工程交易治理结构模式。

（1）在近两百年的建设工程交易研究和实践中,已出现了多种典型工程交易治理结构模式,但其中任何一种模式都不具有普适性,有必要针对工程特点优选工程交易治理结构模式。此外,与一般工程项目相比,重大工程结构规模大而复杂,一般在空间上需要分块交易,有时在时间上还需要分期分批交易;对部分子项目工程可能适合采用 DB 方式,而对另外部分工程可能采用 DBB 方式更优;在交易合同计价方式上,部分子项目工程交易采用总价交易合同较优,而对另外工期较长的子项目工程可能采用单价合同较适当。总之,重大工程交易并不是单次的,一般是多次的,可能还是分期分批的,所以交易模式呈多样性的特点。

（2）分析重大工程交易治理结构模式组合变量的内在规律,应从源头出发探究影响该模式选择的因素。重大工程交易治理结构模式为工程交易方式、交易管理组织方式、交易主体选择方式和合同计价方式 4 个变量组合,每个变量又存在多个取值,且这 4 个变量又受工程交易主体、交易客体和交易环境等 3 方面多个因素的影响。因而针对具体重大工程,难以用数学方法获得解析解,即不能用纯数学方法得到交易治理结构模式的最优解。因而,本研究从影响工程交易治理结构模式设计/选择的源头出发,分

析影响其 4 个组合变量的影响因素,期望借助现代决策技术,寻求重大工程交易治理结构模式的满意解。

(3) 针对重大工程交易的特点,重构交易治理结构模式。在传统工程交易治理结构模式的基础上,针对重大工程交易的特点,将其分解为项目层面交易治理结构模式 I 和标段/子项目层面交易治理结构模式 II。前者包括工程交易方式、交易治理组织方式两个变量;后者包括交易主体选择方式和合同计价方式两个变量。在工程应用中首先优选项目层面交易治理结构模式 I,即首先组建项目法人的治理组织结构和整个工程的交易规划;其次在确定项目层面交易治理结构模式 I 的基础上,优选交易治理结构模式 II,即针对单个交易优选交易主体选择方式和交易合同计价方式。

(4) 重大工程项目交易治理结构模式对项目顶层治理结构具有依赖性,并根据交易治理结构模式两阶段决策之间的路径依赖特征,提出了它们的决策分析方法。首先,在顶层治理结构的基础上,根据工程交易方式与工程项目特性,以及项目法人要求的匹配满意度值建立匹配矩阵,并利用匹配矩阵进行筛选,产生满意的工程交易方式;其次,基于直觉模糊 VIKOR 法,构建优选交易主体选择方式和交易合同计价方式的决策模型。该模型基于信任函数和熵权转换的客观赋权法,克服了主观赋权的二次不确定性;同时克服了原始数据的不可公度性和数据转换所造成的信息损失,又保证了"群体效益"最大化和"个别遗憾"最小化。

(5) 本章主要创新体现在:揭示了重大工程交易并不是单次的,一般是多次的,还可能是分期分批的,交易模式呈多样性的特点;针对重大工程交易治理模式的特点,提出了交易治理模式分层设计的方案和路径,并进一步根据重大工程交易治理结构模式设计影响因素,提出了重大工程交易治理结构模式分成两个层面进行优化设计的方法。

本章研究成果丰富和发展了建设工程交易治理模式优化理论,并可为重大工程项目法人设计交易治理结构模式提供支持。

参 考 文 献

[1] 王卓甫,杨高升,洪伟民. 建设工程交易理论与交易模式[M]. 北京:中国水利水电出版社, 2010.

[2] 王卓甫,丁继勇,乔然. 广东省水利工程建设项目法人组建方式和治理对策研究[R]. 南京:河海大学, 2019.

[3] TENAH K A. The design-build approach:an overview[J]. Cost Engineering, 2000, 42

（3）：31-37.

[4] PIETROFORTE R，MILLER J B. Procurement methods for US infrastructure：historical perspective and recent trends［J］. Building Research and Information，2002，30（6）：425-434.

[5] 沙凯逊. 从日本和美国看交易体制的变迁[J]. 施工企业管理，2019（5）：76-77.

[6] 张水波，何伯森. 工程建设"设计—建造"总承包模式的国际动态研究[J]. 土木工程学报，2003（3）：30-36.

[7] 乐云. 国际新型建筑工程 CM 承发包模式[M]. 上海：同济大学出版社，1998.

[8] 张伟，朱宏亮. 政府投资项目代建制下的责任追究机制[J]. 土木工程学报，2008，41（12）：103-107.

[9] 王卓甫，邢会歌，杨高升. 工程交易中评标决标机制设计研究[J]. 人民长江，2008，39（3）：93-95.

[10] 王卓甫，谈飞，张云宁等. 工程项目管理：理论、方法与应用[M]. 北京：中国水利水电出版社，2007.

[11] HARRIS M and RAVIV A. Allocation Mechanisms and the Design of Auction［J］. Econometric，1981，49（6）：1477-1499.

[12] RILEY J G and SAMUELSON W F. Optimal Auction［J］. American Economic Review，1981，71（3）：381-392.

[13] 邢会歌，王卓甫，尹红莲. 考虑交易费用的工程招标机制设计[J]. 建筑经济，2008（8）：87-89.

[14] 吴福良，席酉民. 中国建筑工程招标应用最低价中标法的问题及对策[J]. 建筑经济，2001（9）：28-31.

[15] 李建章. 交易成本与土木工程施工合同招投标的最优机制设计[J]. 重庆交通学院学报，2005（5）：119-122.

[16] 王卓甫，杨高升，邢会歌. 建设工程招标模型与评标机制设计[J]. 土木工程学报，2010，43（8）：140-145.

[17] 威廉姆森. 资本主义经济制度[M]. 北京：商务印书馆，2002.

[18] 徐军祖，王卓甫，洪伟民. 最低价中标法工程招投标中的恶性低价和围标问题探讨[J]. 企业经济，2008（8）：62-64.

[19] CHOTIBHONGS R and ARDITI D. Detection of Collusive Behavior［J］. Journal of Construction Engineering and Management，2012，138（11）：1251-1258.

[20] 李慧敏，王卓甫，丁继勇，等. 建设工程公开与保密招标控制价对比分析[J]. 重庆大学学报（社会科学版），2011，17（4）：81-86.

[21] 王卓甫，简迎辉. 工程项目管理：模式及其创新[M]. 北京：中国水利水电出版社，2006.

[22] 李慧敏，王卓甫. 建设工程发包方式的谱分析与设计模型[J]. 科技进步与对策，2009，26（21）：91-94

［23］王彦，李楚霖. 拍卖机制理论中的收益等价性及应用［J］. 系统工程理论与实践，2004（4）：88-91.

［24］DEREK S D，MARTIN S. Testing Vickery's revenue equivalence theory in construction Auctions［J］. Journal of construction engineering and management，2006（132）：425-428.

［25］ESTHER D，RINA A S，SARIT K. Bidding in sealed-bid and English multi-attribute auctions，Decision Support Systems，2005，42（2）：527-556.

［26］TURNER J R. Farsighted project contract management：Incomplete in its entirety［J］. Construction Management and Economics，2004，22（1）：75-83.

［27］张坤，王卓甫，丁继勇. 标准化工程总承包合同条件计价方式的讨论［J］. 土木工程与管理学报，2014，31（4）：98-102.

［28］丁继勇，王卓甫，安晓伟. 水利水电工程总承包交易模式创新研究［M］. 北京：中国建筑工业出版社，2018.

［29］陈欣. 交易费用对项目管理模式的影响［J］. 武汉城市建设学院学报，1999（4）：38-42.

［30］LI H，ARDITI D，WANG Z. Determinants of transaction costs in construction projects［J］. Journal of Civil Engineering and Management，2015，21（5）：548-558.

［31］洪伟民，王卓甫，王敏. 建设工程不同交易方式总成本比较研究［J］. 建筑经济，2007（9）：18-21.

［32］赵英臣. 如何正确运用最低评标价法［J］. 中国招标，2017（29）：21-23.

［33］（美）Project Management Institute. 项目管理知识体系指南（PMBOK 指南，第6版）［M］. 北京：电子工业出版社，2018.

［34］Project Management Institute. Construction Extension to the PMBOK Guide［M］. Pennsylvania：Project Management Institute，Inc.，2016.

［35］黄海田. 苏通大桥建设管理对江苏水利建设质量管理的启示［J］. 工程质量，2010，28（1）：1-4.

［36］李开运. 建设项目合同管理［M］. 北京：中国水利水电出版社，2001.

［37］GORDON C M. Choosing appropriate construction contracting method［J］. Journal of Construction Engineering and Management，1994，120（1）：196-210.

［38］MOHAMMED I，KHALIL A. Selecting the appropriate project delivery method using AHP［J］. International Journal of Project Management，2002，20（6）：469-474.

［39］张立山，董艳英，朱天志，等. 基于折衷型模糊决策模型的项目管理模式优选研究［J］. 攀枝花学院学报，2007，24（3）：69-72.

［40］IBRAHIM M M，KHALED A. Decision support system for selecting the proper project delivery method using analytical hierarchy process（AHP）［J］. International Journal of Project Management，2005，23（7）：564-572.

［41］ALHAZMI T，MCCAFFER R. Project procurement system selection model［J］.

Journal of construction Engineering and Management, 2000, 126(3): 176-184.

[42] 陈勇强, 焦俊双, 张扬冰.工程项目交易方式选择的影响因素及其方法[J]. 国际经济合作, 2010(2): 51-55.

[43] LIU B S, HUO T F, Shen Q P, et al. Which owner characteristics are key factors affecting project delivery system decision making? empirical analysis based on the rough set theory [J]. Journal of Management in Engineering, 2015, 31(4): 05014018.

[44] BOWERS D D. Integrated project delivery and contract strategy options[D]. Dept. of Civ. Engrg., Texas A&M University, 2001.

[45] 杨高升, 王敏, 王卓甫. 建设工程交易方式设计分析[J]. 建筑经济, 2007(7): 109-111+37.

[46] 张市芳. 直觉模糊多属性群决策的 VIKOR 方法[J]. 西安工业大学学报, 2015, 35(3): 182-185.

[47] Chen Y, Li B. Dynamic multi-attribute decision making model based on triangular intuitionistic fuzzy numbers[J]. Scientia Iranica, 2011, 18(2): 268-274.

[48] 胡芳, 刘志华, 李树丞. 基于熵权法和 VIKOR 法的公共工程项目风险评价研究[J]. 湖南大学学报(自然科学版), 2012, 39(4): 83-86.

[49] SZMIDT E, KACPRZYK J. Distances between intuitionistic fuzzy sets[J]. Fuzzy Sets and Systems, 2000, 114(3): 505-518.

[50] WANG W, XIN X. Distance measure between intuitionistic fuzzy sets [J]. Pattern Recognition Letters, 2005, 26(13): 2063-2069.

[51] ZHANG S, LIU S. A gra-based intuitionistic fuzzy multi-criteria group decision making method for personnel selection[J]. Expert Systems with Applications, 2011, 38(9): 11401-11405.

第5章 重大工程咨询项目交易治理机制

在重大工程立项和实施过程中,工程咨询项目是其重要的子项目,一般由政府方/(建设)项目法人委托具有相应资质和专业能力的企业完成。其交易治理是项目法人层面治理的重要组成部分。重大工程咨询项目有多种类型,它们之间既有共性也有个性,其治理机制也不完全相同。本章将探究重大工程典型咨询类项目的主要治理机制问题。

5.1 重大工程咨询项目及其分类

5.1.1 工程咨询项目内涵界定

工程咨询是工程建设中一个宽泛的概念,国家发改委的定义是:工程咨询是指遵循独立、科学、公正的原则,运用工程技术、科学技术、经济管理和法律法规等多学科方面的知识和经验,为政府部门、项目法人/业主及其他各类客户的工程建设、项目决策和管理提供咨询活动的智力服务,包括前期立项阶段咨询、工程设计阶段咨询、施工阶段咨询、投产或交付使用后的评价等工作[1]。该定义将工程咨询列为一类智力服务,而不是生产制造或工程产品提供。因此,也称工程咨询项目为工程咨询服务项目。

在工程实践中,工程(项目)咨询有狭义和广义之分。狭义工程咨询的服务范围主要包括项目前期的工程规划咨询、工程立项咨询和工程评估咨询,以及它们的合理组合等;广义工程咨询的服务范围还包括工程实施过程的工程设计、工程造价、工程监理、工程招标代理,以及上述各类咨询服务方式的合理组合,即全过程工程咨询[2]。其中,全过程工程咨询被认为是我国工程咨询业改革发展的方向[3]。

在我国,工程咨询实行备案或资质管理制度,经政府相关部门备案或获得工程咨询资质的企业才能开展工程咨询活动。

工程咨询项目则为政府方/项目法人委托工程咨询企业开展咨询服务活动,一般需要双方签订咨询服务交易合同,以明确双方的责任、权力和义务。对重大工程项目的前期工程咨询,在设立项目法人前,由政府方委托工程咨询企业开展咨询活动。

5.1.2 工程咨询项目分类

按重大工程项目立项到竣工全过程,经典工程咨询(服务)项目分为3类:工程项目前期的立项咨询项目、工程设计阶段的设计项目和工程施工阶段的工程监理项目。其中施工阶段除工程监理项目外,咨询项目还有工程造价、工程招投标代理等,但相对工程监理,它们的内容单一、规模较小。

5.1.2.1 工程项目前期的立项咨询项目

按重大工程项目立项咨询服务范围,可将前期立项咨询服务分为:

(1)总体或区域规划咨询:含国家或省市级总体规划、专项规划、区域规划及行业规划。

(2)项目前期咨询:含项目投资机会研究、投融资策划,工程勘察、项目建议书(或可行性研究)、项目可行性研究报告等的编制,以及项目申请报告、资金申请报告的编写。若采用政府和社会资本合作方式,则还存在PPP项目咨询等。

(3)项目评估咨询:内容十分丰富,包括各级政府及有关部门委托的对项目规划、项目建议书、可行性研究报告、项目申请报告、资金申请报告、PPP项目实施方案等的专业技术服务;对初步设计、项目实施中期、项目完成并运行后的评价;项目概预算和决算审查,以及其他履行投资管理职能所需的专业技术服务。

(4)全过程工程咨询:采用多种咨询服务方式的组合,为工程项目决策、实施和运营持续提供局部或整体解决方案以及管理服务。

5.1.2.2 工程设计阶段的工程设计项目

按重大工程设计阶段,工程设计又可进一步分为:初步设计、招标设计和施工图设计。不同行业对此分类略有差异。

(1)工程初步设计项目。一般在工程项目可行性研究报告的基础上组织工程初步设计,对工程项目进行较工程项目前期更为具体的规划,其内容一般包括总说明、工程水文和地质、工程任务和规模、工程布置和建筑物、工程机电和金属结构、工程施工组织、工程安全和环保,以及工程概算等。对重大工程项目而言,工程概算是政府对工程投资控制的重要依据。

(2)工程招标设计项目。在工程初步设计批复的基础上,项目法人根据项目交易规划,针对交易项目组织工程招标设计。工程招标设计的任务是细化初步设计、优化工程结构,以满足工程招标的需要。

(3)工程施工图设计项目。在工程交易合同确认的招标文件的基础上,进一步细化工程设计,并形成设计图样和相关说明,以满足工程施工的需要。

上述工程设计项目可单独设立,也可适当组合设立,然后再委托给工程设计方。取决于工程项目特点和项目法人的需要。项目法人采用直接委托或招标方式确定工程设计方,并与其签订工程设计合同。

5.1.2.3　工程监理项目

工程监理是工程发包方组织的,对工程施工过程的监督和管理活动,一般是由项目法人委托专业工程监理企业来完成。工程监理项目的内容通常包括:工程监理方根据法律法规、工程建设标准、勘察设计文件及施工合同,对建设工程质量、造价、进度进行控制,对合同、信息进行管理;具体内容由工程监理合同约定[4]。

5.1.3　工程咨询项目的交易特点和主要治理问题

5.1.3.1　工程咨询项目的交易特点

(1)重大工程咨询服务项目交易的共性。总体而言,重大工程咨询服务项目交易属智力密集型服务类交易,与一般服务类交易存在差异,与商品类交易更是不同。工程咨询服务项目交易具有下列共性[5~7]。

① 咨询投入(资产)专用性强。工程咨询企业承接某一工程咨询任务后,所消耗在该工程上的资源,包括人力、物力等,以及咨询活动所获得的中间成果基本均无其他用途。

② 咨询服务的不确定性大。重大工程项目立项咨询服务活动,仅在国家或行业的规程规范和投资方的开发建设目标指导下开展;工程项目设计虽有工程立项文件的指导,但不具体;工程监理的任务和范围虽较为确定,但工程监理的工作数量和工作质量的控制受到工程承包方行为的影响。因此,工程咨询具体工作任务和所消耗的资源均具有较大的不确定性,工程咨询服务合同的不完全性更是天然的。

③ 具有一次性。每个工程项目的结构、建设条件或建设目标均存在差异,因而工程咨询项目,包括立项咨询、工程设计和工程监理均具有一次性的特点。

(2)重大工程项目咨询服务项目交易的特殊性。在交易视角下,经典的3类工程咨询服务项目交易具有下列特殊性。

① 工程立项咨询服务项目交易活动的约束少,专业性强,政府方/投资方面临较大的"道德风险"。工程立项咨询服务活动除了国家或行业的规程规范外,基本没有其他任何约束或很少约束。同时也难以通过

"第三方"监管以降低"道德风险",因其监管成本相对较高。例如,本研究团队 2011 年在对南京市 40 多个水利工程建设现状调研分析时发现,许多工程项目实施过程中设计变更较多。后进一步查明,工程设计方在项目前期分析时,根本没有按规定要求做详细的勘察,而是凭经验和/或间接资料做工程方案,深层次原因是为降低设计成本[8]。总体而言,有必要在工程勘察、规划设计等咨询合同的基础上,辅以行为激励措施来应对这类"道德风险"。

② 对工程设计项目,调动工程设计方优化工程的积极性至关重要。工程设计在项目可行性研究报告和相关规程规范约束下进行,但工程项目存在较大的优化空间,如何充分调动工程设计方的能动作用,对工程项目绩效影响极大,即调动工程设计方优化工程的积极性至关重要[9]。

③ 工程监理项目交易内容明确,但规范工程监理方的服务行为是交易治理的重要内容。工程监理的主要任务是协调工程项目的实施并对施工方进行监管,在工程监理服务交易合同中对交易任务可明确约定,但对其工作质量,甚至工程监理过程中的"放水"或其他合谋行为等问题的控制十分困难,或项目法人的监督成本很高。

5.1.3.2 工程咨询项目交易的重点治理问题

不同类型的工程咨询项目交易,其交易主体间利益博弈或冲突的重点不同,有必要针对不同类咨询项目交易存在的重点问题展开治理[10]。

(1)行为激励问题。相比而言,工程立项咨询服务交易为一种单一的咨询服务交易,是一种较为纯粹的委托代理关系,即仅取决于咨询服务方的努力程度,不存在更多其他因素的干扰。工程实践表明,这种咨询服务不确定性较大。对咨询服务方而言,主要风险来自于委托方目标的不确定,或工程方案决策的不果断或不坚定,并导致咨询服务方在人力和时间消耗上存在较大风险;对委托方而言,则主要面对提供重大工程项目方案成果质量的风险,即工程项目方案不可靠性的风险。前者风险对应的相关内容,如工程方案数量或其他工作量大多可以观察到,因此可通过细化咨询服务交易合同予以规避;而后者风险,虽采用专家评审等方法对成果进行审查,以减轻部分风险,但对由于基础性工作不可靠而引起的风险难以降低,而且有必要借助激励方法,以提升工程咨询服务方工作的努力程度[11]。

(2)工程优化收益合理分配问题。工程设计在批准的工程立项文件(包括工程估算)和相关规程规范约束下进行,但在工程设计过程中,工程设计方还有较大的发挥空间,即优化工程的空间[12]。而目前我国重大工程项目的设计费用计价方式是,以工程造价为基础,乘以工程设计费率而得,即使是采用招标方式选择设计方,竞争的也是工程设计费率。已有的研究发现,在这种工程设计费用计算机制下,并不鼓励工程设计方优化工程设计[13]。工程设计交易的内容由相关规程规范或可行性研究报告,或上一层设计文件确定,并列入设计交易合同。因初步设计和招标设计具有较大的变化空间,因此,设计交易合同不确定性很大。由此,一方面,设计项目交易存在传统委托代理的问题,即设计交易合同范围内的任务设计方能否保质保量完成,委托方面临着"道德风险";另一方面,在工程设计交易中,特别是初步设计和招标设计项目交易中,还存在超设计项目交易合同范围的工程优化的问题。在我国工程设计现行计价方式的条件下,如何激励设计方积极优化工程,这是委托方/项目法人需要考虑的问题。

（3）寻租行为的控制问题。工程监理咨询服务的基本任务是协调工程施工过程中出现的问题,对承包方履行施工合同状态进行监管。徐军祖等的研究认为,这其中面临着两方面的主要治理问题[14]：一方面是工程监理方的工作能力和努力程度问题,这影响着监理的工作质量,表现为工程协调、监管工作不到位,达不到工程监理合同和相关规定的要求;另一方面是工程监理方是否存在与被监管方/承包方合谋,表现为有意"放水",或与工程承包方联合向项目法人/工程发包方"敲竹杠"。显然,这些均是工程监理项目交易治理的主要对象。

5.2　重大工程前期咨询交易项目的行为激励机制

重大工程前期/立项咨询服务交易本质上是一种较为典型的委托代理。政府方/项目法人作为委托方委托工程咨询企业编制重大工程的项目建议书、可行性研究报告,并支付相应报酬;工程咨询企业则按约定向委托方提交相应工程项目咨询报告。但工程实践表明,对工程咨询企业而言,这类咨询服务工作量的不确定性较大,表现为收集项目数据资料工作量的不确定、委托方对工程咨询报告要求的不确定等[15]。而对重大工程项目的政府方/项目法人而言,主要面临的风险为：工程咨询方签订交易合同后,为降低履约成本而选择"不努力工作",并"隐藏行为",由此产生工程基础数据不客观、不可靠,以及工程项目咨询最终报告深度不足或缺乏科学合理性等,并进而对工程项目或委托方的决策产生不利影响。

5.2.1 工程前期咨询项目交易及其双方博弈分析

5.2.1.1 工程前期咨询项目交易治理必要性分析

在我国现行的工程建设程序中,重大工程项目前期咨询是指在项目决策阶段,政府方/项目投资方委托相关工程咨询服务单位来获取项目决策、审批、工程造价和设计的相关资料和基础数据的一项活动,主要包括:项目建议书、工程勘察和可行性研究。李金锐在工程项目调研中发现,项目前期咨询的重要性为人们所忽视。而事实上,可行性研究的成果是项目可行性研究报告,其是工程项目立项,包括决策、审批或审核或备案必不可少的文件,更是项目取得成功的重要指导性文件[16]。工程勘察分两阶段:一是工程项目可行性研究阶段的工程勘察;二是项目设计阶段的工程勘察。前者为项目可行性研究服务,后者为工程设计、施工服务。但均是对地形、地质及水文等状况进行测绘、勘探、测试,并提供相应成果和资料的活动[17]。工程勘察通过对地形、地质及水文等要素的测绘、勘探、测试及综合评定,提供可行性评价与建设所需的基础资料。刘富丽经工程实践的分析研究后发现,这一过程存在较多的问题,认为对政府方/项目法人而言,首先要充分重视的环节[18]。

工程勘察和可行性研究均是由政府方/项目法人委托或采取招投标的方式选择相关企业完成,一般要求其具有相应资质并将承担工程勘察和工程可行性研究单位统称为工程前期咨询服务方。事实上,目前多数咨询单位均具有承担这两项任务的能力和资质,也有一些工程项目虽选择不同单位分别承担工程勘察和可行性研究,但还是委托承担项目可行性研究的单位管理工程勘察。桂韬在分析国内外的工程造价后发现,工程前期咨询服务费用一般占工程总造价的2%左右,但其对总造价产生影响的可能性高达65%[19]。例如,由于工程勘察所提供的地质、水文情况的相关数据资料不客观,即数据缺失或偏离。轻者则会导致工程实施过程局部调整,如施工过程变更或索赔;严重者会引起大的工程设计方案变更,甚至改变工程功能。这使得工程投资方面临着工程实际总造价严重超工程总概算的风险。

在工程前期咨询中,工程咨询服务方接受政府方/项目法人委托从事前期工程勘察和工程可行性研究,并为其提供基础数据和咨询服务成果报告,然后按咨询服务合同获得相应的报酬。谢涛在研究后发现,在这一咨询服务项目交易过程中,工程咨询服务方存在天然的信息优势,而投资方处于相关信息的劣势地位,即这一交易过程中的信息不对称是工程前期咨询过程中普遍存在的现状[20]。虽然双方之间签订了工程咨询服务的交易合同，但是，正如尹贻林等研究所指出的，在利益驱动下，工程咨询方可能在工程咨询服务过程中偏离合同的约定，即出现"机会主义"行为[21]。这就使得工程委托方面临"道德风险"，而这一风险大则改变工程功能或修改设计方案，小则出现施工过程的变更。因此，研究对工程前期咨询服务的治理，主要是探讨对工程咨询服务方的行为激励机制。

5.2.1.2　工程前期咨询项目交易双方博弈分析

在工程前期咨询项目中，政府方/项目法人（委托方）与工程咨询服务方两者之间形成典型的委托代理关系，而其中主要问题是，工程咨询服务方"隐藏行为"，并使工程委托方面临着工程咨询服务方不按或不完全按合同约定行动的"道德风险"。主要表现为：工程咨询方的咨询活动专业性强，工程咨询过程难以监督，咨询报备提供的产品（可行性研究报告）品质难以得到权威的鉴定，或监督、鉴定的成本过高。

在重大工程委托方与工程咨询服务方之间的博弈过程中，根据委托方绩效最大化的要求，从激励工程咨询服务方提供高品质服务行为的角度，考虑如何设计可行的合同激励机制，从而减少/降低工程咨询服务方的机会主义倾向，对源于工程咨询服务方的道德风险进行控制，可将其博弈框架分为如下两个阶段[22]。

（1）工程委托方设计一种激励型咨询服务合同，通过招标或谈判，选择可以接受该合同相关条件的工程咨询服务方，并与之签订工程咨询合同。

（2）工程咨询方根据自身效益最大化目标，选择相应的努力程度并提供咨询服务成果。工程咨询服务方的行为和相关信息对于工程委托方而言是不可观测的，或观测成本很高。因而决定了工程咨询服务方由于信息优势而引起"道德风险"的有无及其大小；在博弈的最后，工程委托方根据合同约定支付报酬。

5.2.2　工程前期咨询项目激励机制模型

5.2.2.1　基本假设

考虑重大工程项目发起或主导的政府方/项目法人为风险中性者，工程咨询服务方为风险规避者，并通过合理设计合同价格的方法，对存在于建设工程前期咨询中的"道德风险"进行控制。现实中，重大工程项目法人并不完全掌握工程咨询服务方的私有信息，如以往工作成果质量、声誉和专业能力等，工程项目法人由于自身专业能力不足以胜任工程前期工作要求，从而成为委托方；工程咨询服务方由于专业能力较强，且实际掌握工程前期工作专业能力和相关信息,具有信息优势,从而成为代理方。借鉴阴时鑫等在研究供应链上下游企业合作过程时提出的控制委托方面临道德风险的机制[23]。本研究借助"固定价格+酬金"类合同,并结合国家相关部门发布的工程前期咨询收费指导性标准,设计"线性"合同计价方式,并提出如下基本假设。

假设1:工程委托方(政府方/项目法人)选择标准化合同条件,确定工程咨询服务方的报酬或报酬函数,并采用竞争方式确定服务质量高的工程咨询服务方。

假设2:工程咨询服务方的工作成果质量(即产出)与工程咨询服务方的工作努力程度 e 有关,而且存在其他不确定性因素的影响,即工程咨询服务方的产出是努力程度和外界客观条件共同确定的函数。

假设3:工程咨询服务方的工作努力程度 e 是一维连续变量,e 越大代表工程咨询服务方工作越努力。

假设4:工程委托方是风险中性者,工程咨询服务方是风险规避者,且工程咨询服务方存在机会成本。

5.2.2.2 激励机制模型构建

首先,假设工程咨询服务方的产出函数 π 是线性的,具体表现形式为:$\pi = \lambda e + \gamma \theta$。$\theta$ 为不受工程委托方和工程咨询服务方控制的外生随机变量,或称自然状态,并服从均值为 0、方差为 σ^2 的正态分布,θ 越大,自然状态越好;e 为咨询服务方的努力程度。为简化计算,设其为一维变量,且有 $0 \leqslant e \leqslant 1$;$\lambda$ 是咨询服务方努力效用系数,即咨询服务方工作效用大小,$\lambda > 0$,λ 越大,说明同样的努力程度 e 带来的正效用越大;γ 是外生随机变量对绩效的影响系数,$\gamma > 0$。故可得 π 的均值 $E(\pi) = E(\lambda e + \gamma \theta) = \lambda e$;$\pi$ 的方差 $\mathrm{var}(\pi) = \gamma^2 \sigma^2$。

其次,假设工程委托方与工程咨询服务方之间的交易合同采用线性计价方式,即 $s(\pi) = \alpha + \beta \pi$,$\alpha$ 为固定报酬,即为咨询服务方确定性等价收入;β 是工程咨询服务方分享的产出份额,即产出 π 每增加 1 个单位,工程咨询方的收益增加 β 单位。β 为收益激励强度系数,一般取 $0 < \beta < 1$。此时,可得到工程委托方的期望效用为:

$$E_v(\pi - s(\pi)) = E(\pi - \alpha - \beta \pi) = -\alpha + E(1 - \beta)\pi = -\alpha + (1 - \beta)\lambda e$$

$$(5\text{-}1)$$

同时,假定工程咨询服务方的努力负效用等价于货币成本,同时进一步假定努力成本 $c(e) = be^2/2$,其中 $b > 0$ 为努力成本系数,b 越大,同样的努

力程度 e 带来的负效用越大。则工程咨询服务方的实际收入 w 为：

$$w = s(\pi) - c(e) = \alpha + \beta(\lambda e + \gamma\theta) - \frac{be^2}{2} \qquad (5\text{-}2)$$

由于工程咨询服务方是风险规避者,采用 Arrow 等提出的 Arrow-Pratt 风险厌恶测度[24],绝对风险规避程度为：$\rho = u''(w)/u'(w) > 0$,其中 w 为实际货币收入,效用函数 $u = -e^{\rho w}$。基于 Arrow-Pratt 的结论,通过下式计算工程咨询服务方风险成本：

$$\rho \mathrm{var}[s(\pi)]/2 = \rho \mathrm{var}[\alpha + \beta(\lambda e + \gamma\theta)]/2 = \frac{1}{2}\rho\beta^2\gamma^2\sigma^2$$

由于代理人最大化期望效用等价于最大化确定当量,用上述确定性等价收入替代期望效用,则可用式(5-3)计算出工程咨询服务方的确定性等价收入：

$$E_w - \frac{1}{2}\rho\beta^2\gamma^2\sigma^2 = \alpha + \beta\lambda e - \frac{1}{2}\rho\beta^2\gamma^2\sigma^2 - \frac{1}{2}be^2 \qquad (5\text{-}3)$$

其中,E_w 为工程咨询服务方的期望收入;$\rho\beta^2\gamma^2\sigma^2/2$ 为工程咨询服务方的风险成本。当 $\beta = 0$ 时,工程咨询服务方不承担任何风险,因而其风险成本为 0。工程咨询服务方最大化期望效用函数等价于上述确定性等价收入,即：$E_w = \alpha$。

取 W_n 为工程咨询服务方可接受收益程度,当其确定性等价收入小于 W_n 时,工程咨询服务方将拒绝工程投资方的合同。因此存在工程咨询服务方接受合同的约束条件：

$$\alpha + \beta\lambda e - \frac{1}{2}\rho\beta^2\gamma^2\sigma^2 - \frac{1}{2}be^2 \geqslant W_n \qquad (5\text{-}4)$$

式(5-4)为参与约束,又称个人理性约束(individual rationality constraint,IR),其是工程咨询服务方接受合同的必要条件。

(1) 在工程委托方可以观测到工程咨询服务方努力程度 e 时,这说明双方之间不存在信息不对称现象,则激励约束失效。在此情况下,工程委托方主要任务是合理确定参数 α、β 和 e,以实现期望效用最大化。优化该参数的数学模型为：

$$\max_{\alpha,\beta,e} E_v = -\alpha + (1 - \beta)\lambda e$$

$$\alpha + \beta\lambda e - \frac{1}{2}\rho\beta^2\gamma^2\sigma^2 - \frac{1}{2}be^2 \geqslant W_n, (\mathrm{IR}) \qquad (5\text{-}5)$$

在满足参与约束 IR 的情况下,工程投资方只需支付工程咨询服务方可接受的 W_n 即可,故将 IR 进行等式变形求得：

$$- \alpha = \beta\lambda e - \frac{1}{2}\rho\beta^2\gamma^2\sigma^2 - \frac{1}{2}be^2 - W_n \tag{5-6}$$

将式（5-6）代入式（5-5）得到最优化问题目标函数为：

$$\max_{\alpha,\beta,e} E_v = \max_{\alpha,\beta,e}\left(\lambda e - \frac{1}{2}\rho\beta^2\gamma^2\sigma^2 - \frac{1}{2}be^2 - W_n\right) \tag{5-7}$$

取 $F(e) = \lambda e - \frac{1}{2}\rho\beta^2\gamma^2\sigma^2 - \frac{1}{2}be^2 - W_n$，对目标函数求导数，可以得到最优一阶条件：$e^* = \lambda/b$；$\beta^* = 0$。

将上述结果代入约束条件式（5-6）中得：$\alpha^* = W_n + \lambda^2/(2b)$。

当 $\beta^* = 0$ 时，工程咨询服务方的风险成本为0，工程咨询服务方收益和其产出没有关系。而 $\alpha^* = W_n + \lambda^2/(2b)$ 代表工程咨询服务方的收益等于工程咨询服务方可接受收入和努力成本之和。在信息对称的情况下，工程投资方能够观测到工程咨询服务方的努力程度，当工程咨询服务方的努力程度 $e < e^* = \lambda/b$ 时，就支付 $\alpha(\alpha < W_n < \alpha^*)$；而当 α 小于工程咨询服务方的机会成本时，其必然选择努力程度 $e = \lambda/b$。

（2）当工程投资方不可观测工程咨询服务方的努力程度时，最大化自己确定性等价收入，以获取最大收益是工程咨询服务方的必然选择。对式（5-3）进行一阶求导可得：$e = \beta\lambda/b$。

此时，工程咨询服务方的激励相容约束（incentive compatibility constraint, IC）为 $e = \beta\lambda/b$，张正堂的类似研究将其解释为，工程咨询服务方在个人理性驱使下，其将首选最大化自己获益的行为，而不是工程委托方期望的行为[25]。

当工程咨询服务方不承担任何风险时（给定 $\beta = 0$），由 $e = \beta\lambda/b$ 得出 $e = 0$，也就是如果工程咨询服务方的收入与产出无关（$\beta = 0$），工程咨询方服务将选择 $e = 0$，而不是 $e = \lambda/b$。工程委托方的问题是如何确定参数 α、β 来诱使工程咨询服务方选择其希望的行为，实现自己的期望效用最大化。则优化该参数的数学模型如下：

$$\max_{\alpha,\beta,e} E_v = -\alpha + (1-\beta)\lambda e$$

$$\alpha + \beta\lambda e - \frac{1}{2}\rho\beta^2\gamma^2\sigma^2 - \frac{1}{2}be^2 \geqslant W_n, \quad (\text{IR})$$

$$e = \beta\lambda/b, \quad\quad\quad\quad\quad\quad (\text{IC}) \tag{5-8}$$

将参与约束 IR 和激励相容约束 IC 代入目标函数，可得：

$$\max_{\beta}\left(\frac{\beta\lambda^2}{b} - \frac{1}{2}\rho\beta^2\gamma^2\sigma^2 - \frac{1}{2}b\left(\frac{\beta\lambda}{b}\right)^2 - W_n\right)$$

对目标函数求一阶导数可得：$\lambda^2/b - \rho\beta\gamma^2\sigma^2 - \beta\lambda^2/b = 0$，即得：

$$\beta = \frac{\lambda^2}{\lambda^2 + \rho b\gamma^2\sigma^2} > 0 \tag{5-9}$$

由式(5-9)可知，在信息不对称的情况下，工程咨询服务方必须承担一定风险。其中 β 随工程咨询服务方的努力程度系数 λ 的提高而增大，而随工程咨询服务方努力成本系数 b、风险规避程度 ρ、外生变量方差 σ^2 及其影响系数 γ 的提高而变小。当信息不对称时，努力程度不可观测，由 $e = \beta\lambda/b$ 可知，随着工程咨询服务方努力成本系数 b 的增加，为促使工程咨询服务方努力程度不变，则收益激励强度系数 β 要提高，这样会增加工程委托方的支出。在努力程度不可观测情况下，工程咨询服务方将选择最优的努力程度为 $e = \beta\lambda/b < e^* = \lambda/b$。

根据参与约束 IR 可知，对于工程委托方而言，其必须保证工程咨询服务方能够获得的收益不小于咨询服务方可接受的收益程度 W_n。但是，在总产出 π 不变的情况下，工程咨询服务方收益越大，委托人收益将会越小。因此，对于委托方而言，其激励咨询方的最优解为使得咨询方收益等于其可接受的收益 W_n，即对于参与约束取等号成立即可，则可得：

$$\alpha = \frac{1}{2}\rho\beta^2\gamma^2\sigma^2 + \frac{1}{2}be^2 + W_n - \beta\lambda e \tag{5-10}$$

将激励相容约束 IC 代入式(5-10)可得：

$$\alpha = \frac{1}{2}\rho\beta^2\gamma^2\sigma^2 + \frac{\beta^2\lambda^2}{2b} + W_n - \frac{\beta^2\lambda^2}{b} \tag{5-11}$$

5.2.3　激励机制影响因素拓展和模型参数分析

5.2.3.1　激励机制影响因素拓展分析

工程前期咨询服务成果是工程设计、施工的基础，特别是施工阶段工程咨询服务方获得的数据能得到验证。故而本研究假定存在一个可观测变量能反映工程咨询服务方工作成果的准确性，在咨询合同中添加这一可观测变量，一定程度上可提高对工程咨询服务方的激励强度。假设 z 为工程咨询服务方工作成果的准确度，且 z 与努力程度 e 无关，与外生随机变量 θ 可能相关。同时假定 z 服从均值为零、方差为 σ_z^2 的正态分布。此时假设工程委托方与工程咨询服务方之间依旧采用线性合同计价方式，即为：

$$S(\pi, z) = \alpha + \beta(\pi + \mu z) \tag{5-12}$$

式(5-12)中，μ 是工程咨询服务方收益与 z 的关系系数。若 $\mu = 0$，工程咨询服务方的收益与 z 无关。工程委托方主要任务是合理确定参数 α、β

和 μ，以实现期望效用最大化。效用最大的数学模型如下：

$$\max_{\alpha,\beta,e} E_v = -\alpha + (1-\beta)\lambda e$$

$$\alpha + \beta\lambda e - \frac{1}{2}\rho\beta^2[\gamma^2\sigma^2 + \mu^2\sigma_s^2 + 2\gamma\mu\mathrm{cov}(\pi,z)] - \frac{1}{2}be^2 \geq w_n, \quad \text{(IR)}$$

$$e = \beta\lambda/b \quad \text{(IC)}$$

$$(5\text{-}13)$$

将参与约束 IR 和激励约束 IC 代入目标函数式(5-13)，上述最优化问题则变为：

$$\max_{\beta,\mu}\left(\frac{\beta\lambda^2}{b} - \frac{\beta^2\lambda^2}{2b} - \frac{1}{2}\rho\beta^2[\gamma^2\sigma^2 + \mu^2\sigma_z^2 + 2\gamma\mu\mathrm{cov}(\pi,z)] - W_n\right)$$

$$(5\text{-}14)$$

最优化的两个一阶条件为：$\beta = \lambda^2\left[\lambda^2 + b\rho\gamma^2\left(\sigma^2 - \dfrac{\mathrm{cov}^2(\pi,z)}{\sigma_z^2}\right)\right]^{-1}$；

$\mu = -\dfrac{\gamma\mathrm{cov}(\pi,z)}{\sigma_z^2}$。

由上文可知：

$$\beta = \lambda^2\left[\lambda^2 + b\rho\gamma^2\left(\sigma^2 - \frac{\mathrm{cov}^2(\pi,z)}{\sigma_z^2}\right)\right]^{-1} > \frac{\lambda^2}{\lambda^2 + \rho b\gamma^2\sigma^2} \quad (5\text{-}15)$$

同时，$\mathrm{var}[s(\pi,z)] = \beta^2[\gamma^2\sigma^2 + \mu^2\sigma_z^2 + 2\gamma\mu\mathrm{cov}(\pi,z)] \geq \mathrm{var}[s(\pi)]$。

因此，只要 π 与 z 的相关系数不为零，即 $\mathrm{cov}(\pi,z)\neq0$，工程委托方通过在合同中设置关于 z 的相关条款，就可以提高工程咨询服务方的激励强度，这证明了：通过工程设计、施工环节来检验工程前期咨询服务数据资料的准确性，可对工程咨询服务方做好前期咨询工作产生一定程度的激励作用，进而增进工程投资方的期望收益。

5.2.3.2　激励机制模型参数分析

基于工程前期咨询服务委托代理模型可知，工程咨询服务方如果趋于保守，不愿努力工作，则其承担的风险就较小[26]。其原因在于：在激励视角下，当双方信息对称时，由 $e^* = \lambda/b$ 可知，b 越大，最优的 e 越小。在风险分担视角下，由 $e = \beta\lambda/b$ 可知，b 越大，为促使工程咨询方选择同样努力程度的 β 越大，工程投资方会选择以较低的努力程度换取风险成本的节约。但是工程咨询方的能力程度 λ 越高，相应最优的 e 会增大，β 会减小。这说明专业能力强的工程咨询方付出一定努力程度的激励强度会较低。

由此可知，当努力程度可观测时，$\beta = 0$，最优努力程度为 $e = \lambda/b$；当努力程度不可观测时，$\beta > 0$，工程委托方能够让工程咨询服务方自动选择的最优努力程度为：

$$e = \frac{\beta\lambda}{b} = \frac{\lambda}{b} \times \frac{\lambda^2}{\lambda^2 + \rho b \gamma^2 \sigma^2} \times \frac{\lambda}{b} \quad (5\text{-}16)$$

由此可得出以下结论。

（1）非对称信息下的最优努力程度严格小于对称信息下的努力程度。因此，当工程委托方不能观测到 e 时，工程咨询服务方将选择 $e < e^*$ 以获得额外收益。因为产出程度不仅与工程咨询服务方的努力程度有关，而且受外生变量 θ 的影响，工程咨询服务方可以将责任归咎于不利的外生影响，如一些不可控的自然条件，从而避免工程委托方的责任追究。这就是"道德风险"问题。

（2）当工程委托方不能观测到工程咨询服务方的努力程度 e 时，其应承担比对称信息情况下更大的风险。

（3）在添加可观测变量 z 后，当努力程度不能完全观测时，工程委托方能够让工程咨询服务方自动选择的最优努力程度 e_z 为：

$$e_z = \frac{\beta_2\lambda}{b} = \frac{\lambda}{b} \times \lambda^2 \left[\lambda^2 + b\rho\gamma^2 \left(\sigma^2 - \frac{\mathrm{cov}^2(\pi, z)}{\sigma_z^2} \right) \right]^{-1} > e$$

$$= \frac{\lambda^2}{\lambda^2 + \rho b \gamma^2 \sigma^2} \times \frac{\lambda}{b} \quad (5\text{-}17)$$

因此，在信息不对称情况下，存在可观测变量 z 后，工程委托方可以使工程咨询服务方用更大的努力去完成工程前期咨询项目。

5.2.3.3　算例分析

（1）工程概况。某重大工程项目前期决策阶段，为高质高效地完成项目可研工作，政府方委托某咨询单位编制项目可研报告。为保证可研报告编制的质量，项目法人拟建立相应激励机制，根据咨询单位可研成果的质量对其实施激励。根据项目及咨询单位实际情况，估算出项目各相关参数，如表 5-1 所示。

表 5-1　项目相关参数

参数	λ	γ	b	ρ	σ	W_n
取值	2×10^6	3×10^5	2.4×10^6	0.2	0.01	1.0×10^6

（2）求解分析。根据上文所建立的相关激励机制以及相关参数，可以建立项目法人激励咨询方高质高效完成项目可研工作的激励机制，具体分析如下。

① 工程咨询服务方努力程度能够观测到。当工程委托方可以观测到工程咨询服务方的努力程度时,根据上文分析,此时激励模型的最优解为:

$$e = \frac{\lambda}{b} = \frac{2 \times 10^6}{2.4 \times 10^6} = 0.83, \beta^* = 0$$

此时,$\alpha = W_n + \lambda^2/(2b) = 1 \times 10^6 + (2 \times 10^6)^2/(2 \times 2.4 \times 10^6) = 1.83 \times 10^6$,即委托方给予工程咨询服务方合同价:$s(\pi) = \alpha + \beta\pi = 1.83 \times 10^6$。

由激励合同可见,在工程咨询服务方努力程度能够被观测到时,委托方给予工程咨询服务方的最优激励合同为固定值。此时,工程咨询服务方最大化期望效用 $E_w = 1 \times 10^6 = W_n$,即工程咨询服务方能够获得的收益等于其可接受的收益。

② 工程咨询服务方努力程度难以观测。当工程委托方无法观测到工程咨询服务方的努力程度时,根据上文分析,此时激励模型的最优解为:

$$\beta = \frac{\lambda^2}{\lambda^2 + \rho b \gamma^2 \sigma^2} = \frac{(2 \times 10^6)^2}{(2 \times 10^6)^2 + 0.2 \times 2.4 \times 10^6 \times (3 \times 10^5)^2 \times (0.01)^2}$$
$$= 0.48$$

$$e = \beta\gamma/b = 0.48$$

此时,$\alpha = \frac{1}{2}\rho\beta^2\gamma^2\sigma^2 + \frac{\beta^2\lambda^2}{2b} + W_n - \frac{\beta^2\lambda^2}{b} = 1.39 \times 10^6$,即工程委托方给予工程咨询服务方合同价:$s(\pi) = \alpha + \beta\pi = 1.39 \times 10^6 + 0.48\pi = 1.39 \times 10^6 + 0.48\lambda e$。显然,工程咨询服务方能够获得的收益与其自身努力程度以及其努力效用正相关,能够有效激励工程咨询服务方努力做好咨询工作,提高可研工作成果质量。

5.3 重大工程招标设计交易项目的设计优化收益合理分配机制

与工程立项咨询项目相比,工程设计项目有了较为明确的目标和边界条件,特别是工程初步设计后的(施工)招标设计工作则更加具体。项目法人常采用竞争方式选择设计方,双方显然存在委托代理关系,项目法人面临着"道德风险"。因此,项目法人有必要考虑在工程招标设计合同中设置激励机制,即工程立项咨询项目的行为激励机制对工程设计项目同样有效。但对于不确定性较大的重大工程,当要求工程设计方优化工程时,也需要对工程设计方作出的"超额"努力进行合理补偿,即合理分配工程招标设计优化而得的收益,以调动工程设计方优化工程的积极性[27]。本节主要针对不确定性较大的重大工程,讨论超出工程设计项目交易合同约定范围,优化工程而降低的工程造价问题,即优化工程而获得相应收益的分配机制问题。

5.3.1 设计项目交易治理机制及相关研究分析

工程设计项目交易合同范围内的治理问题属委托代理问题,对项目法人而言即存在控制道德风险问题。而当工程项目不确定性较大时,设计项目交易合同范围外的工程优化问题较多,其属优化工程收益合理分配的问题,用以解析两者的基础理论不同,当然解析结果也会不同。

唐文哲等在研究工程总承包与设计方(分包)合作联盟时指出,激励是促进总分包双方伙伴关系发展的重要支撑[28]。与此类似,项目法人委托工程设计方设计,对工程设计方激励也是促进工程设计优化的重要措施。唐小弟、刘应宗和孙财等基于委托代理理论,探讨了工程设计优化的激励机制或激励方案[29~31],显然,这些研究成果有一定的局限性。经典的委托代理理论,是假设合同中的委托方和代理方之间存在信息不对称,研究的是信息短缺的委托方,如何对信息占优的代理方进行激励,以调动代理方努力履行合同的积极性[32]。而工程招标设计优化问题,不完全属于项目法人和工程设计方之间存在信息不对称的问题,而是在现行工程设计计价机制下出现的另一方面问题。

在我国现行工程设计计价机制下,工程设计是以工程造价为基础计算工程设计方报酬的。显然,这并不能鼓励工程设计优化。若工程设计方努力优化工程,其支付和所承担的责任与所得的回报是不匹配的。Oyedele L O 和王梅等用博弈理论分析,也提出与上述文献类似的问题[33,34],唐文哲等则进一步用博弈理论构建了单期—多期激励模型[35],但方法存在一定局限性。事实上,工程设计优化的问题是由工程设计合同不完全性引起的,即面向工程的不确定性,对工程进行优化这件事在签订工程设计合同时并没有考虑到,因而属于合同剩余问题。对此,杨立岩和葛永盛等在哈特合同不完全理论的指导下,分别研究农产品采购合同和家族企业发展中遇到的合同剩余问题,结果显示,其并不是通过一般博弈模型就能找到解[36~38]。这一不同领域中的研究思路具有一定参考价值。

此外,与工程招标设计优化分配问题类似,工程总承包方与项目分包方,或工程总承包联合体的收益分配等问题均有类似之处。如,管百海等从分析工程项目参与方成本入手,通过建立收益共享模型,并对模型进行求解,得到了关于工程总承包项目收益分配比例的范围、分包方最优努力水平,以及在工程总承包方和工程分包方之间进行收益分配最优比例的研究结果[39~41]。张云等根据收益共享理论,构建了工程总分包方之间利润的分配模型[42]。在供应链、动态联盟研究领域,上下游或联盟合作企业之间利益分配问题与本课题研究的问题有相似之处;Xu K 分析了上下游企业收益的分配问题[43],王安宇和兰天等分析了企业联盟收益分配的方法[44,45]。这些成果的研究思路和方法均可为讨论本问题提供一定借鉴,但又不尽相同。同时,正如 Meng X 等研究指出的,激励对项目绩效并没有必然的促进作用,激励机制的有效性必须通过实际工程案例来证实[46],目前较多文献都存在这一不足。本研究试图将理论分析与实际工程应用相结合,使理论成果更具说服力。

5.3.2　招标设计优化收益分配模型

5.3.2.1　基本假设

（1）在工程招标设计过程中对具体重大工程子项目进行优化,一般相当于设计方需要对该子项目进行重新设计。当工程招标设计优化成果通不过项目法人组织的审查时,工程设计方重新设计的支付就得不到回报,该风险由工程设计方承担,而与项目法人无关。

（2）工程招标设计优化方案若通过审查,其施工中或施工后出现的风险,一般表现为质量或安全等问题,则该风险工程设计方不承担责任,而由项目法人承担。

（3）工程招标设计优化收益 V 总大于设计方进行招标设计优化的支付[13]。

5.3.2.2　工程设计方和项目法人承担的风险责任分析

风险责任是衡量工程设计方和项目法人所承担风险大小的一个参数。

（1）工程设计方承担风险责任 y_1 可表达为:

$$y_1 = I_1 R_1 \tag{5-18}$$

式(5-18)中,I_1 为工程设计方优化某(子)项目设计的支付/成本;R_1 为设计优化方案失败的可能性,或不能通过项目法人审查的概率。

（2）项目法人承担的风险责任 y_2 可表达为:

$$y_2 = I_2(1 - R_1)R_2 \tag{5-19}$$

式(5-19)中,I_2 为项目法人承担的、因按设计优化方案实施工程而面临工程质量、安全等风险而引起的损失;R_2 为设计优化方案实施中,项目法人面临的因设计优化而引起的工程质量、安全等风险的概率。

5.3.2.3　招标设计优化收益分配原则

招标设计优化收益分配应遵循的整体原则为：收益与风险对等。按工程设计方和项目法人承担风险责任程度分配设计优化收益 V，并要求满足[44]以下原则：

（1）工程招标设计优化收益 V 在工程设计方和项目法人之间全部分配，即

$$V = V_1 + V_2 \tag{5-20}$$

式（5-20）中，V_1、V_2 分别为工程设计方和项目法人因工程设计优化而得到的收益。

（2）工程设计方或项目法人的收益 V_i，应与他们承担风险事件发生概率正相关，即

$$\frac{\partial V_i}{\partial R_i} > 0 \tag{5-21}$$

（3）工程设计方或项目法人的收益 V_i，应与他们可能的支付/成本正相关，即

$$\frac{\partial V_i}{\partial I_i} > 0 \tag{5-22}$$

5.3.2.4　工程设计方和项目法人收益的计算方法

（1）工程设计方收益 V_1 的计算式为：

$$V_1 = \frac{y_1}{y_1 + y_2}V = \frac{I_1 R_1}{I_1 R_1 + I_2(1 - R_1)R_2}V \tag{5-23}$$

（2）项目法人收益 V_2 的计算式为：

$$V_2 = \frac{y_2}{y_1 + y_2}V = \frac{I_2(1 - R_1)R_2}{I_1 R_1 + I_2(1 - R_1)R_2}V \tag{5-24}$$

可以证明，式（5-23）和式（5-24）满足招标设计优化收益分配的原则，即满足式（5-15）~式（5-22）。

式（5-23）和式（5-24）本质上为子项目经招标设计优化后，所得的收益在工程设计方和项目法人之间的分配模型。

5.3.3　相关参数估算

5.3.3.1　设计优化收益和双方支付估算

（1）工程招标设计优化收益 V 的估算。可由优化子项目的初步设计预算值 I_0 减去经优化后该子项目的预算值 I_S（两者的基础单价及计算方法相同）而得，即：

$$V = I_0 - I_s \tag{5-25}$$

（2）工程设计方优化设计支付 I_1 的估算。I_1 本质上为重新设计该子项目的支付，可取原子项目设计费用，即原子项目的工程预算 I_0 乘以设计费率 α，即 $I_1 = I_0\alpha$。但该设计费率 α 为整个项目的平均费率，因此，针对优化设计的具体子项目，有必要用 β 对 I_1 进行调整，即得：

$$I_1 = I_0\alpha\beta \tag{5-26}$$

式（5-26）中，β 为工程设计费率的不均匀系数，与待优化子项目的复杂程度、优化技术难度相关。工程实践表明，一般可取 $\beta = 0.5 \sim 1.5$，具体可由专家评估后确定。代入式（5-18）后，得：

$$y_1 = I_0\alpha\beta R_1 \tag{5-27}$$

（3）项目法人优化设计支付 I_2 的估算。可用优化（子）项目的设计概算价 I_0 乘以损失系数 γ 表示，即

$$I_2 = I_0\gamma \tag{5-28}$$

式（5-28）中，γ 为按新设计方案施工后发生质量等事故后，项目法人为恢复或修复工程而发生的损失系数。将其代入式（5-19）后，得：

$$y_2 = I_0\gamma(1 - R_1)R_2 \tag{5-29}$$

将式（5-27）和式（5-29）分别代入式（5-23）和式（5-24），重新得到工程设计方和项目法人收益分配计算表达式如下。

① 工程设计方收益 V_1 的计算式：

$$V_1 = \frac{y_1}{y_1 + y_2}V = \frac{\alpha\beta R_1}{\alpha\beta R_1 + \gamma(1 - R_1)R_2}V \tag{5-30}$$

② 项目法人收益 V_2 的计算式：

$$V_2 = \frac{y_2}{y_1 + y_2}V = \frac{\gamma(1 - R_1)R_2}{\alpha\beta R_1 + \gamma(1 - R_1)R_2}V \tag{5-31}$$

5.3.3.2 招标设计优化风险率估算

（1）招标设计优化方案不能通过审查，即工程招标设计优化工作失败的概率 R_1 的估算。R_1 与工程复杂程度、优化技术的成熟度相关，根据工程实践，可取 $R_1 = 5\% \sim 40\%$，具体可由专家评估后确定。

（2）招标设计优化方案虽通过审查，但实施过程出现质量、安全等问题的风险率 R_2 的估算。R_2 与工程结构形式、工程复杂程度、优化技术的成熟度和子项目实施条件等因素相关，建议取 $R_2 = 1\% \sim 10\%$，具体可由专家评估后确定。

5.3.3.3 α、β、γ、R_1 和 R_2 的估算方法

式（5-30）和式（5-31）中，不均匀系数 α 与项目的复杂程度、优化技术

难度相关;R_1 与工程复杂程度、优化技术的成熟度相关;γ、β 和 R_2 则与工程结构形式、工程复杂程度、优化技术的成熟度和项目实施条件相关。显然,估算 α、β、γ、R_1 和 R_2 所考虑的因素不尽相同,但共同特点是:所考虑的因素在两个及两个以上;对不同项目或不同优化技术,各因素的影响程度不同;人们在判断影响程度时不可避免地出现模糊性。因此,用模糊综合评价法来估算 α、β、γ、R_1 和 R_2 是可行的。下面以 R_1 为例进行分析。

R_1 的影响因素集为 $U = \{$工程复杂程度、优化技术的成熟度$\} = \{u_1, u_2\}$。根据其对 R_1 影响程度的不同,得到对应的权向量 $X = (x_1, x_2)$。为对上述影响因素进行评定,取因素评价集为 $W = \{$高,较高,中等,较低,低$\}$,对评价集各元素赋予量值得 $W = \{0.90, 0.70, 0.50, 0.30, 0.10\}$,以此来说明评价集与 R_1 大小的对应关系。其中,因素集 U 与评价集 W 之间的关系如表 5-2。

表 5-2　因素集 U 与评价集 W 的对应表

评价	因　　素	
	工程复杂程度	优化技术的成熟度
高	工程结构错综复杂,工程数据不可靠	新技术,无工程应用实例
较高	工程结构十分交错,工程数据不完备	新技术,有工程应用实例
中等	工程结构交错,工程数据欠完备	技术较新,并已有一些应用
低	工程结构较简单,工程数据欠完备	成熟技术,但刚开始使用
较低	工程结构简单、单一,工程数据完整、可靠	直接使用多次用过的成熟技术

在此基础上,邀请工程风险管理方面的专家组成评估委员会,根据表 5-2 进行评估。专家对每一个影响因素,分别给出一个最优评价、一个最差评价和一个最可能评价。统计所有专家组成员的评估结果,可得:

$$P_{aij} = \frac{\text{仅考虑最优评价,对 } i \text{ 因素选择 } j \text{ 评价的专家数}}{\text{专家总数}} \tag{5-32}$$

同理,可得仅考虑最差评价时的 P_{bij},和仅考虑最可能评价时的 P_{mij}。

将式(5-25)的评估结果整合起来,可得评价矩阵 Q_a 为:

$$Q_a = \begin{bmatrix} P_{a1j} \\ P_{a2j} \end{bmatrix} = \begin{bmatrix} p_{a11} & p_{a12} & p_{a13} & p_{a14} & p_{a15} \\ p_{a21} & p_{a22} & p_{a23} & p_{a24} & p_{a25} \end{bmatrix} \tag{5-33}$$

同理,可得评价矩阵 Q_b、Q_m。

借鉴三值估算法的思想,将评价矩阵 Q_a、Q_b、Q_m 整合起来,即可得到 U 到 V 的模糊关系矩阵 Q 为:

$$Q = \frac{Q_a + 4Q_m + Q_b}{6}$$

$$= \begin{bmatrix} p_{11} & p_{12} & p_{13} & p_{14} & p_{15} \\ p_{21} & p_{22} & p_{23} & p_{24} & p_{25} \end{bmatrix} \tag{5-34}$$

据此,进行模糊评价,可得到:

$$A = X \circ Q = (x_1, x_2) \circ \begin{bmatrix} p_{11} & p_{12} & p_{13} & p_{14} & p_{15} \\ p_{21} & p_{22} & p_{23} & p_{24} & p_{25} \end{bmatrix} = [a_1, a_2, a_3, a_4, a_5]$$

$$\tag{5-35}$$

对 A 进行归一化处理,所得结果为 $A' = [a'_1, a'_2, a'_3, a'_4, a'_5]$。故,工程设计优化工作失败的风险率 R_1 为:

$$R_1 = A' \circ W^T \tag{5-36}$$

同理可估算 α、β、γ 和 R_2。

5.3.4 工程应用:南水北调工程某抽水泵站工程招标设计优化收益分配机制

(1)工程简介。南水北调工程某抽水泵站工程安装 4 台机组,总装机设计提水流量 $117.6\text{m}^3/\text{s}$,工程概算总投资 2.07 亿元。为保证该工程在干地上施工,工程初步设计阶段采用上下游围堰和导流闸施工导流方案,简称导流闸施工导流方案,其中导流闸工程投资 735 万元。该方案经多方论证,认为基本合理,得到政府主管部门的批准。工程进入招标设计阶段后,设计方经深入现场调查后发现,工程初步设计所提出的施工导流方案还有优化的空间,即解决工程施工过程泄流问题还可考虑其他方案,但需要进一步研究论证。其中,经优化后的一个可行的施工导流方案是,充分利用邻近河道的泄流和水电站的泄流能力,以及当地排涝设备的排水能力,而不设专门导流闸。该施工导流方案的主要工程量为加固邻近河道的排涝闸,经估计,加固该排涝闸的投资为 385 万元。

(2)设计优化风险率估算。在工程招标设计阶段,工程设计方聘请 5 名行内专家,组成专家小组,依据相关建设资料,对综合施工导流方案设计优化的风险概率 R_1 进行评估,得到评价矩阵 Q_a、Q_b、Q_m 分别为:

$$Q_a = \begin{bmatrix} P_{a1j} \\ P_{a2j} \end{bmatrix} = \begin{bmatrix} 0 & 0 & 0.2 & 0.4 & 0.4 \\ 0 & 0 & 0 & 0.4 & 0.6 \end{bmatrix}$$

$$Q_b = \begin{bmatrix} P_{b1j} \\ P_{b2j} \end{bmatrix} = \begin{bmatrix} 0 & 0.4 & 0.6 & 0 & 0 \\ 0 & 0 & 0.4 & 0.4 & 0.2 \end{bmatrix}$$

$$Q_m = \begin{bmatrix} P_{m1j} \\ P_{m2j} \end{bmatrix} = \begin{bmatrix} 0 & 0.2 & 0.4 & 0.2 & 0.2 \\ 0 & 0 & 0.2 & 0.4 & 0.4 \end{bmatrix}$$

经过对三矩阵的整合,得到模糊关系矩阵为:

$$Q = \begin{bmatrix} P_{1j} \\ P_{2j} \end{bmatrix} = \begin{bmatrix} 0 & 0.2 & 0.4 & 0.2 & 0.2 \\ 0 & 0 & 0.2 & 0.4 & 0.4 \end{bmatrix}$$

又因对应的权向量为 $X = \{x_1, x_2\} = \{0.6, 0.4\}$,故而进行模糊评估得:

$$A = X \circ Q = (0.6, 0.4) \circ \begin{bmatrix} 0 & 0.2 & 0.4 & 0.2 & 0.2 \\ 0 & 0 & 0.2 & 0.4 & 0.4 \end{bmatrix}$$

$$= [0, 0.12, 0.32, 0.28, 0.28]$$

此时不需归一化处理,得 $A' = [0, 0.12, 0.32, 0.28, 0.28]$。故,工程设计方所面临的因设计优化而引起的风险的概率为:

$$R_1 = A' \circ W^T$$

$$= [0, 0.12, 0.32, 0.28, 0.28] \circ [0.90, 0.70, 0.50, 0.30, 0.10]^T$$

$$= 0.356$$

同理,对 α、β、γ、R_2 进行估算,得 $\alpha = 0.021$、$\beta = 0.653$、$\gamma = 0.116$、$R_2 = 0.125$。

(3)设计优化收益和双方支付估算。

① 设计优化收益 V 的估算。子项目的初步设计概算 I_0 为 735 万元,优化后的该子项目的预算值 I_S 为 503 万元,则设计优化收益为:

$$V = I_0 - I_S = 735 - 503 = 232(万元)$$

② 设计方优化设计支付 I_1、风险投入 y_1 的估算。该子项原工程概算 $I_0 = 735$ 万元。

将 α、β、I_0 代入式(5-26)得:

$$I_1 = I_0 \alpha \beta = 735 \times 0.021 \times 0.653 = 10.079(万元)$$

将 α、β、I_0、R_1 代入式(5-25),得工程设计方的风险投入:

$$y_1 = I_0 \alpha \beta R_1 = 735 \times 0.021 \times 0.653 \times 0.356 = 3.588(万元)$$

③ 项目法人优化设计支付 I_2 的估算。由式(5-28)得:

$$I_2 = I_0 \gamma = 735 \times 0.116 = 85.26(万元)$$

④ 由式(5-29),项目法人的风险投入 y_2 为:

$$y_2 = I_0 \gamma (1 - R_1) R_2$$

$$= 735 \times 0.116 \times (1 - 0.356) \times 0.125 = 6.863(万元)$$

(4)工程设计方和项目法人收益分配。

① 由式(5-30)得工程设计方所分配收益 V_1 为:

$$V_1 = \frac{y_1}{y_1 + y_2} V = \frac{3.588}{3.588 + 6.863} \times 232 = 79.649(万元)$$

工程设计方分配收益占优化工程总收益的 34.33%。

② 由式(5-31)得项目法人所分配收益 V_2 为：

$$V_2 = \frac{y_2}{y_1 + y_2} V = \frac{6.863}{3.588 + 6.863} \times 232 = 152.351(万元)$$

项目法人分配收益占优化工程总收益的 65.67%。

（5）工程设计方和项目法人优化工程后的实际净收益。工程实施过程中,按优化后的综合施工导流方案实施,未发生任何风险。因而,项目法人和设计方的净收益分别如下。

① 项目法人净收益。项目法人分配得到优化工程后的收益为 152.351 万元,除组织优化方案评审发生一些费用外,其他实际未发生支付。

② 设计方净收益。在施工导流方案优化过程中,上文已经估算,设计方支付为 10.079 万元;分配得到优化收益为 79.649 万元,故工程设计方优化工程最终所得净收益为 69.57 万元,是工程设计方支付 10.079 万元的 6.9 倍。

（6）工程应用结果分析。一般而言,对工程地质条件、结构或建设条件复杂的工程项目,尽管在初步设计阶段对项目进行了优化,但由于工程勘察等诸多方面影响或对客观世界认识的深度不足,在工程招标设计过程还存在较大的优化空间。如何调动设计方工程招标过程优化工程的积极性,以实现项目法人和工程设计方的"共赢",这是重大工程"政府主导+市场机制"制度下面临的问题。本例以工程设计方和项目法人在优化工程过程中所承担风险责任的大小为准则,构建了优化工程收益分配模型。结果为：该项招标设计阶段工程优化总收益 232 万元;工程设计方为优化工程支付成本为 10.079 万元,工程设计方分配所得收益为 79.649 万元,占总收益的 34.33%;工程设计方净收益为 69.57 万元,为优化设计支付的 6.9 倍;项目法人所得收益占总收益的 65.67%。对其结果双方均较为满意。

5.4　重大工程监理服务交易项目的寻租行为控制与对策措施

5.4.1　工程监理服务交易主要治理问题及相关研究分析

工程监理方作为独立于工程交易主体（项目法人和工程承包方）

的"第三方",受项目法人的委托,对工程交易进行管理,包括:协调建设条件、控制工程工期、工程质量和施工安全等,项目法人在获得服务的同时也面临源自工程监理方的"道德风险"。例如,工程监理方和其他工程咨询方一样,均为经济实体,存在以追求经济利益最大化的动机。不仅如此,工程监理方拥有其他工程咨询方所没有的对工程承包方的监管权,该权利通过工程监理合同、施工承包合同被授予。因此,对项目法人而言,在工程交易中,不仅面临来自工程承包方的"道德风险",如"偷工减料";还面临工程监理方"偷工"或"不出力"的"道德风险";更有甚者,工程监理方还有机会利用授予的监管权,向工程承包方寻租,即工程监理方可能利用在工程计量、计价,以及质量监管等方面的权力进行"敲诈"或"放水"[47,48]。由于重大工程的不确定性较大,这些"道德风险"和"敲诈"等违法行为比一般工程发生的可能性要大,而且影响也更大。因此,在重大工程交易/实施过程中,项目法人有必要专门对工程监理方寻租行为设计监管机制,以防范这类"道德风险"和寻租行为等的发生。

　　寻租(rent seeking)是指利用特殊权力(包括受委托的权力)从事的一种非生产性寻利活动,其概念于 1967 年由戈登·图洛克(Gordon Tullock)提出,理论框架于 1974 年由安妮·O·克鲁格(Anne.O.Krueger)提出[49]。进入 21 世纪后寻租理论成为经济学的一个重要研究领域。张杨子的研究发现寻租理论研究已出现了以政治经济学、国际贸易学和产权学等为基础展开的 3 个学派[50]。寻租理论被大量用于描述和解释非生产性领域中的交易行为,特别用于刻画特权、腐败等相关社会现象;也可以说,寻租与权力共生、与利益相关,是某种特权的产物,寻租过程自身也是一交易过程[51]。在重大工程交易/实施中,该交易又寄生于工程交易之中。

　　博弈理论是研究对策主体之间的行为发生直接相互作用时的对策,以及这种对策的均衡的理论[52],其被广泛应用于分析各类寻租行为。在工程建设领域,项勇、殷红春等运用博弈理论对工程监理方寻租行为进行了有益的探讨[53-55],但他们的研究均只涉及单阶段静态博弈;鹿中山和刘文君等运用博弈模型对公众、政府安全监管部门及核电企业三方寻租机制进行分析研究[56,57],其研究也只涉及单阶段静态博弈;乌云娜等构建了基于前景理论的多方博弈模型,研究了政府投资代建项目腐败合谋的监管策略[58];吴佳伟等则应用基于演化博弈理论研究的工程监理寻租问题[59]。

　　综上所述,一是已有研究着眼于项目法人与工程监理方之间的委托代理关系,但多基于完全理性假设,而从行为心理学视角的研究较少;二是在风险决策研究中,已开始引入行为科学理论,如将前景理论作为分析基础,但针对寻租行为的研究成果较少。针对这一情况,本研究立足于项目法人与工程监理方之间的委托代理关系,在有限理性的假设下,构建基于前景理论的工程交易参与三方博弈模型,并通过混合策略的 Nash 均衡求解与算例分析,探究工程监理方与承包方寻租/合谋行为的影响因素与机理,进而科学提出防范策略。

5.4.2　工程监理方寻租动因分析

（1）项目法人与工程监理方存在委托代理关系,并存在信息不对称问题,这为工程监理方寻租提供了条件。在该委托代理关系中,工程监理方的行动方案并不为项目法人所掌控,或项目法人要掌控工程监理方的行为将要支付较高的交易成本,这即为道德风险的根源。工程监理方作为理性的"经济人",在追求自身利益最大化的驱使下,存在"偷工"情况,不认真监管,并进而发展为与工程承包方合谋,以谋求直接的非生产性收益。

（2）在项目法人授权下,工程监理方拥有对工程承包方的监管权,给其寻租提供了空间。当项目法人与工程监理方签订委托合同后,工程监理方就拥有了对工程承包方的监督与管理权。依据寻租理论,工程监理方可能利用手中的这种权利,在工程交易/实施过程中,给工程承包方以不恰当的干预,如人为造成工程交易/实施要素的供给弹性不足,这种不足意味着"租金"的潜在性,同时也意味着寻租活动的可能性。

（3）工程监理方与工程承包方均会意识到,通过寻租活动可以使双方得到额外收益[53],即工程监理方寻租行为很容易演变为工程监理方与工程承包方共同向项目法人"敲竹杠"的合谋行为。若工程监理方放松对工程质量、安全或环境保护的监管,则工程承包方的施工活动可降低成本,或可使工程承包方获得不应有的工期或超额的费用。工程承包方的这些额外收入一部分以"租金"形式支付给工程监理方,另一部分则成为自身占有的额外收益。最终是损害了工程项目/项目法人的利益,并造成资源浪费和引发社会风气恶化。

5.4.3　基于前景理论的工程交易参与三方博弈模型

（1）前景理论简介

"理性人"是主流经济学的基本假设。基于这个假设,Von N J 等建立并发展了不确定条件下理性人决策模型,即传统的期望效用理论[60]。后经 Savage L J 等的改进和完善,期望效用理论具备了数学化模型,成为不确定环境下决策的首要理论[61]。然而,在实际应用过程中,期望效用理论遇到众多无法解释的现象,甚至其基础性的公理也被证实与实验数据不符[62]。

在现实决策中,由于个体的差异性、认知能力的有限性,以及不可避免地存在信息的不对称性,使得人们无法得出准确的结果。Tversky A 等通过实验发现,个人在不确定下进行决策具有三大特性[63]:一是确定性效应(certainty effect),即个体在不确定性决策过程中存在高估确定性结果而低估只具可能性结果的现象。该效应的存在使得个体在同等收益条件下会选择风险规避,同时在同等损失条件下会选择风险偏好。二是孤立效应(isolation effect),即个体在分析各种待选的前景过程中,往往会忽略与之前前景的相同部分。在不确定性决策过程中,由于个体差异造成对所忽略部分的不同认识,会导致最终决策差异。三是反射效应(reflection effect),即个体在面临负前景时,表现出风险偏好;而在面临正前景时,表现出风险规避。基于上述发现 Tversky A 等提出了前景理论。

根据前景理论,个体在决策时会在心里预设一个参考点,并通过结果与参考点的对比来衡量得失。对于高于参考点的收益型结果,个体往往表现出风险厌恶;对于低于参考点的损失型结果,又表现出风险偏好。同时,个体对于概率的反应具有非线性,即倾向于高估小概率事件而低估大概率事件。在前景理论中,前景值 $V(p,x)$ 取决于价值函数 $v(x_i)$ 和权重函数 $\pi(p_i)$,具体表达式如下:

$$V(p,x) = \sum_{i=1}^{n} \pi(p_i)v(x_i) \tag{5-37}$$

$$v(x_i) = \begin{cases} (x_i - R)^\alpha, & x_i \geq R \\ -\lambda(x_i - R)^\beta, & x_i < R \end{cases} \tag{5-38}$$

式(5-38)中,x 表示决策者的实际收益;R 表示参考点。为了便于分析,令 $R=0$;α、β 表示决策者的风险态度,数值越大表示越倾向于冒险,λ 为损失规避系数。

Wu Y P 等通过实验测算出 $\alpha = 0.52$[64],Kahneman 和 Tversky 通过实验测算出 $\beta = 0.88$,$\lambda = 2.25$[65]。

$$\pi(p_i) = e^{-(-\ln p_i)^\gamma} \tag{5-39}$$

式(5-39)是 Prelec D 在行为公理研究基础上提出的替代性权重函数表达

式[66]。该函数的形状同 Kahneman 和 Tversky 给出的形状十分相似。最主要的区别是 Prelec 的公式是基于行为公理，而不是函数形式的便利。Prelec 指出，该函数一定是在点 $p=1/e\approx 0.37$ 处穿过 45°线。随着 γ 的减小，权重函数在 $1/e$ 的左侧更加具有凹性，在 $1/e$ 的右侧更加具有凸性。Wu R 等对 Prelec 的函数形式进行了验证，得出 $\gamma=0.74$[67]。

工程寻租/合谋行为决策是一个典型的不确定性决策过程，一方面监管部门无法预知参建方是否会发生合谋；另一方面合谋者无法准确估计监管部门的查处力度，也无法准确估计自己选择合谋后被查处的概率。因此，本节研究立足于项目法人与工程监理方间的委托代理关系，在有限理性假设下构建基于前景理论的工程交易参与三方博弈模型，通过混合策略的 Nash 均衡求解与算例分析，探究影响因素与机理，进而提出防范策略。

（2）模型假设

假设 1：参与寻租博弈的 3 方主体，即项目法人、工程监理方和工程承包方均为有限理性。

假设 2：工程监理方在监管履职过程中发现工程承包方存在的问题，该问题将对项目造成的损失为 $L_p\geqslant 0$，如将问题反馈至项目法人，工程承包方将赔偿损失 L_p。

假设 3：工程监理方和工程承包方做出合谋（包括寻租和设租两种可能）风险决策，面临的风险是被项目法人发现并惩处，决策结果为合谋或不合谋，其中，合谋的实际概率为 p_1，项目法人感知的概率为 $\pi(p_1)$；若合谋成功，工程监理方获得的"租金"收入为 B，工程承包方将无须赔偿损失 L_p，即获得收益 L_p-B，其中，$0\leqslant B\leqslant L_p$。

假设 4：项目法人做出对寻租行为的监管决策，结果为监管或不监管，其中，监管的实际概率为 p_2，工程监理方和承包方感知的概率为 $\pi(p_2)$；若选择监管，将付出监督成本 $C\geqslant 0$。

假设 5：项目法人选择监管，监管成功的实际概率为 p_3，工程监理方和承包方感知到的概率为 $\pi(p_3)$；若监管成功，工程监理方将被处罚款 aB，$a\geqslant 1$；工程承包方将被处于罚款 bL_p，$b\geqslant 1$。

（3）基于前景理论的三方博弈模型构建

根据上述假设，构建基于前景理论的项目法人、工程监理方、工程承包方三方博弈模型如表 5-3 所示。

表 5-3　基于前景理论的三方博弈模型

工程参与方策略		概　　率		
		监管：$\pi(p_2)$		不监管：$1-\pi(p_2)$
		成功 $\pi(p_3)$	不成功 $1-\pi(p_3)$	
合谋 $\pi(p_1)$	项目法人	$(aB+bL_p-C)^{\alpha}$	$-\lambda(L_p+C)^{\beta}$	$-\lambda L_p^{\beta}$
	工程监理方	$-\lambda(aB)^{\beta}$	B^{α}	B^{α}
	工程承包方	$-\lambda(bL_p)^{\beta}$	$(L_p-B)^{\alpha}$	$(L_p-B)^{\alpha}$
不合谋 $1-\pi(p_1)$	项目法人	$-\lambda C^{\beta}$	$-\lambda C^{\beta}$	0
	工程监理方	0	0	0
	工程承包方	0	0	0

（4）模型分析

结论 1：当工程项目法人感知到工程监理方和工程承包方合谋发生的概率 $\pi(p_1)^*$ 为 $\dfrac{\lambda C^{\beta}}{\lambda(C^{\beta}+L_p^{\beta})+p_3(aB+bL_p-C)^{\alpha}-\lambda(1-p_3)(L_p+C)^{\beta}}$ 时，项目法人随机选择监管和不监管；$\pi(p_1)>\pi(p_1)^*$ 时，项目法人选择对工程监理方和承包方进行监管；$\pi(p_1)<\pi(p_1)^*$ 时，项目法人选择不监管。

证明：当工程监理方与承包方之间发生寻租/合谋行为的概率为 p_1 时，项目法人进行监管的前景值为：$V_{11}=\pi(p_1)[p_3(aB+bL_p-C)^{\alpha}-\lambda(1-p_3)(L_p+C)^{\beta}]-\lambda[1-\pi(p_1)]C^{\beta}$。

项目法人不进行监管的前景值为：$V_{12}=-\lambda\pi(p_1)L_p^{\beta}$。

当项目法人进行监管的前景值与不进行监管的前景值相等时，博弈达到均衡，令 $V_{11}=V_{12}$，解得：

$$\pi(p_1)^*=\frac{\lambda C^{\beta}}{\lambda(C^{\beta}+L_p^{\beta})+p_3(aB+bL_p-C)^{\alpha}-\lambda(1-p_3)(L_p+C)^{\beta}}$$

结论 2：当工程监理方感知项目法人的监管概率为 $\pi(p_2)^*=\dfrac{B^{\alpha}}{\pi(p_3)[B^{\alpha}+\lambda(aB)^{\beta}]}$ 时，工程监理方随机选择合谋和不合谋；当 $\pi(p_2)>\pi(p_2)^*$ 时，工程监理方选择不合谋；当 $\pi(p_2)<\pi(p_2)^*$ 时，工程监理方选择合谋。

证明：当项目法人进行监管的概率为 p_2 时，工程监理方进行合谋的前景值为：

$$V_{21}=\pi(p_2)\{-\lambda\pi(p_3)(aB)^{\beta}+[1-\pi(p_3)]B^{\alpha}\}+[1-\pi(p_2)]B^{\alpha}$$

工程监理方不进行合谋的前景值为 $V_{22}=0$。

当工程监理方进行合谋的前景值与不进行合谋的前景值相等时,博弈达到均衡,令 $V_{21}=V_{22}$,解得:

$$\pi(p_2)^* = \frac{B^{\alpha}}{\pi(p_3)[B^{\alpha}+\lambda(aB)^{\beta}]}$$

结论 3:当工程承包方感知工程项目法人的监管概率 $\pi(p_2)^{**}$ 为

$\dfrac{(L_p-B)^{\alpha}}{\pi(p_3)[(L_p-B)^{\alpha}+\lambda(bL_p)^{\beta}]}$ 时,工程承包方随机选择合谋和不合谋;当 $\pi(p_2)>\pi(p_2)^{**}$ 时,工程承包方选择不合谋;当 $\pi(p_2)<\pi(p_2)^{**}$ 时,工程承包方选择合谋。

证明:当项目法人进行监管的概率为 p_2 时,工程承包方进行合谋的前景值为:

$$V_{31} = \pi(p_2)\{-\lambda\pi(p_3)(bL_p)^{\beta}+[1-\pi(p_3)](L_p-B)^{\alpha}\}+[1-\pi(p_2)](L_p-B)^{\alpha}$$

工程承包方不进行合谋的前景值为 $V_{32}=0$。

当工程承包方进行合谋的前景值与不进行合谋的前景值相等时,博弈达到均衡,令 $V_{31}=V_{32}$,解得:$\pi(p_2)^{**}=\dfrac{(L_p-B)^{\alpha}}{\pi(p_3)[(L_p-B)^{\alpha}+\lambda(bL_p)^{\beta}]}$。

综上所述,项目法人、工程监理方、工程承包方三方博弈的混合战略纳什均衡为:

$$\pi(p_1)^* = \frac{\lambda C^{\beta}}{\lambda(C^{\beta}+L_p^{\beta})+p_3(aB+bL_p-C)^{\alpha}-\lambda(1-p_3)(L_p+C)^{\beta}},$$

$$\pi(p_2)^* = \frac{B^{\alpha}}{\pi(p_3)[B^{\alpha}+\lambda(aB)^{\beta}]},$$

或

$$\pi(p_1)^* = \frac{\lambda C^{\beta}}{\lambda(C^{\beta}+L_p^{\beta})+p_3(aB+bL_p-C)^{\alpha}-\lambda(1-p_3)(L_p+C)^{\beta}},$$

$$\pi(p_2)^{**} = \frac{(L_p-B)^{\alpha}}{\pi(p_3)[(L_p-B)^{\alpha}+\lambda(bL_p)^{\beta}]}。$$

(5)均衡解数值模拟分析。为了观测各参数对纳什均衡概率的影响机理,在直接给定某些参数的基础上,通过算例对模型进行进一步分析。各参数赋值情况及赋值依据如表 5-4 所示。

表 5-4　参数赋值情况及赋值依据

参数	参 数 含 义	赋值	赋 值 依 据
B	监理方"租金"收入	1	施工承包方与监理方合谋所付出的成本,在此假设为 1 单位
a	对监理方的惩处系数	2	当寻租合谋行为被项目法人成功查处后,项目法人对监理方的处罚通常会大于其非法所得,即 $a \geqslant 1$,在此假设为非法所得的 2 倍
b	对施工承包方的惩处系数	2	当寻租合谋行为被项目法人成功查处后,项目法人对施工承包方的处罚通常会大于其所造成的损失,即 $b \geqslant 1$,在此假设为其所造成损失的 2 倍
C	项目法人的监管成本	0.5	项目法人对寻租行为进行监管,需投入一定的人力和物力,在此假设为 0.5 单位
L_p	工程承包方存在问题对项目造成的损失	2	工程承包方存在问题对项目造成的损失通常会大于其因此而付给监理方的租金,即 $L_p \geqslant B$,在此假设 L_p 为 2 单位
p_3	项目法人成功查处的实际概率	0.3	由于寻租/合谋行为具有一定的隐蔽性,此处假设成功查处的概率为 0.3
α	收益风险态度系数	0.52	依据 Wu 和 Gonsalez 的研究,在此假设为 $0.52^{[63]}$
β	损失风险态度系数	0.88	依据 Kahneman 和 Tversky 的研究,在此假设为 $0.88^{[64]}$
λ	损失规避系数	2.25	依据 Kahneman 和 Tversky 的研究,在此假设为 $2.25^{[64]}$

① 基于监理方行为的均衡分析

工程监理方感知项目法人的监管均衡概率 $\pi (p_2)^*$ 主要受 $\pi(p_3)$、a 和 B 三个参数的影响,其作用机理如图 5-1 所示。

由图 5-1(a)可知,$\pi (p_2)^*$ 与 $\pi(p_3)$ 呈负相关关系。项目法人成功查处寻租行为的概率越大,对工程监理方实施寻租监管的概率就越小。$\pi(p_3)$ 代表工程监理方感知到的项目法人对寻租查处的能力,能影响工程监理方的风险预判,减弱了寻租风险决策中的反射效应;也因前期效应的存在,易使工程监理方的寻租风险偏好转为寻租风险厌恶,从而主动减少寻租行为,项目法人需要付出的监管努力也随之降低。

由图 5-1(b)可知,$\pi (p_2)^*$ 与 a 呈负相关关系。项目法人对工程监理方实施寻租行为的惩处系数越大,寻租监管概率就越小。a 代表寻租行为将为工程监理方带来的损失程度,惩处力度加大,工程监理方将规避损失,提升寻租风险决策的谨慎程度。但当惩处力度超过一定水平后($a \geqslant 3$),工程监理方对处罚的敏感程度迅速下降。

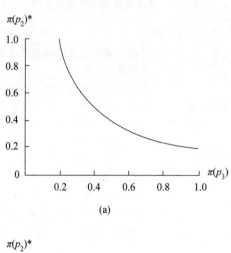

(a)

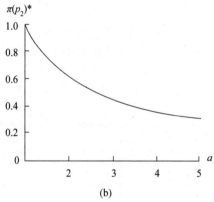

(b)

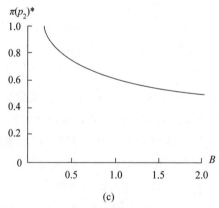

(c)

图 5-1　工程监理方寻租监管均衡概率 $\pi(p_2)^*$ 与 $\pi(p_3)$、a 和 B 关系

　　由图 5-1(c)可知，$\pi(p_2)^*$ 与 B 呈负相关关系。当 B 处在较低水平时，项目法人对工程监理方实施寻租监管的概率实际处于较高水平，但当 B 到达一定水平后，概率趋于稳定。B 代表寻租行为能够为工程监理方带来的现

期收益水平。之所以会呈现这种趋势,从模型上看,是由于价值函数 $v(x_i)$ 和权重函数 $\pi(p_i)$ 作为基础算式在发挥作用。在均衡解 $\pi(p_2)^*$ 的构成中,B 与行为参数 α 和 β 直接关联,受前期效应和损失敏感性递减规律的影响更为明显,即,在"租金"水平较低或寻租行为发生的初级阶段,项目法人对寻租行为的查处能够影响监理方后期的风险态度及决策行动。此外,当"租金"水平相对较低时,工程监理方乐于在职权范围内以人情等方式给予被监管施工方优惠,以获得更多期权性的承诺。综上所述,项目法人在 B 处于较低水平时,会乐于付出努力去解决这些倾向性问题,以获得良好、持续性的效果。

　　② 基于项目法人行为的均衡分析。项目法人感知的合谋均衡概率 $\pi(p_1)^*$ 主要受 C、p_3、L_p、a、b 和 B 等 6 个参数的影响,其作用机理如图 5-2 所示。

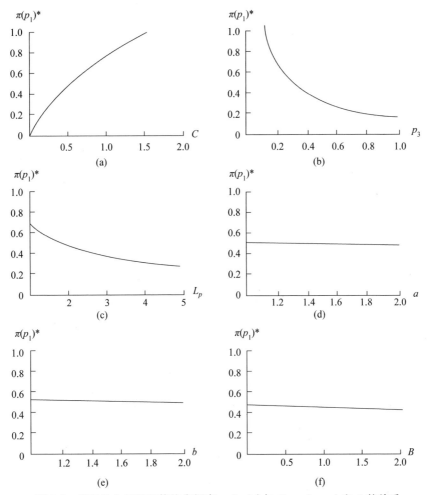

图 5-2　项目法人寻租监管均衡概率 $\pi(p_1)^*$ 与 C、p_3、L_p、a、b 和 B 的关系

由图 5-2(a)可知，$\pi(p_1)^*$ 与 C 呈正相关。项目法人的寻租监管成本越高，寻租合谋概率越高。项目法人需在预算约束内开展工作，因此成本是一个相对性的概念。如果寻租监管的成本相对预算水平过高，将直接导致工作的开展受限，对寻租行为查处的可能性也随之降低，工程承包方和工程监理方更有寻租合谋的动力，从而寻租合谋概率相应提升。因此，应合理提升项目法人的寻租监管工作预算费用。

由图 5-2(b)可知，$\pi(p_1)^*$ 与 p_3 呈负相关。项目法人的寻租查处成功率越高，寻租合谋概率越低。p_3 是工程承包方与工程监理方寻租风险决策考量的重要因素。项目法人除强化自身的能力建设外，还应将相关信息有效地传递给工程承包方和工程监理方，让工程承包方与工程监理方知晓寻租监管的高成功查处率。

由图 5-2(c)可知，$\pi(p_1)^*$ 与 L_p 呈负相关。工程承包方应受处罚越高，寻租合谋概率越低。L_p 意味着工程承包方存在的问题对项目整体福利的折损水平，项目法人自然会对此类问题加强关注。但对于问题较轻、造成损失较小的，项目法人因资源有限而难以"事必躬亲"，还需依赖工程监理方的自觉性和日常工作中的监督机制。

由图 5-2(d)、(e)和(f)可知，$\pi(p_1)^*$ 与 a、b 和 B 呈弱负相关。基于项目法人视角，惩处系数和"租金"水平并非是项目法人对寻租行为进行查处的主要动力，且寻租合谋概率主要受工程监理方、工程承包方的影响，因此负相关关系在此并不明显。

（6）基于价值函数和权重函数特质的分析

1）参照依赖效应。参照依赖效应通过作用于主体对实际收益的价值感知，影响风险决策的前景值。如工程监理方人员普遍具备较高的工程专业素养，因此收入水平的价值感知会受工程承包方从业人员收入水平的影响，使得锚定偏差现象较其他行政、事业单位公务人员更为明显，在一定程度上通过价值函数提升了寻租行为风险决策前景值。但工程监理方的收入水平与行业内的价格竞争密切相关，在短期内无法有效改善。因此，提升工程监理方的职业认同感，才能消除上述锚定偏差带来的参照效应。一方面应提高工程监理方的收费标准并避免行业内的价格恶性竞争；另一方面应降低对监管寻租行为的容忍程度，使寻租行为真正成为影响职业发展的致命阻碍。

2）前期效应和损益敏感性递减规律。合谋寻租行为往往有了开始便难以收手，这是前期效应和损益敏感性递减规律发挥作用的表现。恶性合谋寻租行为往往是由不起眼的小寻租行为开始的。在工程实施过程中，工程监理方的监管权力和处罚权力,为其寻租合谋行为留有充足空间,如现场检查工作中是否存留一个问题、如何进行处罚定性,如单纯凭借工程监理方独立作出判断,其中的差别难以有效察觉,而这些小行为若不受惩处,容易使寻租行为形成惯性,性质也会越来越恶劣。

3)概率低估效应。在低客观概率下,$\pi(p_i) > p_i$,$\pi(1-p_i) < 1-p_i$,随着客观概率的上升,$\pi(p_i) < p_i$,$\pi(1-p_i) > 1-p_i$,而在极低和极高概率事件中,$\pi(0) = 0$,$\pi(1) = 1$。该效应可解释工程承包方和工程监理方对不同寻租行为查处方式具有差别敏感性的现象。工程承包方和工程监理方对常规性、例行性的检查易产生"走过场"的心态,而对不定点、不定时、不定人员、不定方式的抽查工作更为敏感,这与工程承包方和监理方对常规性、例行性检查的查处概率总是低于实际概率,而对临时性抽查和全覆盖式检查这种极低概率事件和极高概率事件的发生相对敏感有关。从该效应看,抽查或全覆盖式的寻租行为查处方式可能更为有效。

5.4.4 工程监理方寻租/合谋行为的控制与措施

依据寻租理论与委托代理理论,工程监理方作为理性的"经济人",由于交易信息不对称性及特有代理权,其寻租活动/合谋是难以避免的。因此,为更好地实现重大工程的投资、进度、质量和安全等目标,项目法人在委托工程监理方对工程承包方进行监督时,必须加强对工程监理方与承包方间寻租活动/合谋的监管力度。根据上述基于前景理论的工程交易参与三方博弈分析结果,项目法人可采取以下治理措施。

(1)提高项目法人的监管质量,并主动将相关信息有效地传递给工程监理方。由上述分析可知,工程监理方与承包方之间寻租活动/合谋的最佳概率 $\pi(p_1)^*$ 和项目法人监督的最佳概率 $\pi(p_2)^*$ 或 $\pi(p_2)^{**}$ 均与项目法人监督效率 p_3 负相关。因而提高项目法人的监督质量可以有效降低工程监理方与工程承包方之间寻租活动/合谋发生的概率,同时还可以降低项目法人对寻租活动/合谋的监督频率。此外,将监管质量信息有效地传递给工程监理方,可以影响监理方的风险预判,削弱寻租风险决策中的反射效应,使监理方的寻租风险偏好转为寻租风险厌恶,从而主动减少寻租行为。

(2)适当加大对工程监理方违规的惩罚力度。由上述分析可知,$\pi(p_2)^*$ 与处罚系数 a 负相关,这表明严厉的惩罚对于工程监理方具有"震慑"作用,能有效地遏制工程监理方与工程承包方间的合谋/寻租活动。同时,也要注意到当惩处力度超过一定水平后($a \geqslant 3$),工程监理方对处罚的敏感程度会迅速下降。因此,可通过工程交易合同明确适当的惩罚措施,作为提高监管效率的一种替代方案。

(3)大力推广综合治理措施:"飞检"。由上述分析可知,基于概率低估效应,工程承包方和监理方对常规性、例行性的检查易产生"走过场"的心态,而对不定点、不定时、不定人员、不定方式的抽查工作更为敏感,因此,应大力推广综合治理措施:"飞检"。"飞检"是飞行检查(unannounced inspection)的简称,其最早应用在体育竞赛中对兴奋剂的检查,指的是在非比赛期间进行的不事先通知的突击性兴奋剂抽查,现在已经成为跟踪检查的一种形式,指事先不通知被检查部门实施的现场检查[68]。工程交易中应用"飞检"的优势表现为:一是参与"飞检"人员一般由专家组成并携带专业的检测设备,监管的质量可以得到保证;二是"飞检"是在被检查项目的项目法人、工程承包方和工程监理方不知晓的情况下进行的,具有突然性,这样可以发现被检查对象的真实情况[69]。基于这两方面,"飞检"既可以提高发现寻租行为的概率,又可以起到震慑的作用。

5.5　本章小结

重大工程咨询服务类项目交易标的相对较小,但其治理效果对重大工程项目绩效影响较大。重大工程咨询服务类项目种类较多,而每类中可能还存在多种问题。本章主要围绕重大工程前期咨询服务、工程设计和工程监理等3种项目交易中的治理机制问题开展研究。

(1)重大工程前期咨询服务项目,与其他咨询服务相比,其特点是要在一张白纸上画出科学合理的工程图,即一切均是从头开始,工程咨询方的努力程度对工程的绩效影响很大。本研究根据行为激励理论,针对重大工程前期咨询服务项目的特点,构建激励模型,引导项目法人/委托方根据工程特点设置激励工程咨询服务方的相关参数,以谋求充分调动工程咨询服务方努力工作的积极性。

(2)对于重大工程设计咨询服务项目,当重大工程的不确定性较大时,项目法人除有必要对工程设计服务方进行行为激励外,还有必要考虑到不确定性较大的重大工程存在较大的工程优化空间,而这种工程优化需要工程设计方的额外支付。因此,有必要对这类工程构建工程优化收益的分配机制,即工程优化的收益在工程设计方和项目法人间合理分配。南水北调工程实践表明,对工程优化收益进行合理分配既能充分调动工程设计方优化工程的积极性,也能降低工程造价,减少工程不必要的浪费。

（3）对重大工程监理服务项目，主要内容是项目法人委托工程监理方对工程承包方进行监管。在这其中，同样存在工程监理方不努力的问题，即项目法人面临着"道德风险"；更有甚者，工程监理方违反相关规定，利用手中的授权寻租，即与工程承包方合谋，包括："放水"，如将不合格工程认为合格；与工程承包方联合"敲诈"项目法人，从中获取不法收益等。显然，对工程监理方这些不法行为，有必要进行专门惩罚，即构建工程监理方寻租（或工程监理方与承包方合谋）的控制机制。

（4）工程质量"飞检"是在我国南水北调工程（一期）中率先开始应用的，其发起人是政府主管部门，监管客体是工程质量，涉及主体包括项目法人、工程监理方和工程承包方。实践表明，这种方法是政府主管部门监管重大工程，特别是控制分布面广的重大工程质量的一种有效的手段。

（5）本章主要创新体现在：根据重大工程前期咨询服务项目交易的特点，提出了针对咨询服务方的行为激励模型和相关参数的确定方式；针对工程设计的特点，考虑工程设计方优化工程中成本支付、面临风险，以及工程项目绩效提升之间的关系，提出了工程设计优化收益的分配机制；针对工程监理可能出现的"偷工"甚至与工程承包人"合谋"的现实，基于前景理论，提出了工程交易参与三方博弈模型，并进而提出了相应的治理策略。

本章研究成果丰富和发展了重大工程咨询类项目治理理论，并对工程实践有指导意义和参考价值。

参 考 文 献

[1] 国家发展和改革委员会. 工程咨询行业管理办法（2017 年第 9 号令）[S]. 2017.

[2] 孙继德, 傅家雯, 刘姝宏. 工程总承包和全过程工程咨询的结合探讨[J]. 建筑经济, 2018, 39(12): 5-9.

[3] 白宏峰, 续海峰, 续智娇. 建设工程全过程咨询管理模式的发展趋势与创新研究[J]. 北方建筑, 2018, 3(5): 65-68.

[4] 童旭东. 工程监理行业未来的发展方向[J]. 水运工程, 2017(S1): 1-5.

[5] WANG Q, SHI Q. The incentive mechanism of knowledge sharing in the industrial construction supply chain based on a supervisory mechanism [J]. Engineering Construction & Architectural Management, 2019, 26(6): 989-1003.

[6] PIYADASA W S C, Hadikusumo B H W. Risk assessment in non-standard forms of civil engineering consulting services[J]. Journal of Civil Engineering and Management, 2014(20): 746-759.

［7］ MARDEL D P. The consulting industry as an information behavior context：consulting engineering as an example［C］. Information Research-An International electronic Journal, 2019, 24(1)：19.

［8］ 河海大学. 南京市水利工程建设市场管理改革发展研究报告［R］. 2011.

［9］ 河海大学. 南水北调东线（江苏段）工程建设与管理［R］. 2016.

［10］ CHANG P L, YU W D. Developing a general model for construction problem solving for an engineering consulting firm［J］. KSCE Journal of Civil Engineering, 2016, 20 (6)：2143-2153.

［11］ YAU N J, SUN C H. Performance evaluation for engineering consultants of MRT projects in design phase［J］. Journal of the Chinese Institute of Engineers, 2015, 38 (6)：791-800.

［12］ 杨学英. 监理企业发展全过程工程咨询服务的策略研究［J］. 建筑经济, 2018, 39 (6)：29-32.

［13］ 王卓甫, 凌阳明星, 丁继勇, 等. 南水北调工程设计优化收益分配模型分析［J］. 科技管理研究, 2016, 36(19)：220-223+241.

［14］ 徐军祖, 王卓甫. 工程建设监理体系缺陷与承包商信用缺失探讨［J］. 人民黄河, 2010, 32(10)：122-123+125.

［15］ 赵宸元, 蒲勇健, 潘林伟. 链式多重委托代理关系的激励——基于完全理性与过程性公平偏好模型的比较［J］. 中国管理科学, 2017, 25(6)：121-131.

［16］ 李金锐, 黄鹏. 可行性研究在建设项目中的作用［J］. 知识经济, 2019(10)：44 +46.

［17］ 王自高, 邓英娥. 水电工程勘察设计质量管理探讨［J］. 水力发电, 2015, 41(3)：65-68.

［18］ 刘富丽. 水利工程勘察设计研究［J］. 建筑设计, 2018, 45(12)：33-34.

［19］ 桂韬. 建筑可行性研究报告编制中普遍存在的问题［J］. 发展与创新, 2018(16)：198-199.

［20］ 谢涛. 从建设项目审批制度改革谈工程咨询业面临的困境及对策措施［J］. 中国工程咨询, 2019(1)：35-41.

［21］ 尹贻林, 张勇毅. 中国工程咨询业的发展与演进［J］. 土木工程学报, 2005, 38 (10)：133-137.

［22］ 陈伟珂, 王龙生, 孙维伟. 我国工程造价咨询执业保险市场均衡分析——基于演化博弈理论［J］. 保险研究, 2017(9)：53-64.

［23］ 阴时鑫, 孙绍荣, 顾倩倩. 供应链上下游企业合作过程中道德风险的制度契约治理［J］. 科技与管理, 2013, 15(2)：68-72.

［24］ ARROW K. Essays in the Theory of Risk Bearing［M］. Chicago：Markham Publishing Co., 1970.

［25］ 张正堂. 企业家激励报酬制度设计［J］. 财经科学, 2004(2)：12-16.

[26] 王树东，刘兵，袁敏. 工程建设监理激励机制设计[J]. 河北工业大学学报（社会科学版），2010, 2(3): 83-86.

[27] MA J K, MA Z L, LI J L. An IPD-based incentive mechanism to eliminate change orders in construction projects in China[J]. KSCE Journal of Civil Engineering, 2017, 21(7): 2538-2550.

[28] 唐文哲，张清振，黄煜蕾，等. 国际水电工程总承包商——设计方合作联盟机理[J]. 同济大学学报（自然科学版），2019, 47(3): 444-450.

[29] 唐小弟，魏蓉. 项目业主的激励成本与设计方利益的博弈模型[J]. 中南林业科技大学学报，2011, 31(6): 173-176.

[30] 刘应宗，潘鹏程，徐江. 建设项目设计方激励机制分析[J]. 华中科技大学学报（城市科学版），2006, 23(3): 36-38.

[31] 孙财. 大型建设项目业主对勘测设计方激励机制设计[J]. 山西建筑，2009, 35(36): 197-199.

[32] 丰景春，杨圣涛. 基于公平偏好理论的 PPP 交通项目超额收益分配研究[J]. 软科学，2017, 31(10): 120-124+144.

[33] OYEDELE L O. Analysis of architects demotivating factors in design firms[J]. International Journal of Project Management, 2013, 31(3): 342-354.

[34] 王梅，王卓甫，朱玉彩. 大型水利工程建设项目招标设计博弈模型分析[J]. 土木工程与管理学报，2014, 31(4): 92-97.

[35] 唐文哲，王腾飞，孙洪昕，等. 国际 EPC 水电项目设计激励机理[J]. 清华大学学报（自然科学版），2016, 56(4): 354-359.

[36] [美]哈特，费方域译. 企业、合同与财务结构[M]. 上海：上海三联书店，上海人民出版社，2006.

[37] 杨立岩. 合同剩余、剩余控制权与剩余索取权：以山东农村鸭梨"采青"采购合同为例[J]. 经济评论，2001(5): 28-32.

[38] 葛永盛，张鹏程. 家族企业资源约束、外部投资者与合同剩余[J]. 南开管理评论，2013, 16(3): 57-68.

[39] 管百海，胡培. 联合体工程总承包商的收益分配机制[J]. 系统工程，2008, 26(11): 94-98.

[40] 管百海. 工程总承包商与分包商的收益分配研究[J]. 铁道工程学报，2010, 27(3): 123-127.

[41] 吴玮玥，王卓甫，丁继勇，等. 基于互惠共赢的 DB 联合体工程优化收益分配机制[J]. 工程管理学报，2017, 31(1): 113-117.

[42] 张云，吕萍，宋吟秋. 总承包工程建设供应链利润分配模型研究[J]. 中国管理科学，2011, 19(4): 98-104.

[43] XU K, DONG Y, EVERS P T. Towards better coordination of the supply chain[J]. Transportation Research Part E: Logistics and Transportation Review, 2001, 37(1):

35-54.

[44] 王安宇,司春林.基于关系契约的研发联盟收益分配问题[J].东南大学学报(自然科学版),2007,37(4):700-705.

[45] 兰天,徐剑.企业动态联盟利益分配的机制与方法[J].东北大学学报(自然科学版),2008,29(2):301-304.

[46] MENG X, GALLAGHER B. The impact of incentive mechanisms on project performance[J]. International Journal of Project Management, 2012, 30(3): 352-362.

[47] 江苏省建设厅.建设工程监理热点问题研究[M].北京:中国建筑工业出版社,2007.

[48] 李福恩.工程监理寻租行为分析及对策[M].郑州航空工业管理学院学报(社会科学版),2010,29(3):206-209.

[49] 李政军.寻租理论在我国的研究与发展[J].经济社会体制比较,2002(3):104-110+53.

[50] 张杨子.西方寻租理论发展研究[J].文化学刊,2017(9):91-93.

[51] 陈晓辉.寻租理论与腐败问题研究[J].法制与社会,2018(35):133-134.

[52] 谢识予.经济博弈论[M].上海:复旦大学出版社,2002.

[53] 项勇,陶学明.基于寻租理论的工程监理博弈行为分析[J].四川建筑科学研究,2005,31(1):124-127.

[54] 殷红春,曹玉贵.工程监理寻租行为博弈分析[J].西北农林科技大学学报(社科版),2006,6(3):108-111.

[55] 王雪青,赵辉,喻刚.工程建设领域监理寻租问题对策研究[J].软科学,2008(3):96-99.

[56] 鹿中山,杨善林,杨树萍.基于寻租理论的工程安全监理博弈分析[J].工程管理学报,2010,24(3):281-286.

[57] 刘文君,杨蕾绮.基于寻租理论的核电安全监管三方博弈分析[J].南华大学学报(社会科学版),2018,19(3):12-16.

[58] 乌云娜,杨益晟,冯天天,等.基于前景理论的政府投资代建项目合谋监管威慑模型研究[J].管理工程学报,2013,27(2):168-176.

[59] 吴佳伟,章恒全.基于演化博弈的工程监理寻租问题研究[J].武汉理工大学学报(信息与管理工程版),2017,39(5):533-536.

[60] VON N J, MORGENSTERN O. Theory of Games and Economic Behavior[M]. Princeton: Princeton University Press, 1944.

[61] SAVAGE L J. The foundations of statistics[M]. New York: John Wiley & Sons, 1954.

[62] 李纾,毕研玲,梁竹苑,等.无限理性还是有限理性?——齐当别抉择模型在经济行为中的应用[J].管理评论,2009,21(05):103-114.

[63] TVERSKY A, KAHNEMAN D. Advances in Prospect Theory: Cumulative

Representation of Uncertainty [J]. Journal of Risk and Uncertainty, 1992, 5 (4)：297-323.

[64] ZHU J , WU Y . Who pays more "tributes" to the government? sectoral corruption of China's private enterprises[J]. Crime, Law&Social Change, 2014. 8 (2)：95-111.

[65] KAHNEMAN D, TVERSKY A. Prospect theory：an analysis of decision under risk [J]. Econometrica, 1979, 47(2)：263-291.

[66] PRELEC D. The probability weighting function[J]. Econometrica, 1998, 66 (3)：497-527.

[67] 隋大鹏, 张应语, 张玉忠. 前景理论及其价值函数与权重函数研究述评[J]. 商业时代, 2011(31)：73-75.

[68] 槐先锋. "飞检"在南水北调工程质量监管中的应用研究[J]. 建筑经济, 2014 (3)：48-50.

[69] 王松春, 刘春生. 中国南水北调工程·质量监督卷[M]. 北京：中国水利水电出版社, 2018.

第6章　重大工程承发包项目交易治理机制

在重大工程交易中,工程施工、工程设备制造等承发包项目交易是一类标的占工程总投资比重较大的交易。它们通常是"先订货,后生产""边生产,边交易",进而提交交易产品,即最终才提交工程部分或整体产品。本章主要探讨项目法人层面工程实体交易治理机制,即项目法人与工程(总)承包方之间交易治理机制问题。

6.1　重大工程承发包项目分类和治理机制问题

6.1.1　工程承发包项目及其特点

6.1.1.1　工程承发包项目内涵界定

在工程项目实践中,对于工程内容或标的较为明确,而实施过程较为复杂,并导致项目委托方监管成本较高的这类项目,通常采用承发包方式实施,即项目法人/建设单位作为发包方,与工程建筑企业/承包方通过事先签订工程交易合同,明确工程或设备的内容、单价或总价,以及工程质量和工期等方面要求;然后由工程承包方组织项目实施,并按交易合同约定交付工程产品或设备,而项目法人按交易合同约定支付工程款项,此处称这类项目为工程承发包项目。

工程承发包项目一般包括工程施工项目、工程设备制造项目等,本章主要结合工程施工承发包项目进行讨论,定制的大型工程设备制造项目与此类似。

6.1.1.2　工程承发包项目的特点

(1)工程承发包项目一般采用"先订货,后生产""边生产,边交易"的方式组织实施。即项目法人与工程承包方先签订工程承包交易合同,然后由工程承包方组织生产;工程款项也不是一次付清,而是根据交易合同约定,一般是交易合同签订后预付部分款项,然后根据工程实施进展,逐步支付其他部分工程款项。

（2）工程承发包项目的功能、建设目标、工程组成、数量，以及交易价格和建设工期等与双方责、权、利直接相关的事项一般在交易合同中确认；工程实施中涉及的安全和环境保护等要求一般也在交易合同中有明确规定。

（3）工程承发包项目的详细结构、质量等与技术相关的内容一般在与交易合同相配套的工程设计文件中具体规定。设计文件包括图纸、相关说明等。对工程的一般技术要求，包括原材料、成品或半成品、工程质量等特性指标要求通常引用国家标准或规范作出规定；对超出国家标准范围的要求通常在设计文件或直接在工程合同中作出规定。

（4）工程承发包项目实施时间长、过程复杂，项目法人监管成本高。由于工程交易时间长、技术性强、不确定性影响因素多，加之合同的不完备性，这类项目交易一般采用"第三方"监管，即项目法人委托专业的监理方对实施过程进行监督，因而通常会产生较高的交易成本。

（5）工程承发包项目的实施有利于调动承包方的积极性。项目实行承包后，就给工程承包方产生了控制工程成本、力争按期完工的驱动力。

（6）工程承发包项目的实施，项目法人面临道德风险。由新制度经济学可知，工程承包方存在机会主义动机，而工程交易合同天然存在不完备性，对重大工程，这种不确定性更大。此时，工程交易信息占优的工程承包方有可能出现"偷工减料""敲竹杠"等机会主义行为，即项目法人面临着道德风险。

（7）对于工程承发包项目来说，项目法人面临道德风险的大小与工程项目的不确定性有关，而且与工程承包方的诚信等因素也相关。若工程承包方讲究诚信，实事求是，"道德风险"不会发生；若项目是十分简单的工程，一切事项均是可确定的，如开挖个鱼塘，并将其土方运到就近地点，对这种工程项目，承包方要"敲竹杠"也很难。

6.1.2　交易治理机制视角下重大工程承发包项目分类

机制一般是指各要素之间的结构关系和运行方式。工程交易治理机制则是指协调参与工程项目交易各方之间的结构关系和行为方式。因此，基于工程交易治理机制视角，对重大工程承发包项目分类，主要是依据工程交易方式与交易（监管）组织方式两个维度展开。此处仅考虑 DBB、DB/EPC 等经典型工程交易方式，具体如表 6-1 所示。

表 6-1　重大工程承发包项目分类

类型	交易方式	交易治理第三参与方	交易涉及相关方	交易相关方的关系
A 类	DBB（设计施工分别招标委托）	工程监理	项目法人、施工（总）承包方、工程设计方、工程监理方	
B 类		工程全过程咨询(设计)	项目法人、施工（总）承包方、工程设计/咨询方	
C 类	DB/EPC（设计施工总承包）	DA/AB（争端裁决/协调小组）	项目法人、设计施工总承包/EPC方、DA/AB	
D 类		工程监理	项目法人、设计施工总承包/EPC方、工程监理方	

注：➡️ 承包合同关系；⇢ 咨询合同关系；◄► 工作协调关系；┈┈ 协调监督关系

　　对于表 6-1 中的 A 类工程承发包项目,项目法人为工程发包方,工程承包方为施工(总)承包企业;工程监理在发包方的委托下对项目实施过程进行协调、监管;工程设计方在发包方的委托下负责工程设计,其设计成果交由工程监理方审核认可后,下达给工程承包方实施。显然,在这种治理结构模式下,设计方与施工方没有直接的关系,设计施工相关事项以工程监理方为纽带进行协调。在项目法人/发包方的工程承包项目治理视角下,其核心是工程发包方与工程承包方的委托代理问题。

　　对于 B 类工程承发包项目,项目法人为工程发包方,工程承包方为施工(总)承包企业;该类项目采用全过程工程咨询方式,其中包括工程设计,并采用目前工程设计单位作为咨询方,本质上是工程设计方同时承担工程监理的任务。在重大工程项目法人主导的交易层面,B 类项目治理机制与 A 类项目治理机制并不存在明显的差异。

　　对于 C 类工程承发包项目,主要适用于工程结构不确定性较小的项目。项目法人为工程发包方,工程总承包方为设计施工总承包企业,不设工程监理方,而设 DA/AB,即争端裁决/协调委员会。例如,国际咨询工程师联合会出版的《设计采购施工(EPC)/交钥匙工程合同条件》就是这样。其在前言中作了说明:"推荐用于以交钥匙方式提供加工或动力工厂;也可用于一个实体承担全部设计和实施职责的,涉及很少或没有地下工程的私人融资的基础设施项目"[1]。这表明,这种方式适用于不确定性较小、工程质量最终可以检验、非政府投资工程项目。在项目法人主导的交易层面,C 类项目治理机制与 A 类项目治理机制并不存在明显的差异。

　　D 类工程承包项目在国内较多,与 C 类项目不同的是其主要针对工程结构不确定性较大的项目,如水电站工程。项目法人为工程发包方,工程承包方为设计施工总承包企业,发包方委托工程监理方对工程总承包方进行项目协调和监管。在我国还没有设立工程设计施工总承包类企业资质的条件下,一般采用两种组织方式:一是以工程设计或施工企业为总承包方,然后由工程总承包方将施工或设计分包给具有相应工程资质的施工或设计企业;二是工程设计企业与施工企业组成联合体,明确牵头方,联合承包工程项目。对于不确定性较小的承发包项目,不论采用总分包方式,还是联合体承包方式,工程发包方与承包方间的委托代理问题均与 A 类项目较为类似;但当承发包项目不确定性较大时,除了存在类似于 A 类项目的委托代理问题外,还存在项目在实施过程中优化收益分配和风险分担的问题,即对于不确定性较大的工程总承包项目,采用总分包组织方式时,总承包方可充分利用设计施工一体化的优势优化工程,并获取超额收益。如何合理分配这一收益,这是工程发包方/项目法人在治理这类项目时要考虑的问题。当采用联合体组织方式时,上述问题继续存在,而且又出现了设计施工联合体内部优化工程收益的进一步分配的问题。本章主要讨论不确定性较大的 D 类项目工程发包方与总承包联合体优化工程的收益分配问题。

6.1.3 重大工程承发包项目交易治理机制问题

李维安在研究公司治理时指出,与治理结构相比,公司治理机制在内容上更广、在层次上更深,他将公司治理机制概括为:激励机制、约束机制和决策机制[2]。对于工程项目治理,Winch G M 将项目治理分为垂直治理和水平治理[3],沙凯逊也进一步提出针对项目经理的治理问题[4]。事实上,由于重大工程交易方式的多样性,其治理机制十分丰富,而垂直治理和水平治理,以及针对项目经理的治理仅是治理的不同类型。

项目法人与工程承包方之间的关系为典型的委托代理关系,而沙凯逊的研究将其归纳为项目交易风险的合理分配和对代理人的有效激励[5]。其中,委托方的问题是,在满足代理人理性约束和激励相容约束的前提下,设计一个机制,以最大化自己的效用[6]。对于工程项目交易合同的风险分配问题,在工程实践中可通过选用不同的交易合同类型进行分配,这在交易治理结构中已经考虑了这一因素。但实践还表明,当工程不确定性较大时,采用这种方法还不足以保证交易风险的合理分配。这在于,当交易项目不确定性较大时,承包方在工程报价时会多考虑一笔风险费用,即提高工程合同价,这对发包方而言,当然是不乐意见到的。因此,这就促进了合同类型的细化,在单价合同的基础上,出现了可调单价合同[7]。对于工程总承包项目,一般采用总价合同。其优势表现为两方面:一是责任主体单一,即发包方只认定一个承包方,减少了项目法人的监管工作量,监管组织方面的交易成本也随之降低;二是具有激励作用,即工程总承包方可利用设计施工一体化的有利条件,对工程进行有条件的"边设计,边施工",进而优化工程。但当工程总承包项目不确定性较大时,已有研究表明,工程总承包方实施项目中或能获得超额的利润,也可能面临较大的风险[8]。因此,目前在 FIDIC 的工程总承包合同条件的前言中,一般明确"地下工程"等不确定性较大的工程不采用工程总承包的建议[9]。对不确定性较大的工程项目,采用工程总承包交易方式。如何保证既实现风险合理分配,又提升工程项目目标绩效?对此,Turner J R 和丁继勇等相继开展了相关研究,这类研究的核心是,针对不确定性较大工程总承包项目,构建项目优化后其收益合理分配的机制,以实现双方收益的帕累托优化[10,11]。

对许多重大工程项目或其中一部分工程,由于涉及地下工程,不确定性较大。因此,就重大工程总承发包项目的项目法人而言,不仅存在常规委托代理中的代理人/承包方行为的有效激励问题,而且还存在如何合理构建工程总承包方优化工程收益的分配机制。

因此,根据表6-1,结合工程调研[12],可进一步根据重大工程交易方式、实施组织方式、项目的不确定性和交易合同类型,归纳如表6-2所示的主要治理机制问题。

表6-2 重大工程承发包类项目主要治理机制分析表

工程交易方式	实施组织方式	项目不确定性	合同类型	工程承发包类项目主要治理机制问题
DBB	方式一:施工(总)承包方	较大	可调单价合同	与施工(总)承包方的治理机制问题:单目标或多目标的激励,为治理/激励机制Ⅰ
	方式二:多个工程施工承包方平行作业	较小	单价或总价合同	(1)与每个工程施工承包方治理机制问题:类似于治理/激励机制Ⅰ;(2)与多个平行施工承包方的治理机制问题:可采用锦标激励/劳动竞赛,为治理/激励机制Ⅱ
DB/EPC	方式三:设计施工总分包方式	较小	总价合同	与工程总承包方治理机制问题:类似于治理/激励机制Ⅰ
			目标价+优化收益分成合同	与工程总承包方治理机制问题:优化工程超目标收益或风险合理分配问题,为治理/激励机制Ⅲ
	方式四:设计施工联合体总承包方式	较大	目标价+优化收益分成合同	(1)与设计施工联合体的治理机制问题:优化工程超目标收益或风险的合理分配问题,为治理/激励机制Ⅲ;(2)设计施工联合体内部治理问题:优化工程超目标收益或风险在设计与施工方间的合理分配,为治理/激励机制Ⅳ;(3)项目法人、工程设计和工程施工方三方之间治理问题,为治理/激励机制Ⅴ

表6-2中存在5类重大工程承包类项目主要治理/激励机制。

(1)治理/激励机制Ⅰ。对工程施工承包方单目标激励问题已有较多的研究,有代表性的是 Lin Y Y、牛鹏志和郭汉丁等的研究成果,他们分别针对项目质量等单目标的激励问题开展研究[13-15];但针对项目法人对工程承包方实施多目标激励问题,包括工程项目质量、安全和环境保护等目标统一激励的研究还不成熟,而许多重大工程项目有必要同时从多目标/多维度出发对工程承包方进行激励。

（2）治理/激励机制Ⅱ。主要是针对呈线性分布的重大工程项目，这类项目实际较多，如已经建成的南水北调中、东线工程，正在建设中的广东珠江三角洲水资源配置工程等重大水利工程项目，以及高铁、高速公路项目，它们均呈线状分布，一般沿长度方向分成多段或多个子项目平行实施。因此，项目法人可将对多个工程承包方的激励问题纳入同一框架，并基于 Lazear E P 等在 1981 年提出的锦标激励理论[16]，以及起源于苏联的社会主义劳动竞赛理论[17]，将两理论相融合，构建具有中国特色的多工程承包方参与项目的治理/激励机制。

（3）治理/激励机制Ⅲ。主要是针对不确定性较大的重大工程，如复杂地质条件下大型地下洞室群工程，设计施工总承包方具有较大的优化空间，关键是对优化工程的超额收益，或遇较大风险时，如何在项目法人与工程总承包方之间合理分配这类超额收益或风险。

（4）治理/激励机制Ⅳ和Ⅴ。治理/激励机制Ⅳ为工程总承包联合体内部的治理问题，即提出的项目水平治理问题[3]，管百海和安晓伟等做了研究，并提出治理对策或治理方案[18~20]，但其不属于项目法人层面交易治理问题。治理/激励机制Ⅴ包括水平治理和项目法人层面交易的混合治理问题，值得以后深入研究。

6.2　DBB 交易项目的多目标激励机制

委托方对代理人的激励是公司/项目治理的重要手段[6]，对工程项目激励问题，戴大双、严玲、张光宇和 Liu J 等开展了项目投资方对代建方等激励的研究，促进了这一层面研究的发展[21~24]。对工程承包方的激励，Berends T C 提出了绩效激励的思想，认为项目法人通过激励机制的构建可以引导承包方对工程进度和费用进行优化控制[25]。Shen L 基于价值链的视角，利用 Stakelberg 博弈理论研究了绿色建筑设计优化激励问题[26]。杨耀红等考虑工程建设工期、成本与质量 3 个目标建立了项目法人激励施工方优化项目的多重激励机制[27]。陈勇强等结合工程项目特点，基于多任务委托代理视角，考虑承包人工期、成本和质量努力投入情况，构建了项目法人与工程承包方多任务委托代理激励模型[28]。丁一基于多任务委托代理模型，从质量目标、预算目标和进度目标出发，构建了项目法人激励工程承包商优质完成项目建设的激励机制[29]。现有这些研究成果似乎较为丰富，但是大多成果均从项目工期、成本及质量几方面出发，考虑单个或多个目标研究激励机制的构建。在工程实行承包/交易的视角下，其中成本激励是多余的。这主要在于,既然工程实行了承包,工程承包方具有天然的降低工程成本的驱动力;对工程建设工期状态,一方面可以观察到,另一方面在合同中一般会有十分明确的规定。因而这两方面并不需要另外设计激励机制。但对其他几个工程项目的目标,如质量、安全与环保,它们或与工程成本目标存在冲突,或难以观察到,或主要依靠预防进行控制,因而对这3个目标需要激励。因此,本研究将重点考虑针对工程项目建设质量、施工安全和环保3个目标的激励问题,探讨工程承发包类项目交易多目标激励机制的构建。

6.2.1　激励模型设计基本假设

(1) 对工程承包项目,承包方具有控制工程成本的驱动力;而对建设工期,承包方放松管控一般不会降低成本,即在这方面承包方缺乏降低成本的驱动力。因此,在此不考虑成本和工期的激励,本书主要考虑工程质量、施工安全和环保等目标对承包人实施激励。

(2) 工程开始建设实施时,工程合同价或计价方式已经确定,在此仅考虑发包人对承包方激励的支付以及承包方能够获得的激励收益。

(3) 假设工程项目质量、安全和环保3个目标相对较为独立,承包方为3个目标分别付出努力。为计算方便,设工程承包方质量目标努力程度为 e_1、施工安全努力程度为 e_2、环境保护努力程度为 e_3,三者均为一维变量,用0到1之间的数值表示,即 $e_i \in [0,1]$, $i=1,2,3$,且 e_1、e_2 和 e_3 相互独立。

(4) 考虑承包方为理性"经济人",在工程建设过程中以追求自身利益最大化为目的,且考虑承包方为风险中性者。

6.2.2　激励模型构建

(1) 工程质量目标激励分析。工程质量是工程功能发挥的基础,因此在工程实施/建设过程中质量目标应首先得到保证。为保证工程功能的实现,发包人在工程招标过程中也会设置相应的最低工程质量标准/要求,在此设最低工程建设质量要求为 Q_0。在工程建设过程中质量验收是工程款项/费用支付的依据,当工程承包方的工程质量达到 Q_0 时,方能获得相应支付。因此,在此对于工程质量目标的激励问题,仅考虑当工程承包方的工程质量大于最低标准 Q_0 时的激励。设工程承包方实际工程质量为 Q_a,Q_a 可通过评估得到。因此,工程质量目标激励机制可设定为:

$$V_Q = \begin{cases} a(Q_a - Q_0), & Q_a > Q_0 \\ 0, & Q_a < Q_0 \end{cases} \tag{6-1}$$

式(6-1)中，V_Q 为项目法人给予工程承包方质量目标的激励额度；a 为项目法人给予工程承包方工程质量目标的激励系数，且 $a>0$。

工程承包方的工程质量 Q_a 与其自身质量目标努力程度以及努力效用系数相关，且受外界干扰因素影响。因此，在此可假设：

$$Q_a = \alpha_1 e_1 + \xi_1 \tag{6-2}$$

式(6-2)中，α_1 为工程承包方的工程质量目标努力效用系数，且 $\alpha_1>0$；ξ_1 为随机干扰变量，表示外界干扰因素对工程承包方的工程质量的影响，假设其服从正态分布，即有 $\xi_1 \sim N(0, \sigma_1^2)$。

当 $Q_a < Q_0$ 时，即工程承包方的工程质量不合格/不满足要求，其不能获取相应完成工程的支付，项目法人/发包方更不会给予其激励。因此，在此需保证 $Q_a \geqslant Q_0$，从而可得到：

$$e_1 \geqslant \frac{Q_0 - \xi_1}{\alpha_1} \tag{6-3}$$

同时，可得到：

$$V_Q = a(\alpha_1 e_1 + \xi_1 - Q_0) \tag{6-4}$$

（2）施工安全目标激励分析。为增强工程承包方施工安全管理意识，促使其加强施工安全管理。工程在建设过程中需要对工程承包方施工安全管理进行激励。激励的基础是考核，在此，用 S_0 表示项目法人对工程承包方施工安全管理的最低要求，S_a 表示项目法人对工程承包方施工安全管理实际考核情况。根据基础考核标准，当实际考核情况达到要求时（即 $S_a > S_0$），给予工程承包方相应奖励；当实际安全状态经考核低于考核施工安全标准要求时（即 $S_a < S_0$），对工程承包方进行相应惩罚。从而，可以建立如下施工安全目标激励机制：

$$V_S = \begin{cases} b^u(S_a - S_0), & S_a > S_0 \\ -b^l(S_0 - S_a), & S_a < S_0 \end{cases} \tag{6-5}$$

式(6-5)中，b^u 为工程承包方施工安全施工情况达到要求时项目法人给予其的奖励系数；b^l 为工程承包方施工安全情况未达到要求时项目法人对其进行相应惩罚的系数。为计算方便，在此取 $b = b^u = b^l > 0$，此时式(6-5)可以转换为：

$$V_S = b(S_a - S_0) \tag{6-6}$$

式(6-6)中，b 可以看作是项目法人给予承包方的施工安全目标努力激励系数,且 $b>0$。可以看出,当 $S_a>S_0$ 时,有 $V_S>0$,此时为项目法人对承包方施工安全施工努力的奖励;当 $S_a<S_0$ 时,有 $V_S<0$,此时为项目法人对工程承包方施工安全施工不努力行为的惩罚。

同样,工程承包方施工安全情况 S_a 与其自身施工安全目标努力程度以及努力效用相关,且受外界干扰因素影响。因此,在此假设:

$$S_a = \alpha_2 e_2 + \xi_2 \tag{6-7}$$

式(6-7)中, α_2 为工程承包方施工安全目标努力效用系数; ξ_2 为随机干扰变量,表示外界干扰因素对承包方施工安全生产情况的影响,设其服从正态分布,即有 $\xi_2 \sim N(0, \sigma_2^2)$。

从而可得到:

$$V_S = b(\alpha_2 e_2 + \xi_2 - S_0) \tag{6-8}$$

(3)环保目标激励分析。与施工安全目标类似,环保指标同样采取与基础考核标准对比的激励机制,设工程建设过程中环保考核基准要求为 En_0,实际考核情况为 En_a。工程建设过程中,可以依据工程承包方环保措施以及环保效果对承包方环保情况定期进行考核,当实际考核情况 En_a 优于基准考核要求 En_0 时给予工程承包方奖励;当实际考核情况 En_a 未达到基准考核要求 En_0 时对工程承包方进行惩罚。从而,可以建立如下环保目标激励机制:

$$V_{En} = \begin{cases} d^u(En_a - En_0), & En_a > En_0 \\ -d^l(En_0 - En_a), & En_a < En_0 \end{cases} \tag{6-9}$$

式(6-9)中, d^u 为工程承包方施工过程中环保情况达到要求时项目法人给予其的奖励系数, d^l 为承包方环保情况未达到要求时项目法人对其进行惩罚的系数。为计算方便,在此同样取 $d = d^u = d^l > 0$,此时式(6-9)可以转换为:

$$V_{En} = d(En_a - En_0) \tag{6-10}$$

式(6-10)中, d 为项目法人给予承包方的环保目标努力激励系数。可以看出,当 $En_a>En_0$ 时,有 $V_{En}>0$,此时为项目法人对工程承包方环保努力的奖励;当 $En_a<En_0$ 时,有 $V_{En}<0$,此时为项目法人对工程承包方环保不努力行为的惩罚。

同样,工程承包方环保情况 En_a 与其自身环保目标努力程度以及努力效用相关,且受外界干扰因素影响。因此,在此可假设:

$$En_a = \alpha_3 e_3 + \xi_3 \tag{6-11}$$

式(6-11)中, α_3 为工程承包方环保目标努力效用系数; ξ_3 为随机干扰变量,表示外界干扰因素对承包方环保情况的影响,同样考虑其服从正态分布,即有 $\xi_3 \sim N(0, \sigma_3^2)$。

从而可得到:

$$V_{En} = d(\alpha_3 e_3 + \xi_3 - En_0) \tag{6-12}$$

(4)多目标激励机制设计。工程承包方工程质量达不到验收标准时,项目法人不会给予其工程款项的支付,该情况下项目法人也将不会给予其相应激励。因此,在此仅考虑工程承包方质量达到最低质量要求时的激励问题。根据对上述 3 个目标激励的分析,可以建立项目法人考虑质量、安全以及环保目标时,对工程承包方实施多目标激励:

$$\begin{aligned} V = V_Q + V_S + V_{En} &= a(\alpha_1 e_1 + \xi_1 - Q_0) + b(\alpha_2 e_2 + \xi_2 - S_0) + \\ &\quad d(\alpha_3 e_3 + \xi_3 - En_0) \end{aligned} \tag{6-13}$$

6.2.3 激励模型求解与分析

6.2.3.1 项目法人效用分析

在工程实践中,工程发包方十分关注工程质量、施工安全和环境目标,设工程承包方 3 个目标努力结果能产生的效益分别为 U_Q、U_S 和 U_{En},且 3 者均与工程承包方努力结果相关。在此,分别可设:

$$U_Q = xQ_a = x(\alpha_1 e_1 + \xi_1) \tag{6-14}$$

$$U_S = yS_a = y(\alpha_2 e_2 + \xi_2) \tag{6-15}$$

$$U_{En} = zEn_a = z(\alpha_3 e_3 + \xi_3) \tag{6-16}$$

式(6-14)中 x 为质量效益系数;式(6-15)中 y 为施工安全效益系数;式(6-16)中 z 为环保效益系数,且 x、y、z 均大于 0。

工程质量、施工安全和环保目标虽然都非常重要,但是都较难直观测量,且与项目法人偏好或重视程度存在一定关系。不同的项目法人对 3 个目标的偏好及重视程度不尽相同,考虑项目法人对 3 个目标的偏好及重视程度,可将项目法人综合效益表示为:

$$\begin{aligned} U &= \lambda_1 U_Q + \lambda_2 U_S + \lambda_3 U_{En} \\ &= \lambda_1 x(\alpha_1 e_1 + \xi_1) + \lambda_2 y(\alpha_2 e_2 + \xi_2) + \lambda_3 z(\alpha_3 e_3 + \xi_3) \end{aligned} \tag{6-17}$$

式(6-17)中,λ_1 为项目法人对工程质量目标的偏好系数,表示其对工程建设质量的相对重视程度;λ_2 为项目法人对工程建设施工安全目标的偏好系数,表示其对工程建设施工安全的相对重视程度;λ_3 为项目法人对环保目标的偏好系数,表示其对环保的相对重视程度,且有 $\lambda_1 + \lambda_2 + \lambda_3 = 3$;$\lambda_i$ 越大说明项目法人对该工程目标重视程度越高。

将项目法人综合效益 U 减去其对工程承包方的激励 V,可得到项目法人绝对效用 Π_1 为:

$$\Pi_1 = \lambda_1 x(\alpha_1 e_1 + \xi_1) + \lambda_2 y(\alpha_2 e_2 + \xi_2) + \lambda_3 z(\alpha_3 e_3 + \xi_3) -$$
$$a(\alpha_1 e_1 + \xi_1 - Q_0) - b(\alpha_2 e_2 + \xi_2 - S_0) - d(\alpha_3 e_3 + \xi_3 - En_0)$$
(6-18)

6.2.3.2　工程承包方效用分析

承包方的努力是需要成本的,设其满足最低工程质量目标以外的质量目标努力成本为 C_1,努力成本往往与努力成本系数及努力程度相关,且关于程度边际成本递增,因此可假设承包方质量目标努力成本 C_1 为:

$$C_1 = \frac{1}{2}\beta_1 e_1^2$$
(6-19)

式(6-19)中,β_1 为工程承包方工程质量目标努力成本系数。

与此同时,设工程承包方施工安全目标努力成本为 C_2,施工安全目标努力成本 C_2 与其施工安全目标努力成本系数及努力程度相关,且关于程度边际成本递增。因此,可设工程承包方施工安全目标努力成本 C_2 为:

$$C_2 = \frac{1}{2}\beta_2 e_2^2$$
(6-20)

式(6-20)中,β_2 为工程承包方施工安全目标努力成本系数。

同样,考虑工程承包方环保努力成本,设其环保目标努力成本为 C_3,环境目标努力成本 C_3 与其环保目标努力成本系数及努力程度相关,且关于程度边际成本递增。因此,可设工程承包方环境目标努力成本 C_3 为:

$$C_3 = \frac{1}{2}\beta_3 e_3^2$$
(6-21)

式(6-21)中,β_3 为工程承包方环保目标努力成本系数。

则,考虑工程承包方就工程质量、施工安全以及环保3个目标的努力总成本 C 为

$$C = C_1 + C_2 + C_3 = \frac{1}{2}(\beta_1 e_1^2 + \beta_2 e_2^2 + \beta_3 e_3^2)$$
(6-22)

从而可得到承包方能够获得的努力净效益 Π_2 为:

$$\Pi_2 = V - C = a(\alpha_1 e_1 + \xi_1 - Q_0) + b(\alpha_2 e_2 + \xi_2 - S_0) +$$
$$d(\alpha_3 e_3 + \xi_3 - En_0) - \frac{1}{2}(\beta_1 e_1^2 + \beta_2 e_2^2 + \beta_3 e_3^2)$$
(6-23)

6.2.3.3　激励模型求解

在工程建设过程中,由于工程承包方与项目法人之间信息不对称的存

在,使得项目法人很难观察到工程承包方的努力水平,项目法人只能依据工程承包方的努力结果对其进行支付,在此过程中双方存在信息不对称的博弈关系。双方均为独立经济主体,以追求自身利益最大化为出发点,在此通过博弈分析对上述模型进行求解。

由式(6-23)可知,工程承包方效用 Π_2 与其自身努力程度 e_1、e_2 和 e_3 相关,并分别关于 e_1、e_2 和 e_3 存在最大值。因此,分别对式(6-23)关于 e_1、e_2 和 e_3 求导可得:

$$\frac{\partial \Pi_2}{\partial e_1} = a\alpha_1 - \beta_1 e_1 \tag{6-24}$$

$$\frac{\partial \Pi_2}{\partial e_2} = b\alpha_2 - \beta_2 e_2 \tag{6-25}$$

$$\frac{\partial \Pi_2}{\partial e_3} = d\alpha_3 - \beta_3 e_3 \tag{6-26}$$

分别令式(6-24)、式(6-25)和式(6-26)等于 0,可求得工程承包方从自身利益最大化角度出发的最优努力程度分别为:

$$e_1^* = \frac{a\alpha_1}{\beta_1} \tag{6-27}$$

$$e_2^* = \frac{b\alpha_2}{\beta_2} \tag{6-28}$$

$$e_3^* = \frac{d\alpha_3}{\beta_3} \tag{6-29}$$

需要说明的是,式(6-27)所取得的最优质量目标努力程度也应满足式(6-3)的要求。当式(6-27)所取得结果不能满足式(6-3)要求时,项目法人对工程质量目标努力程度取式(6-3)等号成立。

将式(6-27)、式(6-28)和式(6-29)同时代入式(6-18)可得:

$$\Pi_1 = \lambda_1 x \left(\frac{a\alpha_1^2}{\beta_1} + \xi_1 \right) + \lambda_2 y \left(\frac{b\alpha_2^2}{\beta_2} + \xi_2 \right) + \lambda_3 z \left(\frac{d\alpha_3^2}{\beta_3} + \xi_3 \right) -$$

$$a \left(\frac{a\alpha_1^2}{\beta_1} + \xi_1 - Q_0 \right) - b \left(\frac{b\alpha_2^2}{\beta_2} + \xi_2 - S_0 \right) -$$

$$d \left(\frac{d\alpha_3^2}{\beta_3} + \xi_3 - En_0 \right) \tag{6-30}$$

此时,项目法人绝对效用期望 $E(\Pi_1)$ 为:

$$E(\Pi_1) = \frac{\lambda_1 x a\alpha_1^2}{\beta_1} + \frac{\lambda_2 y b\alpha_2^2}{\beta_2} + \frac{\lambda_3 z d\alpha_3^2}{\beta_3} - a \left(\frac{a\alpha_1^2}{\beta_1} - Q_0 \right) -$$

$$b\left(\frac{b\alpha_2^2}{\beta_2} - S_0\right) - d\left(\frac{d\alpha_3^2}{\beta_3} - En_0\right) \tag{6-31}$$

由式（6-31）可以看出，项目法人绝对效用期望 $E(\Pi_1)$ 关于激励系数 a、b 和 d 存在最大值。因此，对式（6-31）分别关于激励系数 a、b 和 d 求导，并令其等于 0 可求得项目法人利益最大化时的最优激励系数分别为：

$$a^* = \frac{\lambda_1 x\alpha_1^2 + Q_0\beta_1}{2\alpha_1^2} \tag{6-32}$$

$$b^* = \frac{\lambda_2 y\alpha_2^2 + S_0\beta_2}{2\alpha_2^2} \tag{6-33}$$

$$d^* = \frac{\lambda_3 z\alpha_3^2 + En_0\beta_3}{2\alpha_3^2} \tag{6-34}$$

根据式（6-32）、式（6-33）以及式（6-34），项目法人可以制定相应多目标激励机制，以激励工程承包方努力工作，从而保证工程建设目标的实现。

6.2.3.4　工程应用

（1）基本概况。某水利工程，工程建设中项目法人为激励工程承包人高质高效地完成建设任务，拟从工程质量、施工安全和环保 3 个方面建立相应激励机制对工程承包人实施激励。其中工程质量标准、施工安全标准和环保标准均按百分制进行评价，质量基准要求 Q_0 取 70 分，施工安全基准要求 S_0 取 70 分，环保基准要求 En_0 取 60 分。经评估，工程承包方质量目标努力效用系数 α_1 为 90，施工安全目标努力效用系数 α_2 为 96，环保目标努力效用系数 α_3 为 92。其余相关参数如表 6-3 所示。

表 6-3　相 关 参 数

参　　　数	取值	参　　　数	取值
承包方工程质量目标努力成本系数 β_1	1 200	项目法人对工程建设环保目标的偏好系数 λ_3	0.9
承包方工程安全目标努力成本系数 β_2	800	工程质量效益系数 x	14
承包方环保目标努力成本系数 β_3	500	施工安全效益系数 y	9
项目法人对工程质量目标的偏好系数 λ_1	1.1	环保效益系数 z	6
项目法人对施工安全目标的偏好系数 λ_2	1		

（2）求解分析。根据上文所建立相关激励机制以及相关参数，可以构

建项目法人激励承包人高质高效完成项目建设的多目标激励机制。具体分析如下。

根据式(6-32)及相关参数可以计算得工程质量目标激励系数：

$$a = \frac{1.1 \times 14 \times 90^2 + 70 \times 1\,200}{2 \times 90^2} = 12.89$$

根据式(6-33)及相关参数可以计算得施工安全目标激励系数：

$$b = \frac{1 \times 9 \times 96^2 + 70 \times 800}{2 \times 96^2} = 7.54$$

根据式(6-34)及相关参数可以计算得环保目标激励系数：

$$d = \frac{0.9 \times 6 \times 92^2 + 60 \times 500}{2 \times 92^2} = 4.47$$

此时,根据式(6-13),可以得到项目法人激励工程承包人高质高效完成工程建设的最优激励方程为：

$$V = V_Q + V_S + V_{En} = 12.89 \times (Q_a - 70) + 7.54 \times (S_a - 70) +$$
$$4.47 \times (En_a - 60)$$

工程建设中,项目法人可以基于工程承包人实际完成情况和上述激励方程给予工程承包人相应激励。

6.3 M-DBB 交易项目：锦标激励与劳动竞赛融合机制

6.3.1 M-DBB 项目交易情境与锦标激励和劳动竞赛理论分析

6.3.1.1 M-DBB 项目交易情境分析

M-DBB 项目,即重大工程存在多个子项目,采用设计施工相分离的 DBB 发包方式,组织各子项目平行实施,形成重大工程的项目法人与各工程承包方/咨询方"一对多"的交易关系,称这类项目为 M-DBB 项目。重大工程具有规模大、子项目工程多的特点,特别是呈线状分布的输水工程、高速公路和高速铁路等项目,一般是分段发包,项目法人与多个工程承包方同时进行工程交易,即出现多个 DBB 项目平行交易的情境。可否利用这一特点,构建特殊的更有效的激励机制呢？答案是肯定的,这就是 M-DBB 项目平行交易情境下采用经济学中锦标激励与劳动竞赛融合激励的问题。

6.3.1.2 锦标激励理论分析

锦标激励/机制(tournaments)源于委托代理理论,最早应用于企业管理,是激励企业 CEO/员工努力工作的一种方法。该理论于 1981 年由 Lazear 和 Rosen 提出,他们主张企业通过晋升激励员工[16]。该理论出现后便成为学术界研究的热点之一,理论本身也得到了不断的发展。Green J R 等对存在系统风险的锦标竞赛进行分析发现,如果系统风险较大,最优的锦标竞赛优于绝对绩效激励,这体现了锦标竞赛的优点:减少了系统风险因素对代理人报酬的影响,提高了竞赛的激励效率[30]。O'Keeffe M 在信息不对称条件下研究异质员工的最优锦标激励契约设计,分析发现委托人可以通过设置工资差距和监督精度的最优组合,使得异质员工自发形成分类竞赛,即高能力者作为一类,低能力者放在另一类,从而保证锦标赛激励效果不被扭曲[31]。Harbring C 假设委托人雇用两个代理人参与锦标竞赛,努力水平较高的代理人获得固定工资水平。如果两人之间可以在付出努力水平之前通过邮件进行沟通,代理人努力水平仅为不能沟通时的四分之一,此时,沟通方式的存在促使代理人实现共谋,而这对于委托人来说无疑是低效的[32]。郭心毅等基于公平偏好理论及相对剥夺观点,构建了三阶段晋升锦标模型。研究结果表明,代理人努力水平选择取决于对未来的预期,同时工资差距、努力成本、嫉妒和自豪心理以及监管精度都会影响代理人努力水平[33]。魏光兴等采用行为博弈论方法,研究基于异质偏好分组的分类竞赛和混同竞赛,比较二者的激励结构和激励效果。结果表明:考虑参赛者的偏好异质特征,分别制定恰当的激励结构,对提高锦标竞赛的激励效果是必要的[34]。大多学者主要研究组织内个体间的锦标激励问题,部分学者也将其引入组织间激励问题的研究。敬辉蓉等建立锦标赛博弈模型研究团队合谋行为,研究发现,如果团队成员间不存在合谋行为,基于业绩的排序工资激励机制能实现激励相容约束,而在团队成员的行为不能得到有效监督的情况下,代理人就有机会相互交换信息、彼此控制自己和对方的努力投入程度进行合谋,此时,代理人双方的收益都得到改进,委托人的收益则受到损失[35]。李雷针对多供应商的情况,从锦标制度出发,建立了一个委托人对 3 个代理人的模型,探讨了通过分层、分级对供应商进行激励的合理性与有效性[36]。杨婧然等用锦标激励理论建模分析,结果表明,汽车整车组装企业通过提高奖励额度和奖励差,能增加对同质化分销商的激励效果[37]。总体而言,锦标激励属于相对业绩评价激励机制,整个代理人团队将进行排名竞争,相对业绩较高、排名较为靠前的代理人得到较高支付,从而起到激励的作用,排名较为靠前的代理人(个体或团队)与排名靠后的代理人之间报酬水平的差距体现了锦标制度可能带来的激励强度[38,39]。相对绝对于业绩评价的激励机制,锦标激励机制的优势主要有：

（1）相对绩效的评价和度量要比绝对绩效评价度量容易，能够剔除代理人面临的共同的不确定因素的影响，可靠性较高。

（2）由于激励水平不同，能够激励代理人自觉提升努力水平，与此同时能够降低委托人的监控水平，从而节约监督成本。

（3）过去的获胜者具有继续前进的动力，而不是只在历史的成绩上停滞不前。

6.3.1.3　劳动竞赛理论分析

劳动竞赛又称社会主义竞赛，正如列宁所说，其是为充分发挥社会主义劳动者的积极性和首创精神，加速进行经济建设而开展的比赛；其中心内容是加强经济核算，推广先进生产技术，提高劳动生产率，以最小的消耗取得最大的劳动效果；基于各尽所能、按劳分配的原则，对竞赛中先进者常给予精神和物质的奖励。中华人民共和国成立初期就在企业生产和工程建设中广泛开展劳动竞赛，旨在充分发挥劳动者的积极性、主动性和首创精神，是促进经济建设的一个重要方法[40,41]。劳动竞赛活动起源于 1919 年的苏联，我国在 20 世纪 50 年代，劳动竞赛活动也开展得热火朝天，但在 60—70 年代出现停滞，而在 80 年代开始恢复和发展。事实上，在计划经济年代提出的劳动竞赛本质是一种社会主义制度下的"锦标激励"，而其提出和应用比 Lazear 和 Rosen 的锦标激励理论早了约 60 年！

高明岐在分析马克思、列宁等革命导师关于劳动竞赛的论述后，将开展劳动竞赛的理论基础归纳为：在共同的生产劳动和社会接触中就会产生竞赛；生产永远处在发展变动的状态之中，只要有先进与后进的矛盾就会产生竞赛；在不同的社会形态里都会产生竞赛，但是在不同的社会制度下表现出不同的形态。总体而言，人的竞争心理和进取心是劳动竞赛的思想基础[42]。我国在 20 世纪 50 年代后期的社会主义计划经济年代，曾出现劳动竞赛高潮，并取得巨大成就。在新时代中国特色社会主义市场经济体制环境下，劳动竞赛是否还有效？袁嘉认为，企业应该认识到企业参与竞争，实际上是企业的员工参与竞争，只有开展各种形式的劳动竞赛，才能进一步将员工的聪明才智挖掘出来，不断激发员工的创造能力，在其企业发展的过程中，发挥出更大的作用[43]。陆斌红的研究发现，企业重视职工在生产活动中主力军的作用，以组织开展多种劳动竞赛作为工作切入点，可使企业增效，职工增值[44]。李取君的研究认为，加快劳动竞赛机制创新，狠抓劳动竞赛成果转化，不断提高其科学性和实效性,适应企业转型升级和提质增效需要[45]。马亮结合国家重大工程建设的特点,以上海世博工程劳动竞赛为例,分析了在重大工程建设中开展社会主义劳动竞赛的必要性、作用和新时期主要创新的做法[46]。李华等结合乌东德水电站建设这一重大工程的建设实践,分析了项目法人组织工程施工承包方、工程设计方、工程监理方开展劳动竞赛,激发工程参建方的劳动热情,助力工程建设目标实现的成功经验[47]。不论是锦标激励机制,还是劳动竞赛这种体现激励的形式,共同的特点是要存在多个同类参与方。显然,在一般工程项目交易中这类机制或形式是难以应用的。但对于重大工程交易,特别是工程结构呈线状分布的重大工程交易,这类方法具有应用前景,因而如何完善该类激励机制具有研究价值。

6.3.1.4 锦标激励与劳动竞赛理论的比较与融合

(1)锦标激励与劳动竞赛理论的比较。锦标激励与劳动竞赛理论两者提出的社会背景不同,对人性假设不同,激励的方法措施也不尽相同,详细分析、归纳如表 6-4。

表 6-4 锦标激励理论与劳动竞赛理论比较表

比 较 内 容	理 论	
	锦标激励理论	劳动竞赛理论
提出的社会背景	资本主义	社会主义(计划经济时代)
人性基本假设	经济人	社会人:有集体主义精神;社会主义是共同事业,但存在先进与后进之差
行为假设	薪酬差距能诱使代理人投入更大的努力	人们具有竞争心理和进取心
方法、措施	物质激励	精神激励,辅以物质激励
基本原理	用物质激励使代理人更努力,并减少监管成本	以精神激励为主导,开展比先进、学先进、赶先进、帮后进和超先进的活动,调动劳动者的积极性和创造性

注:主要参考文献[16,42,48,49].

表 6-4 显示,源于两种不同社会制度下的理论,其人性基本假设、方法、措施、基本原理均有差异,特别是锦标激励中对“经济人”的假设过分绝对。Boyd B K、Albanese R 和 Tosi A L 等在研究公司治理时指出,人性不是纯粹的“经济人”假设,也不是单纯的“社会人”假设,而是具有双重性的“复杂人”假设[50~52],即人性具有情境依赖性。这两种理论的共同之处在于:通过对群体努力/绩效的排名/锦标奖励机制可调动人/组织

的努力程度,以及积极性和创造性。

(2)锦标激励与劳动竞赛理论在重大工程交易治理中的融合。近代以来,中华民族最伟大的梦想就是实现国家富强、民族振兴、人民幸福。实践证明,走中国特色社会主义道路是实现这一梦想的唯一途径。重大工程作为"国之重器",实行"政府主导+市场机制"的建设制度,也是高效地实现建设目标的重要路径。政府主导,即以社会主义的公有制为基础,建设重大工程的目的是为了实现国家富强、民族振兴。在这一大背景下,要相信和依靠重大工程参与方,通过劳动竞赛的精神激励能激发调动它们的积极性和创造性。与此同时,也要考虑到重大工程建设中采用的是市场机制,参与各方均是市场主体,各有自己的利益,锦标激励的物质激励不能缺失。因此,在我国重大工程 M-DBB 项目交易过程中,项目法人有必要将锦标激励与劳动竞赛理论融合,用以指导激励机制的设计。

6.3.2 锦标激励与劳动竞赛融合机制设计原则与评价

6.3.2.1 融合机制设计基本原则

(1)对于多子项/标段同时施工的情境,可以"相对业绩比较"为基础,在锦标赛中按照一定的绩效评价标准对所有承包方的业绩进行打分排序,得分最高或排名靠前者将为赢家,将给予物质和精神激励。

(2)为防止工程承包方之间发生共谋,工程建设过程中还应根据技术规程规划或交易合同的要求,按建筑物的型式设立相应的最低标准,并规定最低工程标准是对工程承包方的最低要求,达不到者,必须返工。

(3)当各个代理人的业绩不受共同不确定因素的影响时,绝对业绩评价机制将优于锦标制度[28]。因此,锦标激励机制应在工程项目类似的承包方之间进行,不同类型的施工项目可以分别分类实施。

(4)不考虑工程承包方风险偏好的影响,即假定各工程承包方均为风险中性者;且工程承包方之间不存在相互影响,即不考虑工程承包方之间的拆台行为。

6.3.2.2 融合机制评价指标体系

评价指标体系的可靠性在很大程度上决定着锦标激励机制的有效性。因此,锦标激励机制设计时要符合客观、公正原则,必须建立一套科学的、易观测的评价指标体系,用于评价参建单位在完成每一项任务时的努力程度。

（1）评价体系构建原则。科学地构建锦标激励与劳动竞赛评价指标体系，要遵循以下原则。

① 完备性和相关性原则。所建立的指标体系应全面、系统，并综合考虑每一项工作或任务的特点。但指标体系中应排除指标间的相容性，避免出现过多的重叠、涵盖。同时，指标体系应根据工作或任务流程的逻辑关系来设置。

② 突出重点与兼顾全面有机结合的原则。在锦标激励的绩效评价中，设计的指标体系应紧紧围绕工程建设的目标，突出重点目标和中心目标，设置足够的权重；在不同的竞赛方式中，各指标所占的权重不宜相同；不同阶段开展竞赛，即使竞赛方式相同，同一指标权重分配也应有所不同。这样可以有效引导参赛者明确努力的方向，确保多目标的有机统一。

③ 定量和定性相结合的原则。评价指标应力争能够量化，但由于工程施工任务的复杂性，存在大量难以定量描述的指标，应尽量按单一考察点来细化指标，以减少指标的模糊度，提高评判的分辨率和清晰度，做到定量指标和定性指标有机结合。

④ 指标标准适度的原则。指标标准适度是指评比标准要适度，给参建单位的压力大小适度，经过努力可以达到，绝不能可望而不可即。

（2）评价指标体系。依据上述指标体系建立原则，根据工程项目建设目标，可以从工程质量、进度、安全和文明施工或环保等方面来构建锦标激励评价指标体系，具体指标如下。

① 工程质量评价指标体系。包括质量管理和施工质量两大部分。

② 工程进度评价指标体系。施工进度评价指标体系同样包含施工进度计划以及施工进度实施情况两部分，具体评价过程中可以给予两部分不同的权重。

③ 施工安全和环保评价指标体系。安全生产和环保评价体系分安全生产和施工环境两部分。

参考文献[53]并经分析，初步构建锦标激励与劳动竞赛的评价指标体系，如表 6-5 所示。

表 6-5　锦标激励与劳动竞赛评价指标体系

建设目标	一级指标	二级指标	考察点/评价标准
工程质量	质量管理	施工单位质检机构、人员及工作情况	质检机构、人员配备等
		规章制度、施工要求与质量控制措施	规章制度、施工要求与质量控制措施、施工单位现场测试条件等
		施工记录资料	施工大事记、施工单位必须有各项施工原始记录、资料整理情况等
		执行验收程序情况	隐蔽工程、分部工程和单位工程完工后,及时准备资料按程序申请验收
	施工质量	施工现场管理情况	施工组织安排情况;施工现场总体、平面、立面布局情况;施工方法合理性
		单元工程质量评定情况	评定工作开展情况、单元工程质量情况等(注:该指标主要适用于重大水利工程)
		试验工作	外购的构件、金属结构、机电设备等的合格证;外购材料的品质,除了应有厂家产品合格证等资料外,还应做品质复检,分类存放;当地材料,抽样组数应满足规定要求、分析项目全面;按部位分批取样做砼强度试验,取样组数满足规定要求,各项技术指标全部达到设计要求
		建筑物观感质量	外观质量分级计分,按检测项目检测点合格率为100%时为一级,合格率大于或等于90%且小于100%时为二级,合格率大于或等于70%且小于90%时为三级,合格率小于70%时为四级
		质量事故	质量事故一般按年进行考核,根据质量事故情况相应扣分或取消竞赛资格
工程进度	施工进度计划	施工进度计划合理性	横道图、进度软件网络图清晰、完整,总工期、关键工程项目完成时间符合合同要求,施工强度合理并满足里程碑进度要求。在工程实施过程中,进度计划合理和修订及时,能满足工程总工期要求
		劳动力及机械设备进场计划	是否满足施工强度要求
		资金流估算表	编制的合理程度
		主要材料用量计划	主要材料用量的计划合理性和准确性,上报的及时性
	施工进度实施	施工进度完成情况	是否根据监理批复的进度计划及合同要求按时完成,并能否按时上报工程周进度完成统计表
		人员、机械设备到位情况	人员、机械设备到位及时性和满足施工强度要求情况
		施工技术措施方案	施工技术是否先进,施工措施是否得当及方案优化情况

建设目标	一级指标	二 级 指 标	考察点/评价标准
安全与环保	安全生产	安全生产制度与责任制落实	安全生产管理制度是否健全,安全生产责任制是否落实,安全生产的"五同时"执行情况,安全生产计划编制与执行情况,安全生产管理机构是否健全,人员配备是否到位等
		安全教育	是否坚持新工人入厂(队)三级教育,特殊工种的安全教育坚持得如何,各级领导干部和人员安全教育培训如何进行等
		安全技术措施	是否有完善的安全技术操作规程,安全技术措施计划是否完善,主要安全设施是否安全可靠,各种机具、机电设备是否安全可靠,防尘、防毒、防爆、防火等措施是否得当,安全帽、安全带、安全网等防护用品是否配置等
		安全检查	安全检查制度是否坚持,是否有违纪、违章现象,隐患处理、事故报告是否按规定执行等
		安全业务工作	安全记录、台账、资料、报表管理得如何,安全事故报告处理是否及时,安全生产竞赛、评比、总结等工作进行得如何等
	施工环保/文明施工	场地布置	场地布置、材料布置、道路与排水、宿舍、食堂、厕所布置等
		围护设施	围墙围栏、施工现场危险处防护、高空作业安全防护、场地管理等
		生活设施	现场住宿、食堂、厕所、文娱设施等
		施工设施	临时用电、安全警示牌、施工设备、防火设施等
		综合管理	施工组织方案、文明施工制度、宣传教育、卫生管理、安全保卫等

6.3.2.3　融合机制评价方法

评价方法必须能真实、全面和综合地体现一个单位和个人在一定阶段内努力的结果,既要保证评价明确、重点突出,又要确保避免遗漏。同时,科学的评价方法还能起到信息反馈作用,可以将正确评价的结果和存在的问题及时反馈给参与者,以利于改进。工程建设过程中可采用综合评分法、关键事件法等对各承包方在竞赛阶段的表现进行综合分析对比。具体的实施方法可以有以下几种形式。

(1)综合评分法。综合评分法是通过主观赋分,对评价内容品质划分等级的量化处理方法,可用来进行定性排序问题的综合评价。其核心内容是对评价的不同等级赋予不同的分值,并以此为基础进行综合评价。锦标赛开展过程中可以利用综合评分方法,依据上述建立的评价指标体系,赋予各评价指标相应分值,依据各承包方具体施工情况进行相应评分,并最终依据指标权重计算综合评分并排序,从而确定各承包人排名情况,给予相应激励。综合评分法较为简单,容易实施,因此在锦标激励机制中也最为常用。

(2)关键事件法。在锦标激励与劳动竞赛中,关键事件法把评判人员的注意力集中到竞赛项目的完成与否和好坏的差别上,以及在参赛者完成的特别有效或特别无效的项目上。该方法的特点在于仅对具体行为进行描述。关键事件法可以提供丰富翔实的例子,揭示参赛者表现出来的行为哪些是组织者渴望的、哪些尚需改善。关键事件法突出了主要问题,减少了对评判的干扰因素,便于评价者作出比较合理的评判。但该方法不够全面,也不够系统,不适合于大型的多项目的竞赛活动的评价。关键事件法可以采用扣分法,甚至一票否决法获得竞赛结果。

(3)评定量表法。这种方法是把一系列评估因素罗列出来,评估者可以利用该表,用递增式尺度对逐个因素进行评价。工程建设过程中可以设计专门评定量表,如"施工质量检查评分表""安全生产检查评分表"和"施工环境检查评分表"等。评定量表法便于量化分析和比较,简便明了。

工程实践中可以依据项目特点选择其中一种或几种方法相结合,对工程承包人竞赛情况进行评价。

6.3.3 锦标激励与劳动竞赛融合策略

6.3.3.1 锦标激励与劳动竞赛的共性策略:物质激励

不论是锦标激励,还是劳动竞赛,均包含着物质激励,最基本的是有必要补偿工程承包方努力工作所增加的成本,其次是奖励。当然两者物质激励的程度是不同的。

为简化分析,在此以两个承包方 i 和 j 进行分析。通常情况下,工程承包方的产出受其努力程度、努力效用以及外界干扰因素的影响,在此,设工程承包方 i 的产出函数为:

$$q_i = \alpha_i e_i + \varepsilon_i \tag{6-35}$$

式(6-35)中,e_i 为工程承包方 i 的努力程度;α_i 为其努力效用系数;ε_i 表示外界干扰因素的影响。且 ε_i 满足 $E(\varepsilon_i)=0,D(\varepsilon_i)=\sigma^2$。

工程承包方努力成本可以用其努力程度及努力成本系数表示,通常情况下其努力成本与其努力程度正相关,且边际成本递增,因此可设承包方 i

努力成本 c_i 为：

$$c_i = \frac{1}{2}\beta_i e_i^2 \tag{6-36}$$

式（6-36）中，β_i 为承包方 i 的努力程度成本系数。

设锦标赛中获胜的工程承包方可以获得 w_h 的激励额度，失败者获得的激励额度为 w_l，$\Delta w = w_h - w_l$ 表示两者激励额度的差距。则可得到风险中性工程承包方在锦标赛中的期望收益 π_i 为：

$$\pi_i = p(w_h - c_i) + (1 - p)(w_l - c_i) = pw_h + (1 - p)w_l - \frac{1}{2}\beta_i e_i^2 \tag{6-37}$$

式（6-37）中，p 为工程承包方获胜的概率。

$$p = \mathrm{prob}(q_i > q_j) = \mathrm{prob}(\alpha_i e_i - \alpha_j e_j > \varepsilon_i - \varepsilon_j) = \mathrm{prob}(\alpha_i e_i - \alpha_j e_j > \xi)$$
$$= G(\alpha_i e_i - \alpha_j e_j) \tag{6-38}$$

式（6-38）中，$\xi = \varepsilon_i - \varepsilon_j$，$G$ 为 ξ 的分布函数，$E(\xi) = 0$，$E(\xi^2) = 2\sigma^{2[35]}$。

因此，式（6-37）可以转化为：

$$\pi_i = G(\alpha_i e_i - \alpha_j e_j)w_h + [1 - G(\alpha_i e_i - \alpha_j e_j)]w_l - \frac{1}{2}\beta_i e_i^2 \tag{6-39}$$

作为独立"经济人"，工程承包方 i 会从自身利益最大化角度选择自身努力水平，以使其期望收益 π_i 最大化，因此有：

$$\frac{\partial \pi_i}{\partial e_i} = \Delta w g(\alpha_i e_i^* - \alpha_j e_j) - \beta_i e_i^* = 0 \tag{6-40}$$

从而可求得：

$$e_i^* = \frac{\Delta w g(\alpha_i e_i^* - \alpha_j e_j)}{\beta_i} \tag{6-41}$$

从式（6-41）可以看出，工程承包方最优努力程度 e_i^* 是激励额度的差距 Δw 的函数，且与 Δw 正相关，即激励水平差距越大承包方最优努力程度越高。

6.3.3.2　物质激励策略

设工程建设过程中有 n 个平行施工的同质工程承包方，在某次锦标激励考核评价中评价结果为 $q_1 > q_2 > \cdots > q_n$。结合上述锦标激励机理分析，可构建如下 4 种锦标激励模式。

（1）无差异单奖励模式。在锦标赛中仅设置奖励机制，即对于评价结果较好的工程承包方给予较高奖励 $w_h(w_h > 0)$，对于其余工程承包方给予较低奖励或不给予奖励 $w_l(w_l \geqslant 0$，当 $w_l = 0$ 时说明不奖励，但也不对它们实施惩罚）。两者之间的奖励差距 $\Delta w=w_h-w_l$ 越大，工程承包方的努力程度会越高，锦标赛及其所能取得的效果会越好。

（2）无差异奖励与惩罚结合模式。在锦标赛中设置奖励和惩罚机制，即对于排名较靠前的工程承包方给予激励 $w_r(w>0)$，对于排名靠后的工程承包方给予相应惩罚，设惩罚额度为 $-w_p(w_p>0)$。在此，激励和惩罚额度差距 $\Delta w=w_r+w_p$ 越大，工程承包方的努力程度会越高，锦标赛及其所能取得的效果会越好。

（3）阶梯式奖励模式。根据锦标赛中的排名先后顺序给予不等的奖励额度，此时有 $w_1>w_2>\cdots>w_n$，排名越靠前所获得的奖励额度越大。

（4）阶梯式奖励与惩罚结合模式。即根据锦标赛结果，按排名顺序对表现好的工程承包方给予奖励，对排名靠后的工程承包方给予相应惩罚，且排名越靠前奖励额度越大，排名越靠后惩罚力度越大。

上述 4 种物质激励模式中，激励强度，以及在工程承包方之间产生的影响是不同的，项目法人有必要根据工程实施特点，从充分调动工程承包方积极性的角度考虑，选择其中一种模式。

6.3.3.3　劳动竞赛核心策略：精神激励

劳动竞赛的最大特色是精神激励，即开展比先进、学先进、赶先进、帮后进和超先进等活动，调动劳动者的积极性和创造性。

根据调研和工程实践，对工程承包方精神层面的精神激励/信誉激励可按季度、年度进行，一般可采用下列模式[12,53]。

（1）季度评选和精神激励。可在重大工程项目层面上表彰，并邀请获胜者（工程承包方项目部）介绍工程经验，即对竞赛评比中的优胜者，项目法人给予表彰和介绍工程获奖经验的机会。表彰形式方面，通常是授予优胜者"流动红旗"。

（2）年度评选和精神激励。将年度工程竞赛评比结果通报重大工程参与承包方，对年度获奖工程承包公司进行表彰、奖励，并邀请获胜工程承包方介绍工程经验。表彰形式通常是颁发奖状。

（3）项目完工评选和精神激励/信誉激励。将项目完工工程竞赛评比结果通报重大工程参与承包公司，对项目完工获奖的工程承包公司进行表彰、奖励。其中，对符合相关规定要求者，上报政府建设市场诚信管理部门。

（4）其他形式评选和精神激励。这可针对重大工程特点组织安排。

项目法人可将上述物质激励和精神激励/信誉激励模式，根据工程特点，进行合理整合，以充分发挥锦标激励与劳动竞赛融合后产生的更大激励效果。

6.3.3.4　物质激励与精神激励双重并举

锦标激励的核心措施是物质激励,劳动竞赛主要讲究精神激励。事实上,这是充分调动工程承包方的两个维度,是一枚硬币的两面。因此,有必要将锦标激励与劳动竞赛的策略联合应用,根据工程特点、工程项目实施情境综合施策。

6.3.4　工程应用:东深供水改造工程锦标激励与劳动竞赛的融合

广东省东深供水改造工程始于东莞市桥头镇,将广东东江之水经渡槽、隧洞、泵站、渠道等输水建筑送至深圳水库,再通过管道送至香港特区。工程全长 51.7km,设计流量 $100\text{m}^3/\text{s}$,年供水量 24.23 亿 m^3。该工程在建设中采用分段发包方案,以工程交易合同为纽带,引进锦标激励机制,组织工程承包方开展劳动竞赛,取得较好效果,确保了工程建设目标的实现。

6.3.4.1　围绕工程质量和安全设计锦标激励与劳动竞赛的融合方案

1) 确立以工程质量安全为核心的劳动竞赛目标

工程质量和安全是工程项目目标中最重要的组成部分。虽在工程合同中对工程质量的检验和验收有了一些明确的规定,但这仅是一个总体上的要求或原则上的规定。要提高工程质量,使其达到较高的水平,最重要的是要提高工程承包方的质量意识,发挥其为工程质量努力工作的积极性,保证每一个操作和每一个环节的质量。但提高工程施工质量,与工程承包方的经济利益存在一定的矛盾。从理论上讲,在经济利益的驱动下,工程承包方是不可能把项目法人(工程建设总指挥部)追求的质量目标放在第一位,只要能通过工程检验、验收即可。在工程安全管理中,国家法规强制性规定要确保安全生产,对安全生产各个环节、各种措施有了明确的约束和规定,在合同中也对项目法人和工程承包方的管理责任有明确的要求,但是重生产轻安全、安全意识不够、安全措施不完善等主观因素造成的安全事故屡见不鲜。由于项目法人受到信息不对称以及监督成本过大的影响,在工程实践中,难免出现工程承包方片面追求经济利益而不顾质量和安全,或以牺牲工程质量和安全为代价降低施工成本的情况。因此,从理论和实践上分析,完全有必要建立以工程质量和施工安全为核心的激励机制,引导工程承包方主动提高工程质量和安全。

根据工程建设质量和施工安全目标的优先性,该工程确立了以质量和安全为核心的激励措施,专门设立了质量优秀奖、质量特别优秀奖、施工安全生产奖和安全生产"零事故"特别奖。同时,在针对工程进度、工程设计、工程监理、工程材料和设备供应的激励措施中,以及工程承包方的综合评比(施工标兵段、信得过标段、优秀施工单位)中,质量和安全指标均达到了 60%的权重,质量和安全的核心地位得到了突出体现。这些奖项的核心内容:一是突出质量,二是强调安全。对落实质量责任、质量管理、施工质量和建筑物外观质量等情况进行检查,若严格落实了质量责任制、质量管理到位、工程质量合格率达到 100%、优良率达到 90%以上、外观得分率达到 90%以上,就可以获得质量优秀奖。在此基础上,对于科技创新成果突出或从始至终一直保持先进荣誉称号的单位授予质量优秀特别奖。评奖采用综合评分法,奖励方式是授予奖励证书,并给予合同总价一定比例的资金作为奖励金。对于能够保证安全生产责任制落到实处,做到足够的安全教育和资源投入、配备足够的安全技术措施、实施足够的安全检查的单位、在建设期间未发生一例安全责任死亡事故和重大机械设备事故的单位授予安全生产奖(以 70%的比例纳入安全生产、施工环境/文明施工奖范围),颁发奖励证书,并给予固定金额的奖金。在此基础上,按照各标段安全管理的难易程度和标段合同金额的不同,分别设立了奖励金额不同的安全生产"零事故"特别奖。同时,明确安全奖励责任追溯制度,在工程完成某一关键任务时(如隧洞贯通),若未发生一例责任死亡事故,先发一半的奖金,并规定在后续工作中如未能保持"零事故",则按所发奖金数额的双倍数额从该标段扣回,同时还要执行按每发生 1 例责任死亡事故扣 20万元的规定。

根据建设目标的完整性,在劳动竞赛中设立了里程碑达标、文明施工等奖项,并将投资控制和科技创新目标有针对性地融入到劳动竞赛的各个环节中。一是强化了工程进度;二是促进了文明施工;三是融合了投资控制和科技创新指标,取得了显著的效果。根据工程"3·18"(3 月 18 日)和"8.28"(8 月 28 日)阶段性控制工期目标,针对施工进度计划编制完备性和进度计划的执行情况,按计划优质安全完成工程阶段建设任务的就能获得里程碑达标奖。评比采用综合评分法,并根据标段合同价的不同划分为3 个固定金额的奖金档次进行奖励。文明施工评比是安全生产、文明施工先进单位评比的一个重要组成部分(占其 30%),按照国家和省级有关管理规定以及工程的具体要求,综合考虑了施工场地布置、施工围护设施、生活设施、施工设施、水源保护和综合管理等 6 大类 23 个项目,每半年评比一次,按文明施工规定达标的就能获得奖励。

2)围绕实现工程建设目标全方位开展劳动竞赛

劳动竞赛是在生产过程中,以人与人之间、集体与集体之间的共同行动为基础的,以比学赶帮超为原则的创造性劳动实践。其强大生命力的关键在于活动主体的群众性,在于发动上的广泛性和参赛上的全员性。东深供水改造工程为确保工程建设总体目标和分项目标的实现,针对工程建设不同领域提出 5 个"一流"的要求,设计了以"一流设计"为根本、"一流工程施工"为关键、"一流物料供应"为基础、"一流工程监理"和"一流的施工管理"为保障的工程各参与方间的劳动竞赛方案。同时,在竞赛方案的设计中,还充分考虑针对竞赛参与对象的不同采取相应不同的竞赛方案,包括竞赛内容、竞赛指标、竞赛时间和奖励方式的不同等,具体如下。

(1) 施工标兵段和优秀施工单位奖。

① 施工标兵段。该奖项在 16 个土建主体工程承包方间开展梯度递进式劳动竞赛。包括施工标兵段、标段进步奖、信得过标段、优秀施工单位奖等。每季度项目法人组织有关部室、监理、设计、施工和质量监督单位人员对施工质量、安全、进度控制和文明施工方面综合评定,得分前四名授予施工标兵段"流动红旗",并颁发固定的奖金。

② 优秀施工单位奖。该奖项是针对 25 个土建施工单位(16 个主体标段和 8 个分标段、1 个安全监测标段)的综合总评。在工程合同验收完成后,对在工程建设期间历次的"施工标兵段"评比中均有优异表现(即历次评比均在 85 分以上)的土建施工方开展评比,向获奖单位授予荣誉证书,并颁发按合同价的不同划分的三种档次的固定奖金。

(2) 优秀安装单位奖。该奖项是针对机电安装单位的综合总评。在工程完工后,由项目法人组织相关部和参建单位人员,对 8 家机电安装单位的组织机构、工程质量、厂家设备质量控制、施工进度、试验和试运行、安全保证措施、文明施工和协调配合等方面综合评分,向获奖单位授予荣誉证书,并给予合同总价一定比例的资金作为奖金。

(3) 优秀设计单位奖。该奖项是针对 2 家设计单位的综合总评,主要考察设计单位的设计质量和设计服务情况。工程完工后由项目法人组织相关部室和参建单位人员,对工程设计在满足安全、适用、经济、美观的综合性要求;是否贯彻执行有关设计规范、规程和强制性技术标准;是否优化设计方案;是否及时供图等方面进行综合评比。其中,突出了设计创新和新技术应用(设计技术达到国内先进水平)和投资控制(不突破工程概算)。获奖单位获得荣誉证书和固定奖金。

(4) 优秀监理单位奖。该奖项是针对施工监理、设计监理和征地移民监理等 8 家单位的综合总评,主要考察监理单位的合同管理水平和监理服务情况。工程完工后,项目法人组织相关部室和参建单位人员,对工程监理在质量、进度、投资控制和安全、文明施工监督等方面进行综合评比。其中,对设计监理单位突出了科技创新与应用,对施工监理强调了投资控制。获奖单位获得荣誉证书和固定奖金。

(5)优秀材料和设备供应单位奖。

① 材料(钢筋、水泥)供应优秀单位奖。工程完工后,由项目法人组织相关部室和参建单位人员,对 4 家材料供应单位的供货质量保证体系和质量控制、供货安全、供货服务等方面进行综合评议,向获奖单位授予荣誉证书,并颁发按合同价划分的 3 种不同档次的奖金。

② 机电设备供货优秀单位奖。在各单项机电设备试运行验收后进行评选,由项目法人组织相关部室和参建单位人员,对 4 家机电设备供货单位的履约情况、供货进度、技术性能、产品质量、组织措施、外观形象、售后服务和用户反馈意见等方面进行综合评分,并向获奖单位授予荣誉证书和与合同总价一定比例的奖金。

3)劳动竞赛中集体奖励与个人激励相结合

劳动竞赛必须依靠全体参建者的热情参与,通过实施以建设"安全、优质、文明、高效的全国一流供水工程"为总目标的劳动竞赛,使各不同利益取向的单位和个人形成"责任统一体",使之形成同舟共济、荣辱与共的责任感。为此,项目法人在参加建设的施工、监理、设计、材料供应、科研和项目法人内部工作人员中开展"十杰工作者""先进工作者"评比活动,并给予奖励。

6.3.4.2　劳动竞赛方式与组织程序

1)劳动竞赛方式

(1)梯度递进式。梯度递进式的劳动竞赛是社会主义市场竞争机制与劳动竞赛的有机结合,它引申于"标尺竞争",即通过对类似条件下同类型承包方绩效的比较,可以在一定程度上知道某一承包方的努力程度和能力,这样该承包方的奖励不仅取决于自身的努力和绩效,而且还要取决于同类型其他承包方的努力和绩效,每一个承包方选择的努力程度是参与标尺竞争各承包方博弈的均衡结果。重要的是梯度递进式的劳动竞赛产生了"排名次"的效应,是激励承包方争第一、树形象的重要方法。

该工程设立的梯度递进式劳动竞赛方案中包括施工标兵段、信得过标段、优秀施工单位奖和标段进位激励奖。

在工程全线 16 个土建标段设置了 4 个"施工标兵段"流动红旗,每季度由项目法人组织相关部室和参建单位人员组成评比检查组,对全线进行检查。采取自报公议、现场验证、无记名打分方式,去掉 5 个最低分和 5 个最高分后,按综合分从高到低排序,取综合分最高的前四名为"施工标兵段",获"施工标兵段"奖。连续三次获得"施工标兵段"奖的就评为"信得过标段",又连续三次保持"信得过标段"的才能获得"信得过标段"奖,并视为"准优秀施工单位"。在每次标兵段评比排序中,原 8 名以后的每进两位和 8 名以前每进 1 位的标段,获"标段进位奖"。连续三次排位最后一名的施工标段,立即停工整改。工程完工时,对各标段及参建单位进行综合评比,达到优秀标准的,评为"优秀施工单位"。

这种竞赛方式使参加者,犹如长江中驶向上游的航船,进入长江三峡工程船闸时,只有不断前进,逐级提高水平。从工程开工到工程结束,这种竞赛方式贯穿于全部建设过程中,使承建单位的注意力也始终集中在创优争先的竞赛上。这种竞赛方式也体现了激励的全面性,任何一个参赛单位都可以找到令其不断前进而又切实可行的努力方向,如标段进位激励奖和享受标兵段待遇、给予相对"后进"的优秀单位以进步奖,进一步扩大了激励效果。

(2) 样板引路式。在该工程建设中,除设置必要的质量、安全、工期等可以度量的数据指标外,针对工程建筑物形式多、路线长,以及参建方多、管理困难等特点,实施各类型建筑物施工的标准化管理和分段的样板化管理。

① 推行"最低质量标准段"。该工程输水系统主要由渡槽、埋管、箱涵和隧洞等组成,这些建筑物分别由若干家施工单位承担,施工逐段进行。在每一建筑物开始施工时,项目法人都将施工的第一段作为重点来抓,实施以标准化为核心的"最低标准段"质量管理。

② 设立各种建筑物施工"样板段"。为进一步扩大"最低质量标准段"的范围,加大示范效果,项目法人选择了最早完工的两段 400m 箱涵和一段 1 200m 的隧洞作为工程的样板段,并将其作为"最低质量标准段",其他工程完工时的质量要求必须在此基础上提高。

③ 设立"里程碑达标"指标。工程进度计划是工程进度管理活动的第一个职能,它是组织或管理人员为达到既定工程进度目标制定的行动方案,是针对要进行的活动所做的事先安排。工程进度计划贯穿于工程建设全过程,是进度控制的依据与目标,是项目中各项工作开展的基础。该工程以文件形式明确了工程每一个标段的季度进度计划及两个特定日期"3.18""8.28"形象进度计划。其中,"3.18"为开工后约半年、一年半或二年半的形象进度计划;"8.28"为开工周年的形象进度计划,并针对关键线路和相应的关键施工内容采取控制措施。

2）劳动竞赛的组织程序

该工程劳动竞赛依工程进度计划做到了季季有评比,半年有小结,每年有大评和总结,工程完工有总评。其组织有一套严谨的工作流程,包括赛前发动宣传、参赛单位自我评价,赛中现场对比考察、分项据实打分、综合评分,最后综合排名、总结表彰,赛后及时兑现奖励、树立典型、向社会公布结果。这套组织工作既有参与者之间的内部监督,又有代表上级机关的外部监督,保障竞赛方案、规则的科学合理,评比过程民主严谨依规,实现了参赛单位获得的精神及物质奖励与其所付出的努力、达到的标准相统一。

6.3.4.3　劳动竞赛的奖励方式

1）物质激励

在该工程劳动竞赛过程中,将物质激励与精神激励有机地结合起来,使之既能满足职工的物质生活需求,又能满足职工在荣誉、成就、技术提高等方面的精神需求,提高了竞赛的效果。项目法人充分认识到人的物质需求是基本需求,是人的行为活动的基本动因。物质利益是人的最根本利益,因此,物质激励是第一位的激励。为此,项目法人按中标合同金额的一定比例资金作为各项奖项的奖励金,准备的奖励金总计达 5 000 万元。主要的物质奖励方式如下。

（1）"施工质量检查评分及奖励办法"的奖励规定:

a. 本办法采用百分制评分,将质量检查项目分解为施工质量管理和施工质量两大部分,施工质量管理占 30 分,施工质量占 70 分。评分结果分优良、合格、不合格。实得分≥90 分为优良,≥70 分为合格,<70 分为不合格。

b. 质量奖励办法:按照施工质量检查评分办法,逐项检查评分,将实得分计入优秀施工单位、施工标兵段、里程碑(3.18、8.28)达标先进单位的质量部分,参加该项评奖;单位工程达到水利部优质工程标准,合格率达到100%,优良率达到 90%以上,外观得分达到 90%以上,按该单位工程合同额的 0.7%给予奖励。在此基础上,对所在标段科技创新成果突出,特别是在建筑物施工难度大的情况下,采用先进的施工方法和新材料,以及工程开工后一直保持先进称号的单位授予"质量优秀特别奖",并给予重奖。

（2）"安全生产、文明施工先进单位"的奖励规定:由项目法人组织相关部室和参建单位人员组成评选委员会,根据评分标准对施工单位进行"安全生产、文明施工先进单位"评选,综合评分在 90 分以上的单位,将获得项目法人颁发的荣誉证书,并按如下标准获得奖金:合同价在 5 000 万元以下的土建标段,获得 2 万元奖金;合同价在 5 000 万元到 1 亿元的土建标段,获得 4 万元奖金;合同价在 1 亿元以上的土建标段,获得 6 万元奖金。

(3)"里程碑(3.18、8.28)达标先进单位"的奖励规定:每年 4 月、9 月,由项目法人组织相关部室和参建单位人员组成评选委员会,根据评分标准对工程承包方进行"里程碑(3.18、8.28)达标先进单位"评选。综合评分得分大于 90 分者,均被评为"里程碑达标先进单位",并按如下标准获得奖金:合同价在 5 000 万元以下的土建标段,获得 3 万元奖金;合同价在 5 000 万元到 1 亿元的土建标段,获得 5 万元奖金;合同价在 1 亿元以上的土建标段,获得 8 万元奖金。此外,在工程劳动竞赛过程中,对获奖项目主要负责人给予重奖,实现了责与利的统一。例如,在每年"3.18"和"8.28"评比中保持了"安全生产'零'事故"特别类的土建标段,对获奖单位的主要项目负责人、技术负责人,项目法人规定从该单位所获得的几项主要奖励的奖金中各提取 10% 作为其个人的奖金。剩余部分的奖金,再由各单位自行分配。这样避免了大锅饭,充分发挥奖金的激励作用,实现责、权、利的统一。

2)荣誉激励

为调动参建方和个人的积极性,项目法人在组织劳动竞赛过程中,通过对获得"施工标兵段""信得过标段""优秀单位奖"的单位进行登报宣传、召开现场会进行经验总结、设立"流动红旗"交接仪式等手段,实现对参赛单位的荣誉激励。在参建方员工中,开展了针对个人"十杰工作者"和"先进工作者"的评比,参评范围为工程承包方、工程监理方、工程设计方和工程机电、材料供应方等全体参建者,对获奖者进行登报宣传、先进事迹汇总成册出版、颁发荣誉证书和荣誉奖牌等荣誉激励。

3)信誉激励

在该工程劳动竞赛过程中,组织者充分认识到信誉对各参建企业来说是至关重要的,是建筑企业赢得市场的法宝。随着建筑市场竞争的加剧,建筑企业的信誉作为企业的无形财产,也越来越显示出无穷的生命力。企业的信誉、品牌的魅力在于,以其高质量的产品和服务,赢得用户和社会公众的认可,并成为市场的准入证。企业要在激烈的市场竞争中赢得一席之地,实现持续发展,就必须实施品牌战略,建立企业的良好信誉。

4)正负激励相结合

在该工程劳动竞赛过程中,不仅采用以上各类的正激励,还坚持将负激励与之相结合。规定凡获得"准优秀施工单位奖"或提前获得"安全生产'零'事故特别奖"的施工单位,在下阶段的工作中,不能保持施工质量优秀和"安全生产'零'事故"的标准,则将被处以所获奖金额 2 倍的罚金,同时一并执行项目法人制定的在施工中因责任事故死亡一人的,扣除所获奖金中的 20 万元的规定,并从该单位所获得的各项奖金中扣回。规定在土建施工标兵段评比中连续三次倒数第一的承包方要停工整顿。

6.4 DB/EPC 交易项目:不确定性较大时风险/增值分配机制

DB/EPC 是目前我国建设领域大力推广的一种工程交易方式,政府部门已出台多种政策支持这种交易方式的发展[54,55]。然而,对于工程(结构)不确定性较大情境下采用 DB/EPC 交易方式所面临的风险/增值合理分配问题,目前认识仍然不足。此处针对重大工程承发包项目通常存在不确定性大的特点,尝试构建一种面向不确定性较大 DB/EPC 项目的风险/增值分配模型,以期有效指导重大工程承发包项目风险/增值分配实践。

6.4.1 DB/EPC 交易特点及其工程不确定性大时风险/增值分析

6.4.1.1 DB/EPC 交易特点

(1) DB/EPC 交易方式的主要优势。相较于传统 DBB 方式,其主要优势表现为[57~59]如下。

① 增强了设计施工总承包方优化工程设计或应对工程风险的内生动力。工程总承包方式下,工程设计施工由单一主体承包,不论是工程设计、工程施工或是两者的结合,均具备较大优化工程或应对工程风险的内生动力,即可有效激励工程总承包方积极优化工程。

② 建设责任明确,责任主体单一,降低了工程交易成本。工程总承包方式下,工程设计、施工、竣工验收和试运行等均由总承包方负责,可大大降低发包方的建设管理工作量及相应的建设管理费用/交易费用。这正是目前国际上大量工业建设项目广泛应用工程总承包方式的原因之一。

③ 为工程设计施工整体优化提供了平台、创造了条件。工程总承包方式下,总承包方可利用工程施工过程获得的、较为精确的数据,对工程设计前、通过勘测得到的数据进行修正,以进一步优化工程,包括永久性工程和临时性工程,以确保工程的经济性和安全性。这对工程地质条件复杂、"现场数据"不确定性大的项目,具有重要意义。

④ 可提高工程的可建造性。工程总承包方式为原本进行专业分工的

设计和施工人员提供了协同工作的平台,解决了 DBB 方式中设计施工方可能存在利益冲突,以及相关人员沟通、交流困难的问题。工程设计人员在设计中可充分吸收工程施工人员意见,工程施工人员在工程施工中也能透彻地理解工程设计的思想,从而提升工程的可建造性,降低建设成本、缩短建设工期和提高工程质量。这对技术复杂、采用新技术的工程更具意义。

⑤ 可实现快速路径施工,以缩短建设工期。工程总承包,在工程功能、工程规模、工程建设标准等确定的条件下,可实现工程的“边设计边施工”,在一定程度上可实现工程设计与施工的平行作业或搭接(overlapping)施工,即快速路径(fast track)施工,进而缩短建设工期。这对应急工程或其他建设工期紧迫的工程意义重大。

(2) DB/EPC 交易方式的缺陷。与传统 DBB 交易方式相比,DB/EPC 有下列相对缺陷[56]。

① 工程发包方对项目的可控性相对被减弱。由于工程总承包方同时负责工程设计和施工,发包方对工程的可控性相对于 DBB 方式要弱。如当总承包方为了降低工程成本而采取一些不恰当的工程方案或措施时,工程发包方可能不一定知情,更谈不上控制。

② DB/EPC 交易合同的估价难以精准。工程总承包招标时,由于没有详细的工程设计成果,不论是工程发包方还是总承包方,对工程价格的估计均较为困难,即难以较为准确地确定工程交易合同的价格。此时,总承包方在报价时经常会考虑适当的由于估价不准而导致的风险费用,从而抬高总承包交易合同价。

③ 在 DB/EPC 交易方式习惯采用工程总价合同构架下,不论是总承包方还是发包方,均面临较大的风险。工程发包方一般倾向于将工程风险转移给工程总承包方,因此当风险发生而导致损失时,工程总承包方有可能通过降低工程质量等行为来弥补损失;而当工程总承包方无法承受这种损失时,就可能会使工程总承包方破产,或工程总承包方宁愿承担违约风险而终止总承包合同,导致项目无法实施,出现工程发包方和总承包方“双输”的局面。

综上所述,相较于传统 DBB 方式,DB/EPC 方式存在设计施工一体化的突出优势,同时总价合同限制了 DB/EPC 交易方式的应用空间,未能使其优势得到充分彰显。

6.4.1.2　工程不确定性较大时 DB/EPC 项目交易风险/增值问题分析

与一般工程相比,重大工程最大的特点是工程不确定性较大。此处工程不确定性主要是指由于工程地质条件的不确定而引起的工程结构的不确定,在工程实施过程中通常引发工程量的增加或减少。工程不确定性客观存在于诸如重大水利水电工程、地铁工程、穿山越岭的高铁、高速公路等重大工程中,且较大不确定性的存在往往加大了重大工程面临较大风险的可能性。DB/EPC 交易方式的出现则为应对此种风险提供了管理思路。DB/EPC 交易方式下,设计施工一体化带来的突出优势可合理利用此风险创造项目增值。

鉴于本书研究对象主要涉及重大工程承发包项目的建设阶段,而未涉及运行阶段,故将项目增值界定为:在工程功能、规模和质量要求不变的条件下,在工程建设过程中(不包括工程运行),工程造价的降低或建设工期的缩短带来的项目价值的增加。此处项目价值的增加有正负之分。若工程造价提高或建设工期延长,则属工程交易风险,本书将其视为负增值。在没有特别说明的情况下,本书所提增值均指正增值。

DB/EPC 项目一般采用总价合同。对于工程不确定性较大的重大工程承发包项目而言,总价合同下,DB/EPC 总承包方将面临较大工程风险,当总承包方风险超出其能力范围时,很可能将风险转移给业主方,并导致工程失败。由此,部分观点认为工程不确定性较大的重大工程不适宜采用DB/EPC 交易方式。显然,这种认识割裂了重大工程与 DB/EPC 交易方式本身的联系,而误认为 DB/EPC 交易项目必然要求采用总价合同。化解此种误解的关键是,在吸收工程总承包优势的基础上,合理分配因较大工程不确定性而带来的风险/增值[59]。

6.4.2　工程不确定性条件下 DB/EPC 交易风险/增值分配模型构建

风险/增值的合理分配主要是通过合同进行,即通过为重大工程承发包项目选择合适的合同计价方式以实现风险/增值的合理分配。

6.4.2.1　工程不确定性条件下交易合同计价方式选择分析

常见工程合同可分为价格类合同和成本类合同,前者包括总价合同和单价合同,后者包括成本补偿合同、目标成本(费用)合同和保证最高价合同等。在为重大工程承发包项目选择合同计价方式时,可基于其工程不确定性较大的特点进行选择。建设工程不确定性与交易合同计价方式选择间的关系可以合同计价方式谱体现,如第 4 章图 4-3。当工程不确定性较小时,工程量变化风险不大,宜采用总价合同;当工程不确定性较大时,宜采用单价合同或成本类合同;当工程不确定性十分大时,工程量变化风险较大,宜采用成本类合同。因此,就工程不确定性较大的重大工程承发包项目而言,可考虑采用成本类合同、单价合同或者改进现有总价合同。同时为满足重大工程承发包项目成功的需要,可尝试对成本类合同、单价合同进行优化设计,以激励总承包方积极优化工程。

6.4.2.2　DB/EPC 项目交易风险/增值分配模型

此处以单价合同为例,通过优化单价合同,构建面向不确定性较大的DB/EPC 项目交易风险/增值分配模型。

假定 1:重大工程总承包项目招标前,工程方案或初步设计已经批复。而此时,相关专业人员能较为精准地判断出不确定性较大的子项工程 i 的名称、范围,并可列出其内容和初估工程量 q_{ai},也可得到其概算或估算单价 p_{ai},并形成不确定性较大子项目的工程量清单。

假定 2:为控制调整工程价格带来的交易成本,以及激励总承包方优化工程,发包方在工程交易招标时设计一个工程风险/增值的工程发包方和总承包方分配的临界参数 α;当实际工程量 q_{bi} 超出 $q_{ai}(1\pm\alpha)$ 范围时,才开始调整不确定子项 i 的单价 p_{ai} 和合价 P_{ai}。

假定 3:不确定性较大的子项目 i 因工程量变化调价时,认为当工程量增加或减少时,其变化是对称的,即存在 $\pm\beta$ 调价系数。

假定 4:由于市场波动引起工程单价的不确定问题,目前相关调整方法已较为成熟,本研究不做讨论,因而暂且假定人工、物料和机械使用台时单价不变。

对于子项 i 工程量清单的合价 P_{ai},可将其分为不变费用和可变费用两部分,正常情况下,不变费用在工程量达至工程量清单的工程量 q_{ai} 时已经分摊完毕;当实际工程量 q_{bi} 超过工程量清单的工程量 q_{ai} 时,超出部分工程量只考虑可变费用即可;而当工程量小于工程量清单的工程量 q_{ai} 时,固定费用没有分摊完成,需要在实际完成工程的工程量中体现。

对子项工程 i,其工程量单价为 p_{ai},工程合价为 P_{ai},则调整后工程合价 P_{bi} 的基本计算模型为:

$$P_{bi} = \begin{cases} P_{ai}, & |q_{bi} - q_{ai}| \leqslant \alpha q_{bi} \\ P_{ai} + (1-\beta)p_{ai}[q_{bi} - (1+\alpha)q_{ai}] + P_{0i}, & q_{bi} > (1+\alpha)q_{ai} \\ P_{ai} - (1+\beta)p_{ai}[(1-\alpha)q_{ai} - q_{bi}] + P_{0i}, & q_{bi} < (1-\alpha)q_{ai} \end{cases}$$

$$(6\text{-}42)$$

式(6-42)中,P_{0i} 为补偿工程总承包方优化子项目 i 的成本(或工程总承包方应得的优化工程收益);当工程总承包交易项目中有 n 个子项目不确定性较大,有可能需要调整时,其调整后的发包方实际支付的总费用 P_b

的计算式为：

$$P_b = \sum_{i=1}^{n} P_{bi} \tag{6-43}$$

由此，工程量风险分配后的单价合同就具有了激励性质，其可激励总承包方通过工程优化节约工程量，从而分享由此产生的项目增值。

6.4.3　DB/EPC 项目交易风险/增值分配模型相关参数讨论

DB/EPC 交易风险/增值分配模型中包括子项工程变化临界参数 α、工程单价调整系数 β 和补偿工程总承包方优化工程项目的费用 P_{Oi}。

（1）子项工程量变化临界参数 α。这一参数的确定应主要考虑两方面：一是对工程总承包方具有激励作用；二是对交易双方，其风险/增值均能接受。α 太大时（如超过 10%），当实际工程地质条件比原估计情况要差得多时，工程总承包方就难以接受，因而要有上限。如在水利水电工程概算中一般考虑工程承包企业利润是 7%[60,61]。而 α 太小时，激励的作用又将减弱。参考大多数工程交易合同中工程人工、物料等变化的价格调整的参数，一般选择为 5%[56]。因此，此处也建议取 $\alpha = 5\%$，以使风险承担和激励作用两个方面相对平衡。

（2）工程单价调整系数 β。工程实施中，工程费用分成不变费用和可变费用两部分。不变费用是完成相应工程的必备条件而产生的费用，如人和设备进场和退场费用、临时设施费用、管理费用等，其与工程量的变化没有关系；可变费用则包括机械台时费用、劳动工时费用和物料消耗费用等，其与工程量多少是联系在一起的，即与完成工程数量直接相关。工程量清单中的工程单价即由这两部分费用组成。因此，某子项 i 实际工程量 p_{bi} 超出工程量清单中列明的工程量 p_{ai} 时，超出的这部分工程量的单价中就不应该再包含不变费用了；反之，实际工程量 p_{bi} 小于工程量清单中列明的工程量 p_{ai} 时，所完成的工程量中这部分不变费用没有分摊完。工程单价调整系数 β 就是针对这种工程量变化而对工程单价进行必要调整的参数。显然，可通过对工程单价的分析，较精确地确定 β。而在工程实践中，许多工程施工合同中取 $\beta = 10\% \sim 15\%$[62]。

（3）工程总承包方优化工程的成本或应得收益 P_{Oi}。其理论分析可参见第 5 章"5.3 重大工程招标设计交易项目：设计优化收益合理分配机制"的相关内容；也可考虑下列简化分析计算：

P_{Oi} 主要包括工程设计优化的成本、工程实施过程中获得数据的成本，以及优化工程可能出现的其他风险成本等，目前虽鲜有相关研究成果，但总体而言,工程勘察设计过程起主导作用,并付出主要成本,施工过程起辅助作用,相对支付的成本也较低。而根据工程勘察设计收费标准的相关规定,该费用以工程造价/概算为基础,乘以设计费率而得[63]。此外,在式(6-42)中,P_{ai} 内已经包括了工程勘察设计费用,在这里主要考虑当实际工程量超出调整临界点,即 $q_{bi} > (1+\alpha)q_{ai}$ 或 $q_{bi} < (1-\alpha)q_{ai}$ 时,这部分工程设计优化的费用。其中,对 $q_{bi} > (1+\alpha)q_{ai}$ 这种情况,式(6-42)中实际上工程发包方已经承担了工程量变化的所有风险,而工程总承包方没有承担风险。然而,工程量变化并不说明与工程总承包方没有任何关系;从激励的视角出发,有必要对这种情况取 $P_{Oi} = 0$,这有利于促进工程总承包方优化工程。因此,可得子项目 i 的 P_{Oi} 的简化分析计算式:

$$P_{Oi} = \begin{cases} 0, & |q_{bi} - q_{ai}| \leqslant \alpha q_{bi} \\ 0, & q_{bi} > (1+\alpha)q_{ai} \\ \xi_i p_{ai}[(1-\alpha)q_{ai} - q_{bi}], & q_{bi} < (1-\alpha)q_{ai} \end{cases} \qquad (6-44)$$

式(6-44)中 ξ_i 为优化工程费率,可借鉴工程勘察设计费方法,具体可采用政府或行业颁布的相关标准[63,64],并针对总承包项目的特点,包括工程总承包的范围、工程优化的难度,以及激励工程总承包方优化工程等因素进行适当取值。在第 5 章"5.3.4 工程应用:南水北调工程某抽水泵站工程招标设计优化收益分配机制"中,工程设计方收益占子项优化总增值的34.33%,即 $\xi_i = 0.3433$。式(6-44)中其他符号同式(6-42)。

6.4.4 工程应用:某重大工程 DB 项目风险/增值分配方案

总投资上百亿的某工程部分采用 DB 交易方式,但与地质基础相关的3 个子项工程,包括土方开挖、石方开挖和对应的混凝土浇筑的不确定性较大,完全采用总价合同风险较大。因此,发包人在工程招标时将这 3 个子项工程单独列出。其中,土方开挖、石方开挖和混凝土浇筑的估计工程量分别为:$157.78 \times 10^4 \text{ m}^3$、$236.72 \times 10^4 \text{ m}^3$ 和 $117.53 \times 10^4 \text{ m}^3$;经工程单价分析,在合同中确定这 3 个子项工程固定费用占总费用的比例 β 分别为:25%、26% 和 28%。

工程招标时,发包方采用式(6-42)~式(6-44)作为分配交易风险/增值的计算模型,在工程总承包合同中规定,工程量变化比例临界参数 $\alpha = \pm 4\%$;工程总承包方优化工程应得收益 P_{Oi} 采用式(6-44)计算。其中,参考类似工程,取优化工程费率 $\xi_i = 30\%$。

通过公开招标,中标工程总承包方对这 3 个子项工程的报价分别为:

15.11 元/m³、28.90 元/m³ 和 541.11 元/m³；合价分别为：2 384.06×10⁴ 元、6 841.21×10⁴ 元和 63 596.66×10⁴ 元。

工程实施后，3 个子项工程实际发生：土方开挖、石方开挖和混凝土浇筑的工程量分别为 170.80×10⁴ m³、220.86×10⁴ m³ 和 118.82×10⁴ m³。

经计算，土方开挖、石方开挖实际工程量变化比例分别为 8.25% 和 −6.70%（负号表示工程量减少了），均超过了临界参数 α；而混凝土浇筑子项的实际工程量变化比例没有超出临界参数 α。

由于土方开挖、石方开挖子项的 α 超过了合同规定的范围，对工程价应予以调整；而混凝土浇筑子项的 α 没有超过合同规定的范围，工程价不应予以调整。

（1）土方开挖子项工程价实际值 P_{b1} 计算。根据式（6-43），取 $P_{0i}=0$，$\beta=25\%$，$q_{a1}=157.78\times10^4$ m³，$q_{b1}=170.80\times10^4$ m³，$\alpha=4\%$，$P_{a1}=2\ 384.06\times10^4$ 元，则有：

$$P_{b1}=P_{a1}+(1-\beta)p_{a1}[(1+\alpha)q_{a1}-q_{b1}]$$
$$=2\ 384.06\times10^4+(1-0.25)\times15.11\times[(1+0.04)\times157.78-170.80]\times10^4$$
$$=2\ 308.03\times10^4（元）$$

（2）石方开挖子项工程价实际值 P_{b2} 计算。取 $\xi_2=30\%$，$p_{a2}=28.90$ 元/m³，$q_{a2}=236.72\times10^4$ m³，$q_{b2}=220.86\times10^4$ m³，$\alpha=4\%$，由式（6-44）计算 P_{02}：

$$P_{02}=\xi_2 p_{a2}[(1-\alpha)q_{a2}-q_{b2}]$$
$$=0.3\times28.90\times[(1-0.04)\times236.72-220.86]\times10^4$$
$$=55.40\times10^4（元）$$

进一步由式（6-42），计算 P_{b2}：

$$P_{b2}=P_{a2}-(1+\beta)p_{a2}[(1-\alpha)q_{a2}-q_{b2}]+P_{02}$$
$$=6\ 841.21\times10^4-(1+0.26)\times28.90\times[(1-0.04)\times236.72-220.86]\times$$
$$10^4+55.40\times10^4$$
$$=6\ 663.88\times10^4（元）$$

（3）由式（6-43），计算 3 个不确定性较大子项工程实际总支付 P_b：

$$P_b=\sum_{i=1}^{3}P_{bi}=2\ 308.03\times10^4+6\ 663.88\times10^4+63\ 596.66\times10^4$$
$$=72\ 568.57\times10^4（元）$$

6.5　本 章 小 结

重大工程承包类项目交易的特点不仅是交易标的份额大,且存在交易方式多,即交易治理结构形式多,因而相应也存在多种治理机制,它们之间并不相关。本章选择重大工程承发包项目交易中 3 种主要机制开展研究。

(1) 与 DBB 交易方式对应的多目标激励机制研究。现有的一些研究中,将 DBB 交易方式下工程产品的质量、工期和成本整合在一起进行研究。事实上,这意义不大,主要在于工程工期是容易观察到的,可明确进行考核,而降低工程成本对工程承包方有内生驱动力,则不需要项目法人关注。而重大工程产品质量,以及工程建设中的安全和环保目标是难以观察或与工程承包方的成本相关,因而为项目法人所关注。因此,本课题研究围绕这 3 个目标的激励机制展开研究,更具有理论意义和应用价值。

(2) 与 M-DBB 交易方式相应的锦标激励与劳动竞赛融合治理机制研究。实践表明,重大工程,特别是呈线状分布的工程,如输水工程、高铁工程、高速公路等,一般将其在空间上分成若干段/块,然后采用 DBB 交易方式实施,即 M-DBB 交易方式。对 M-DBB 交易方式,可应用“经济人”假设下的锦标激励理论开展研究,但人性对环境是有依赖性的,特别在中国特色社会主义建设中,社会主义制度下产生的劳动竞赛理论并不过时。因此,本研究将两种理论融合,探讨重大工程 M-DBB 交易方式激励机制,并结合广东省东深供水改造工程实践,设计激励体系和方法,取得满意效果。

(3) 不确定性较大的重大工程总承包(DB/EPC)交易方式相应的项目风险/增值合理分配机制研究。重大基础工程中的部分子项工程不确定性较大,若采用传统工程总价合同,工程发包方或总承包方可能面临较大的风险;而采用传统单价合同,则对工程总承方而言就缺乏激励,即失去了 DB/EPC 交易方式的最大优势。本研究提出了一种融合传统工程总价合同和单价合同,能充分发挥它们优势,面向不确定性较大的 DB/EPC 交易方式相应项目的风险/增值优化分配的模型,并提出了该模型中相关参数的分析计算方法;丰富和发展了工程交易方式和工程交易合同计价理论,并具有较强的实际工程的应用价值。

(4) 本章主要创新体现在:围绕重大工程项目质量、安全和环保等 3 个对项目法人而言难以观察,或控制的交易成本较高的项目目标,提出了多目标激励模型;针对大多重大工程同时分批发包多个子项目的特点,提出整合锦标激励与劳动竞赛的交易激励机制;针对重大工程不确定性较大的子工程交易,提出了项目风险/增值优化分配的模型,并进一步提出了该模型中相关参数的分析计算方法。

本章讨论了重大工程承发包项目治理机制的 3 类关键问题,对相应项目交易中调动工程承包方积极性、提升工程实施效率和促进项目目标实现均有重要意义;所提出的理论和方法对丰富和发展工程项目交易治理理论将产生重要影响。

参 考 文 献

[1] 中国工程咨询协会编译. 设计采购施工(EPC)/交钥匙工程合同条件(1999 年第一版)[M]. 北京:机械工业出版社,2002.

[2] 李维安. 公司治理[M]. 天津:南开大学出版社,2001.

[3] WINCH G M. Governing the project process:a conceptual framework[J]. Construction Management and Economics,2001,19(7):799-808.

[4] 沙凯逊. 建设项目治理[M]. 北京:中国建筑工业出版社,2013.

[5] 沙凯逊. 建设项目治理十讲[M]. 北京:中国建筑工业出版社,2017.

[6] 张维迎. 博弈论与信息经济学[M]. 上海:上海三联书店,1996.

[7] 王卓甫,简迎辉. 工程项目管理:模式及其创新[M]. 北京:中国水利水电出版社,2006.

[8] 王卓甫,丁继勇. 工程项目管理:工程总承包管理理论与实务[M]. 北京:中国水利水电出版社,2014.

[9] FIDIC. Conditions of contract for plant & design-build (Second Ed,2017)[M]. Switzerland:FIDIC-World Trade Center II,2017.

[10] TURNER J R. Farsighted project contract management:incomplete in its entirety[J]. Construction Management and Economics,2004(22):75-84.

[11] 丁继勇,王卓甫,安晓伟. 水利水电工程总承包交易模式创新研究[M]. 北京:中国建筑工业出版社,2018.

[12] 王卓甫,丁继勇,乔然,等. 广东省水利工程建设项目法人组建方式和治理对策研究[R]. 南京:河海大学工程管理研究所,2019.12.

[13] LIN Y Y,WANG Y S,LIU J K. Moral risk analysis of construction project cost management incentive mechanism[J]//Applied Mechanics and Materials,2012,1801(174-177).

[14] 牛鹏志,刘伟强. 工程质量激励的"合同价修正系数"研究[J]. 建筑经济,2013(9):39-41.

[15] 郭汉丁,张印贤,陶凯. 工程质量政府监督多层次利益分配与激励协同机制探究[J]. 中国管理科学,2019,27(2):170-178.

[16] LAZEAR E P, ROSEN S. Rank-order tournament as optimum labor contracts[J]. Journal of Political Economy, 1981, 89(5): 841-864.

[17] 邹瑜.法学大辞典[M].中国政法大学出版社,1991.

[18] 管百海,胡培.联合体工程总承包商的收益分配机制[J].系统工程, 2008, 26(11): 94-98.

[19] 管百海,胡培.重复合作联合体工程总承包商利益分配机制[J].系统管理学报, 2009, 18(2): 172-176.

[20] 安晓伟,王卓甫,丁继勇等.联合体工程总承包项目优化收益分配谈判模型[J].系统工程理论与实践, 2018, 38(5): 1183-1192.

[21] 戴大双,邵冲,张爽.代建制项目激励模型探究[J].项目管理技术, 2018, 16(5): 7-11.

[22] 严玲,邓新位,邓娇娇.基于关键项目治理因子的代建人激励实证研究:以项目控制权为调节变量[J].土木工程学报, 2014, 47(6): 126-137.

[23] 张光宇,李长春.基于共同代理的业主方项目管理激励制度探讨[J].建筑经济, 2014, 35(11): 46-49.

[24] LIU J, GAO R, CHEAH C Y J, et al. Incentive mechanism for inhibiting investors' opportunistic behavior in PPP projects [J]. International Journal of Project Management, 2016, 34(7): 1102-1111.

[25] BERENDS T C. Cost plus incentive fee contracting-experiences and structuring[J]. International Journal of Project Management, 2000, 18(3): 165-171.

[26] SHEN L. Incentive contract study on the design optimization and innovation of green buildings: a perspective of value chain[J]. Open Cybernetics & Systemics Journal, 2013, 7(1): 23-31.

[27] 杨耀红,田宇,梁敏洁.多重激励下的项目优化研究[J].项目管理技术, 2019, 17(3): 74-78.

[28] 陈勇强,傅永程,华冬冬.基于多任务委托代理的业主与承包商激励模型[J].管理科学学报, 2016, 19(4): 45-55.

[29] 丁一.政府投资项目中政府业主对承包商的激励机制研究——基于多任务委托—代理模型的分析[J].扬州大学学报(人文社会科学版), 2012, 16(1): 27-32.

[30] GREEN J R, STOKEY N L. A comparison of tournaments and contracts[j]. Journal of political economy, 1983, 91(3): 349-364.

[31] O'KEEFFE M, VISCUSI W K, ZECKHAUSER, R J. Economic contests: comparative reward schemes[J]. Journal of Labor economics 1984, 2(1): 27-56.

[32] HARBRING C. The effect of communication in incentive systems: An experimental study[J]. Managerial and Decision Economics, 2006, 27(5): 333-353.

[33] 郭心毅,蒲勇健,陈斌.不公平对待努力水平的影响——基于三阶段锦标模型的

研究[J]. 科技进步与对策, 2010, 27(5): 135-140.

[34] 魏光兴, 唐瑶. 考虑偏好异质特征的锦标竞赛激励结构与效果分析[J]. 运筹与管理, 2017, 26(9): 113-126.

[35] 敬辉蓉. "锦标赛"激励机制与团队成员的合谋博弈分析[J]. 西南民族大学学报(自然科学版), 2009, 35(4): 693-697.

[36] 李雷. 基于锦标制度的供应链激励机制研究[J]. 吉林大学学报(信息科学版), 2013, 31(4): 425-431.

[37] 杨婧然, 王珮珩. 汽车整车组装企业渠道商管理的锦标机制[J]. 系统工程, 2014, 32(5): 123-127.

[38] MARY O, KIP W V, RICHARD J Z. Economic contests: comparative reward schemes [J]. Journal of Labor Economics, 1984(2): 27-56.

[39] SOPHIA L S, AHSAN H, HEDY J H. Tournament incentives and stock price crash risk: evidence from China[J]. Pacific-Basin Finance Journal, 2019, 54: 93-117.

[40] 列宁. 怎样组织竞赛//列宁选集(第3卷)[M]. 北京: 人民出版社, 1972.

[41] 夏征农, 陈至立. 辞海[M]. 上海: 上海辞书出版社, 2009.

[42] 高明岐. 社会主义劳动竞赛概论[M]. 北京: 中国工人出版社, 1993.

[43] 袁嘉. 关于新时期做好国企劳动竞赛活动的思考[J]. 新经济, 2015(22): 107-108.

[44] 陆斌红. 劳动竞赛与劳动生产率关联度案例研究: 用劳动竞赛创一流芳烃[J]. 管理观察, 2017(3): 138-140.

[45] 李取君. 浅析新时期劳动竞赛机制的创新[J]. 农村经济与科技, 2017, 28(14): 257-258.

[46] 马亮. 国家重大工程建设中开展社会主义劳动竞赛的探究[J]. 建设监理, 2017(3): 63-66.

[47] 李华, 姚品品, 王若愚. 国家重大水电工程建设劳动竞赛工作探析——以中国三峡集团乌东德水电站为例[J]. 水电与新能源, 2018, 32(9): 44-47+52.

[48] 郑芳. 锦标激励的理论评述与应用[J]. 科技咨询, 2008(7): 178-179.

[49] 胡羽. 社会主义劳动竞赛理论的新发展——新时期山西省社会主义劳动竞赛理论研究巡礼[J]. 中共山西省委党校学报, 1992(2): 34-36+8.

[50] BOYD B K. CEO duality and firm performance: a contingency model[J]. Strategic management journal, 1995, 16(4): 301-312.

[51] ALBANESE R, DACIN M T, HARRIS I C. Agents as stewards[J]. Academy of Management Review, 1997, 22(3): 609-611.

[52] TOSI A L, BROWNLEE A L, SILVA P, et al. An empiriacal exploration of decision-making under agency controls and stewardship structure[J]. Journal of Management Studies, 2003, 40(8): 2053-2071.

[53] 广东省东江—深圳供水改造工程建设总指挥部. 东深供水改造工程(第一卷 建

设管理)[M]. 中国水利水电出版社, 2005.

[54] 中华人民共和国住房和城乡建设部. 建设项目工程总承包管理规范[S]. 2017.

[55] 中华人民共和国住房和城乡建设部. 房屋建筑和市政基础设施项目工程总承包
管理办法[S]. 2019.

[56] 王卓甫, 丁继勇. 工程总承包理论与实践[M]. 北京: 中国水利水电出版社, 2014.

[57] 黄京焕, 刘刚强, 鞠其凤. 水电工程 EPC 总承包特点及分析[J]. 四川水力发电,
2007, 26(2): 5-8.

[58] 李卓, 常陆军. 工程总承包理论若干重要问题的探讨[J]. 建筑, 2005(3): 12-14.

[59] 王卓甫, 杨高升, 洪伟民. 建设工程交易理论与交易模式[M]. 中国水利水电出版
社, 2010.

[60] BEARD J L, LOULAKIS M C, WUNDRAM E C. Design-build: planning through
development[M]. New York: McGraw-Hill, 2001.

[61] 王卓甫, 丁继勇, 王道冠等. 基于增值的水电工程总承包模式应用决策分析框架
[J]. 水力发电学报, 2014(3): 317-323+330.

[62] 水利部. 水利工程设计概(估)算编制规定(水总[2014]429)[S]. 2014.

[63] 国家发展和改革委员会、建设部. 工程勘察设计收费标准[M]. 中国市场出版
社, 2018.

[64] 中国水利水电勘测设计协会. 建设工程造价案例分析[M]. 郑州: 黄河水利出版
社, 2019.

第7章　数字建造时代重大工程
交易治理理论发展

数字建造是以建筑信息模型(building information modeling, BIM)为基础[1,2],并融合地理信息系统(geographic information system, GIS)、云计算、大数据、物联网、人工智能(artificial intelligence, AI)和区块链(blockchain)等的集成技术[3],目前已经在世界范围内推广应用,数字建造时代已经到来[4]!

7.1　数字建造及其对重大工程交易治理的影响分析

数字建造改变了传统工程建造过程和方式,推动着建筑业的变革并产生深远的影响[5]。

7.1.1　数字建造简介

(1)BIM 的起源与发展。数字建造的基础是 BIM 技术,目前通常认为 BIM 起源于 1974 年美国学者查尔斯·伊斯曼(Chuck Eastman)提出的"Building Description System"。20 世纪 80 年代,图软公司(Graphisoft)提出虚拟建筑模型(virtual building model, VBM)理念,初步开展了 BIM 技术的研究,推出了 ArchiCAD 软件[6]。美国学者艾什·罗伯特(Aish Robert)更准确地提出了"Building Modeling"概念。20 世纪 90 年代,G.A.活克尼德文(G.A.van Nederveen)等为 BIM 命名:Building Information Model,并提出要整合建设项目参与者各层面、各视角的信息,以满足各专业和各功能提取信息的需要。21 世纪初,大量软件开发商介入 BIM 技术的研发,其中,Autodesk 公司在 2003 年的《BIM 白皮书》中,将 BIM 定义为目前较为普遍认同的"Building Information Modeling",标志着 BIM 的研究和应用进入新阶段[7]。近几年 BIM 中的 M 又发展为 Management,即协同管理平台,以及Mobility,即电子资产移交。

(2) 从 BIM 到数字建造或数字建造平台。随着 BIM 与 GIS、云计算、大数据、物联网和 AI 等新信息技术的融合,杨宝明率先提出了数字建造的概念[8],并引发了系列相关的研究。Bilal M、Baracho R M A 和张云翼等的研究认为,在新时代,GIS、云计算、大数据、物联网等与 BIM 技术缺一不可,只有将它们充分集成才能共同发挥价值[9~11]。我国住房和城乡建设部在《城市轨道交通工程 BIM 应用指南》中将 BIM 与 GIS、云计算、大数据、物联网和 AI 等现代信息技术整合,并将在工程项目上应用所形成的软件和硬件环境称为 BIM(数字建造)平台。数字建造平台结构框架如图 7-1所示。

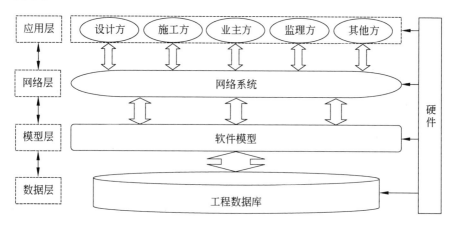

图 7-1　数字建造平台结构框架

　　显然,数字建造或数字建造平台在整合众多新发展的信息技术后,比单一的 BIM 技术的应用更先进,也更加复杂,可为重大工程项目参与各方提供强大的服务功能[12]。

7.1.2　数字建造对重大工程交易的影响

　　(1)数字建造改变了重大工程传统的建造过程和建造方式。何关培等的研究认为数字建造技术/平台的应用,不仅甩开了传统设计图纸,实现了工程建造从二维时代走向三维时代,以及甩开了部分人工的现场监管[13],而且打破了传统工程产品的形成方式,即改变了传统工程建造过程和方式。丁烈云将数字建造对工程建造产生的影响概括为"3 个两"[14],即"两个过程":数字建模过程和实物建造过程;"两个平台":数字建造平台(后台)和产品建造平台(施工现场,前台);"两个产品":工程产品和数字产品。其中,工程产品供客户使用,数字产品为工程产品的运行和维护提供支撑。重大工程交易产品形成过程的这些变化,促进了重大工程建造精细化和建造效率的提升,并可提高重大工程项目全寿命期的整体绩效。

(2)数字建造提升了重大工程交易数据/信息传递方式、传递效率,并降低了交易信息的不对称性。传统工程交易信息传递过程如图 7-2(a)所示,其以项目法人为中心,呈"接力棒"方式传递,并主要以纸为介质承载信息,容量有限、传递层次多、速度慢、效率低,直接影响到参与各方的管理决策。数字建造平台情境下工程交易过程信息传递如图 7-2(b)所示。与传统工程交易信息传递方式相比,其以数字建造平台为中心,工程交易相关方直接从数字建造平台获得信息或上传相关数据/信息,具有工程交易信息传递便捷、容量大和效率高等特点,并促进了工程交易相关方管理决策速度的提升。此外,Liang J 基于委托代理理论研究了数字建造平台的工程交易信息不对称问题[15,16],袁霄等结合工程实践的研究表明,其能有效地降低工程信息的不对称性[17]。这些研究成果对促进重大工程交易治理理论发展产生了一定影响。

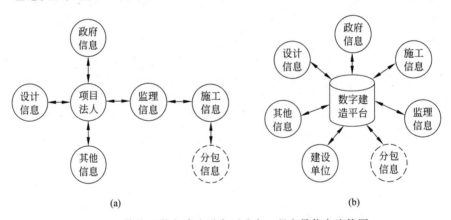

(a)　　　　　　　　　　　　(b)

图 7-2　传统和数字建造平台下重大工程交易信息流简图

(3)在数字建造情境下,随着交易信息不对称程度的降低,其改变了工程交易参与方的交易行为。钟炜、乜凤亚和徐韫玺等的研究发现,在数字建造平台情境下,由于工程交易参与方信息对称性的变化,工程交易参与方利益协同工作驱动的环境改变了;工程交易双方的行为选择和利益均衡策略均在调整;工程交易双方追求利益的方式、方法也在改变[18~20]。数字建造平台促进了交易信息不对称程度的降低,但工程交易参与方的交易行为如何演化? 以及不同等级数字建造平台对工程交易参与方的交易行为的演化程度如何? 这些问题的研究还有待深入。

(4)在数字建造情境下,重大工程交易治理结构和治理机制均存在优化空间。在传统建设工程交易模式下,由于交易的不确定性和交易信息的不对称性,以及工程承包方存在机会主义动机,项目法人/工程发包方面临着道德风险,以及行为激励的局限性,因此,在工程交易中广泛引进"第三方":监理工程师,对交易过程进行协调、监管,同时辅以激励机制,以促进重大工程项目目标的实现。而在数字建造情境下,其可有效改善重大工程项目实施过程中的信息流,节约工程建设和项目参与方的经营成本[21,22],也促进了工程交易的信息共享,降低了工程交易信息不对称的程度。例如,可以利用数字建造平台的数字建模过程,使参与工程建造各方掌握施工过程相关信息,使工程变更、索赔等相关信息在一定程度上透明化,这可有效遏制在这些过程的"敲竹杠"行为;又如,可以借助数字建造平台的远程监视功能,方便地对施工现场的场情进行监视和记录,这也可有效地遏制道德风险,甚至还可以利用人工智能技术,实现对传统工程交易的部分中间过程或子项目进行验收。数字建造平台可促进重大工程交易治理结构优化,也可促进重大工程交易治理机制的优化,如何将两者整合优化,以获得最佳效果,相关研究还有待深入。

7.1.3 数字建造情境下重大工程交易治理结构模式的演进

7.1.3.1 数字建造情境下重大工程交易要素的变化

在传统工程交易中,人们关注的交易要素主要是交易的主体、客体,以及交易合同和管理/治理。在数字建造情境下,交易中新增加了交易要素:数字建造平台。其成为工程交易要素的主要原因如下。

(1) 数字建造平台成了连接重大工程交易各方的枢纽。工程交易并不是"一手交钱,一手交货",而是"边生产,边交易"。在数字建造情境下,数字建造平台扮演重要角色,包括存储和传递交易或工程实施信息、优化工程实施方案、展示工程实施过程,成为参与工程交易各方提供决策所依赖的数据/信息中心。

(2) 数字建造平台不同程度上降低了交易双方信息不对称的程度,进而可降低交易成本。在传统工程建设情境下,工程承包方常刻意隐瞒或滞后传递项目真实信息,拒绝或有选择地进行信息共享[23~25],数字建造平台的构建,促进了工程交易信息的共享,降低了传统工程交易过程中严重的信息不对称程度。例如,在传统工程交易过程中,工程实施方案,即施工组织设计以二维图和文字描述的方式展示,不直观,且粗糙,因此具体实施过程可以调整的空间可能较大,承包方施工的自由度较大,而且代表发包方的监理工程师有必要旁站监督;而采用数字建造平台后,可采用动态仿真方法展示施工过程,而且可对承包方的施工过程全程记录,也可对实施过程实时监察;这些均可降低工程交易中信息的不对称性,当然降低程度与数字建造平台的等级相关。信息不对称程度的降低可促进工程交易成本下降。为此,Bean T K 等探讨了在数字建造情境下,工程交易成本的分析计算方法[26]。

7.1.3.2 数字建造平台等级划分

(1)数字建造平台分等。对不同工程项目和不同项目法人,完全有必要不同程度地采纳数字建造技术,即选用不同等级的数字建造平台(g)。而对于不同等级 g,平台建设投入不同,对工程项目交易治理的影响程度也不同。目前国际上通常以数字建造平台为基础,即 BIM 成熟度等级作为采纳应用标准,成熟度等别高者表明数字建造平台的功能和交换信息能力强,并在一定程度上体现工程项目参与方的协同水平[27,28]。而 BIM 成熟度等别则以数字建造平台具有构建三维(3D)模型的功能为基础,分为 3等;能提供仿真建模功能时,则增加了时间/进度维度(变成 4D),则为 4等;能提供工程造价计算功能则增加了成本管理功能维度(变成 5D),以此类推。总之,在三维建模的基础上,根据数字建造平台提供的重大工程项目目标控制功能来划分其等别。

(2)数字建造平台分级。仅对数字建造平台分等级不能完全反映其对工程交易治理所作的贡献。有必要根据数字建造平台提供的交易行为信息,或该平台辅助管理的深度,在数字建造平台分等的基础上,进一步对数字建造平台分级,形成二维的数字建造平台等级分类体系。例如,工程项目质量控制中,若数字建造平台仅有向项目法人提供建筑材料特征信息的能力,与有进一步向项目法人提供承包方施工行为信息(或工程交易中间产品特性信息)的能力相比,这对项目法人的监管来说,该平台的价值就存在较大的差异,并最终表现在工程交易监管组织的简化或工程交易成本的降低上。

根据上述数字建造平台等级划分基本思路,构建该平台等级划分标准如表 7-1 所示。

表 7-1　数字建造平台等级划分标准:功能描述表

级别	等　　别				
	3D (基本功能)	4D (时间管理)	5D (费用管理)	6D (质量管理)	7D (安全管理)
I	三维建筑模型 (BIM 基本功能)	动态仿真(BIM 基本功能)	基础单价、工程定额管理	质量标准管理	安全标准管理

级别	等　别				
	3D（基本功能）	4D（时间管理）	5D（费用管理）	6D（质量管理）	7D（安全管理）
Ⅱ	工程实施方案编制与审批	进度计划（CPM）与关键路线分析；进度—资源优化	设计工程量计算；工程造价计划编制	进场人员、材料和施工机械特征值相关信息管理；施工过程视频和记录	进场人员、进场施工安全相关物料特征值信息管理；施工过程视频和记录（同质量管理）
Ⅲ	工程实施方案优化（设计优化功能）、审批	工程进度偏差分析、动态优化；工程进度风险分析	完成工程自动计量；完成工程造价自动分析	工程形态和特征尺寸分析；部分工程中间验收；工程现场质量状态智能评估并预警	工程现场相关人员行为管理；工程安全措施落实现状分析；工程现场安全状态智能评估并预警

7.1.3.3　数字建造情境下重大工程项目层面交易治理结构模式重构

重大工程项目层面交易治理结构，优化采用数学模型，可表达为：$GS_{(1)} = \min\limits_{C_1}(D,O)$［见第 2 章式(2-2)］，其中，$\min\limits_{C_1}(D,O)$ 表示工程发包方式 D 与交易管理方式 O 组合所形成的方案集合中，其交易成本 C_1 最低的方案为优化设计的方案。

在数字建造平台情境下，传统工程建设过程和建造方式改变了，也促进了工程项目层面交易信息传递方式的变化；同时，交易信息的共享程度提升了，交易信息不对称程度降低了。数字建造平台成了工程交易监管/治理的有力工具。显然，数字建造平台是对传统工程交易治理/监管方式的加强。故数字建造平台管理方式（G）不仅影响平台运行效率，还影响工程交易的协同，并与工程交易绩效直接相关。因此，在数字建造情境下，重大工程交易项目层面的治理结构模式（GS_1^+）可概括为："传统工程交易治理结构+数字建造平台管理方式 G"的函数，工程交易治理所追求的是：所设计的项目层面治理结构下的交易成本 C_1 最低，即有：

$$GS_1^+ = \min\limits_{C_1}(D,G) \tag{7-1}$$

式(7-1)中，$\min\limits_{C_1}(D,G)$ 为 D 与 G 的组合所形成的方案集中交易成本 C_1 最低的方案。

7.1.4　数字建造情境下重大工程交易治理面临的新问题

数字建造是个技术/工具，但其应用后，既会对工程交易治理产生积极影响,又会带来管理/治理新问题。正如王秋燕将数字建造技术应用于工程实践后发现,仅当实现管理科学化才能使项目产生实质性增值[29]。

7.1.4.1 数字建造平台管理方式的优化问题

(1)数字建造平台管理的特点。在工程技术视角下,数字建造平台让工程建设进入"三维"时代,其拥有的动态仿真功能,可有效促进工程建设的精细化,并提升生产效率;在工程交易视角下,其提升了交易信息传递效率和信息共享程度,降低了工程交易成本。但应该认识到,这些优势,均是靠数字建造平台的软件、硬件和网络等系统环境,以及工程参与方的终端设备的支持才得以实现的。这其中不仅是数字建造平台的建设,更重要的是该平台的科学管理,包括系统运行、维护和升级,以及工程交易数据/信息获取、变更等。这些活动均存在一定的专业性,需要专业的团队管理,同时也需要该平台使用者,包括:工程交易参与各方的合作、协同。因而,数字建造平台管理较为独立,并支撑着工程交易活动,但其运行效果也依赖于工程交易参与各方和工程交易活动状态。

(2)数字建造平台管理方式,即该平台运行、维护、管理可采用的方式。赵彬等的研究指出了工程咨询型和项目法人自主型管理方式是工程项目应用数字建造平台的主要方式[30]。孙峻等将数字建造平台管理归纳为项目法人方自主、设计主导和工程咨询辅助3类方式[31]。吕坤灿等通过对164个工程项目案例进行分析,指出目前国内数字建造平台主要管理方式有4类:项目法人方主导、设计主导、施工主导和工程咨询主导方式[32]。根据国内外BIM应用研究文献分析和中国实践调查,目前我国数字建造平台常用或可采用的基本管理方式主要包括5种,即项目法人方管理、(BIM)专业咨询方管理、工程设计/咨询方管理、工程承包方和工程总承包方管理等方式。各种管理方式的优劣和适用情况如表7-2所示。

表7-2 数字建造平台几种常用管理方式优劣比较表

平台管理方式	优　　势	劣　　势	主要适用场合
项目法人自主管理	① 能有效把握工程交易信息,对工程交易治理支持力度大; ② 项目建成后相关人员可直接转入运行管理; ③ 平台协同管理能力强,满足工程交易治理需求的程度高	① 管理平台(IT)专业人才缺乏,平台正常运行保证率低; ② 缺管理平台的专业能力和经验	结构简单、交易单一,以及平台等级较低而IT技术应用简单的工程项目

续表

平台管理方式	优　势	劣　势	主要适用场合
（BIM）专业咨询方管理	① 管理平台的（IT）专业能力强、经验丰富； ② 平台正常运行保证率高	① 平台协同管理能力较弱，满足工程交易治理需求程度低； ② 平台管理组织成本较高	平台等级高，且 IT 技术应用难度高的工程项目
工程设计/咨询方管理	① 能有效把握工程交易信息，对工程交易治理支持力度较大； ② 平台协同管理能力强，满足工程交易治理需求的程度较高； ③ 平台管理组织成本较低	① 管理平台（IT）专业人才不足； ② 采用这种方式时，可供选择的工程设计企业较少	平台等级较高，但 IT 技术应用难度一般的工程项目；适用于 DBB 交易方式
工程承包方管理	① 能有效把握工程交易信息，协调工程设计、业主方的关系； ② 平台协同管理能力较强，满足工程交易治理需求的程度一般	① 管理平台（IT）专业人才不足； ② 采用这种方式时，可供选择的工程施工企业较少	一般为工程核心承包方；主要适用于 CM 交易方式
工程总包方管理	① 能有效把握工程交易信息，对工程交易治理支持力度较大； ② 平台协同管理能力强，满足工程交易治理需求的程度较高	① 管理平台（IT）专业人才不足，管理经验不足； ② 采用这种方式时，可供选择的工程总承包企业较少	平台等级较高，但 IT 技术应用难度一般；适用于 DB/EPC 交易方式

一般情况下，项目法人应考虑工程项目特点、数字建造平台等级，或 IT 技术应用难度，以及工程交易方式、项目交易监管/治理方式对数字建造平台管理的要求作出适当选择。

7.1.4.2　重大工程数字建造平台数据/信息供给问题

重大工程通常具有较大的不确定性，即在工程实施过程中，还有许多工程数据/信息需要补充或完善。而在专业化分工日趋细化的今天，参与工程建设方众多，主要包括工程设计和工程承包方，它们均是工程项目实施过程中工程数据/信息的供给者。对工程项目而言，获得完整、客观的工程数据/信息，才有可能保证工程实施的优化；而有了数字建造平台，同样也少不了这些基础的工程数据/信息的支持。然而，在工程交易的环境下，一方面获取工程数据/信息需要成本;另一方面,对工程项目的代理方,特别是工程承包方,工程数据/信息还意味着机会收益。因而在工程实施过程中设计方和工程承包方均没有向数字建造平台提供新的客观数据/信息的积极性,而这正是项目法人优化工程的基础。显然,对于不确定性较大的重大工程,为充分发挥数字建造平台在优化工程中的作用,项目法人首先要采取措施或构建机制以激励工程设计方和工程承包方积极向数字建造平台提供客观的数据。相关机制将在下文中探讨。

7.1.4.3 数字建造平台优化收益共享问题

利用数字建造平台优化工程,并不意味着平台能自动优化工程,而是在平台获得客观数据的基础上,需要工程咨询服务方/设计方借助平台这个工具才能实现。这一般离不开工程设计方的努力。只不过这种努力与传统工程优化稍有差别:一是在数字建造平台上优化工程可能成本更低;二是在数字建造平台优化工程更便捷,使优化做得更完美;三是优化工程的范围一般更宽,优化工程所需要的时间会更短。然而,与传统工程优化一样,有必要对优化收益在设计方和项目法人间进行分配。具体分配机制也类似,仅是参数不同,详细可见本书第 5 章的 5.3 节。

7.2　数字建造情境下重大工程交易行为演化分析

数字建造平台作为一个新的工程交易要素,在交易治理中发挥着重要作用。在传统工程实施过程中,机会主义行为和"敲竹杠"现象时常发生,给项目法人带来极大损害。而在数字建造情境下,传统重大工程建造过程和建造方式被改变,交易数据/信息传递方式、传递效率得到提升,交易信息的不对称性降低。然而,在信息不对称程度改变的情况下,机会主义行为频繁发生的现象能否得到改善? 重大工程交易参与方的行为将会如何变化? 这些问题都值得思考。本节将对重大工程交易参与方的行为策略选择及其影响因素进行分析。

7.2.1　数字建造情境下行为演化相关研究分析

采纳或应用数字建造技术改变了重大工程建造方式和建造过程,即改变了人们建造工程的行为方式,其相关问题已经有了较多的研究[33,34]。但在数字建造情境下,与传统工程交易相比,降低了工程交易方之间交易信息不对称的程度[35],袁霄等结合工程案例的研究表明,这一降低程度十分明显,并对工程参与方的交易行为也有影响[17]。由微观信息经济学可知[36],这种对重大工程交易参与方交易行为影响必将是直接的,但对它们是如何影响的,以及影响程度如何？目前直接的研究成果还没有出现,但在相关领域或类似问题上有一些研究成果。樊兴菊基于演化博弈理论分析工程项目参建方之间博弈关系[37],吴光东利用演化博弈理论,研究项目法人不采取或采取激励措施的情况下工程承包方的策略选择,并进而分析了工程承包方道德风险行为演化过程[38]。乐云等利用演化博弈理论建立了项目法人与工程咨询方合作过程中双方合作学习的支付矩阵,揭示了双方的行为策略对双方合作学习的影响,并用仿真方法展示混合策略下不同参数变化对其行为演化的影响[39]。这些文献促进了工程交易参与相关方行为演化的研究,但在数字建造情境信息不对称程度降低条件下,其对工程交易参与方交易行为演化的规律的解释说服力还不够,相关研究有待深入,本节试图对此进行探索。

7.2.2　重大工程交易参与方非对称行为演化模型

7.2.2.1　交易参与方行为交互情境再现及假设

在数字建造平台情境下,工程交易参与方包括具有学习适应能力的3方:工程监理方、工程承包方、项目法人。其中工程监理方的行为选择集合 $S1$:{监管,违规合谋};工程承包方的行为选择集合 $S2$:{遵规,违规};项目法人的行为集合 $S3$:{强监管,弱监管}。

假设1:数字建造平台在工程交易中应用后,可使得交易双方信息不对称程度降低,工程交易治理结构简化,交易成本比使用该平台前降低 w_0;按工程合同约定,双方信守合同,项目法人分配给工程监理方和承包方奖励金 w,分配比例分别为 α_1 和 α_2,且 $0<\alpha_1+\alpha_2<1$。

假设2:工程承包方具有机会主义动机,其违规并与工程监理方合谋,通过"偷工减料"等手段,获得违规收益期望值为 $e(e<w)$。其中,分配后工程承包方得到收益 λe,工程监理方得到收益 $(1-\lambda)e$,λ 为违规收益期望分配比例,有 $0<\lambda<1$。当工程监理方不与承包方合谋,但以降低监管工作质量为手段,从而获得收益 e_1;当工程承包方不与工程监理方合谋,单独"偷工减料"而获得收益 e_2。

假设3:在数字建造平台应用情境下,项目法人为遏制"道德风险",在合同中设立惩罚机制,在对违规行为处罚后,其可以获得工程质量安全保证等相对收益 r。

工程监理方不与工程承包方合谋,依据监理合同对工程承包方进行监管时,其交易合同价款收益为 I_1,监管成本为 C_1;工程监理方对工程承包方

认真监管的概率为 p_1。工程承包方的合同价款收益为 I_2，工程承包方违规被工程监理方发现并受到的惩罚金额为 b_1，同时工程承包方所在企业也会受到相应的信誉损失 R_m。项目法人因工程目标的实现，而获得相对收益为 I_3。当项目法人强监督时，能发现所有的违规行为，但是需支付监督成本为 C_2；当项目法人弱监督时，工程承包方单独违规被发现的概率为 p_2；工程监理方单独的违规行为被发现的概率为 p_3；工程监理方与承包方合谋违规被发现的概率为 p_4；工程承包方被项目法人发现后所受处罚金额为 b_2，工程监理方所受处罚金额为 b_3。

假设 4：工程监理方与工程承包方违规行为被发现的概率与数字建造平台等级成反比。

设各方策略选择：工程监理方选择监管的概率为 x，选择违规合谋的概率为 $1-x$；工程承包方严守合同约定的概率 y，不遵守合同约定的概率为 $1-y$；项目法人选择强监管的概率为 z，选择弱监管的概率为 $1-z$。$x,y,z \in [0,1]$。

基于上述假设，工程监理方、工程承包方和项目法人不同策略的博弈支付如表 7-3 所示。

表 7-3　工程监理方、承包方和项目法人 3 方不同策略下的博弈支付

不同策略下的概率组合	博弈支付		
	工程监理方	工程承包方	项目法人
x,y,z	$I_1+\alpha_1 w-C_1$	$I_2+\alpha_2 w$	I_3-C_2
$1-x,y,z$	$I_1+\alpha_1(w-e_1)+e_1-b_3$	$I_2+\alpha_2(w-e_1)$	I_3-C_2+r
$1-x,1-y,z$	$I_1+\alpha_1(w-e)+(1-\lambda)e-b_3$	$I_2+\alpha_2(w-e)+\lambda e-b_2-R_m$	I_3-C_2+r
$x,1-y,z$	$I_1+\alpha_1(w-e_2)-C_1$	$I_2+\alpha_2(w-e_2)+e_2-b_1-b_2-R_m$	I_3-C_2+r
$x,y,1-z$	$I_1+\alpha_1 w-C_1$	$I_2+\alpha_2 w$	I_3
$1-x,y,1-z$	$I_1+\alpha_1(w-e_1)+e_1-p_3 b_3$	$I_2+\alpha_2(w-e_1)$	I_3
$x,1-y,1-z$	$I_1+\alpha_1(w-e_2)-C_1$	$I_2+\alpha_2(w-e_2)+e_2-p_1 b_1-p_2(b_2+R_m)$	I_3
$1-x,1-y,1-z$	$I_1+\alpha_1(w-e)+(1-\lambda)e-p_4 b_3$	$I_2+\alpha_2(w-e)+\lambda e-p_4(b_2+R_m)$	I_3

7.2.2.2　交易参与方行为演化博弈模型构建

根据表 7-3 可得出工程监理方、工程承包方和项目法人在不同策略下的预期收益和动态复制方程。

（1）工程监理方在不同策略下的预期收益及动态复制方程。

① 当工程监理方选择履职监管策略时，其预期收益为：

$$U_x = yz(I_1 + \alpha_1 w - C_1) + (1 - y)z[I_1 + \alpha_1(w - e) - C_1] +$$
$$(1 - y)(1 - z)[I_1 + \alpha_1(w - e_1) - C_1] + (1 - z)y[I_1 + \alpha_1 w - C_1]$$

② 当工程监理方选择违规合谋策略时,预期收益为:

$$U_{1-x} = yz[I_1 + \alpha_1(w - e_1) + e_1 - b_3] + (1 - y)z[I_1 + \alpha_1(w - e) +$$
$$(1 - \lambda)e - b_3] + (1 - y)(1 - z)[I_1 + \alpha_1(w - e) +$$
$$(1 - \lambda)e - p_4 b_3] + (1 - z)y[I_1 + \alpha_1(w - e_1) + e_1 - p_3 b_3]$$

③ 当工程监理方选择混合策略时其预期收益为:

$$\bar{U} = xU_x + (1 - x)U_{1-x}$$

由工程监理方选择履职监管策略的预期收益,可得到工程监理方选择履职监管策略的动态复制方程为:

$$F(x,y,z) = x(U_x - \bar{U}) = x(1 - x)(U_x - U_{1-x})$$
$$= x(1 - x)[zb_3 + \theta_1 + b_3(1 - z)(p_4 - yp_4 + yp_3) - y(\theta_1 - \theta_2)]$$
$$(7\text{-}2)$$

其中,$\theta_1 = \alpha_1(e - e_2) - (1 - \lambda)e - C_1$;$\theta_2 = \alpha_1 e_1 - e_1 - C_1$。

(2) 工程承包方的不同策略下的预期收益及动态复制方程。

① 当承包方选择遵规策略时,其预期收益为:

$$U_y = xz(I_2 + \alpha_2 w) + (1 - x)z[I_2 + \alpha_2(w - e_2)] +$$
$$(1 - z)x(I_2 + \alpha_2 w) + (1 - x)(1 - z)[I_2 + \alpha_2(w - e_1)]$$

② 当工程承包方选择违规策略时,其预期收益为:

$$U_{1-y} = xz[I_2 + \alpha_2(w - e_2) + e_2 - b_2 - b_1 - R_m] +$$
$$(1 - x)z[I_2 + \alpha_2(w - e) + \lambda e - b_2 - R_m] +$$
$$(1 - x)(1 - z)[I_2 + \alpha_2(w - e) + \lambda e - p_4(b_2 + R_m)] +$$
$$(1 - z)x[I_2 + \alpha_2(w - e_2) + e_2 - p_1 b_1 - p_2(b_2 + R_2)]$$

③ 当工程承包方选择混合策略时,其预期收益为:

$$\bar{U} = yU_y + (1 - y)U_{1-y}$$

由工程承包方选择遵规策略的预期收益,可得到工程承包方选择遵规策略的动态复制方程为:

$$G(x,y,z) = y(U_y - \bar{U}) = y(1 - y)(U_y - U_{1-y}) = y(1 - y)$$
$$[p_4\mu_3 + \mu_1 + z\mu_3(1 - p_4) - xp_4\mu_3(1 - z) + xz(b_1 - p_1 b_1 - p_2\mu_3) +$$
$$x(\mu_2 + p_1 b_1 + p_2\mu_3)]$$
$$(7\text{-}3)$$

式(7-3)中,$\mu_1 = \alpha_2 e - \alpha_2 e_1 - \lambda e$,$\mu_2 = \alpha_2 e_2 - e_2$,$\mu_3 = b_2 + R_m$。

（3）项目法人的预期收益及动态复制方程。

① 当项目法人选择强监管策略时，其预期收益为：

$$U_z = xy(I_3 - C_2) + (1 - x)y(I_3 - C_2 + r) + (1 - y)x(I_3 - C_2 + r) +$$
$$(1 - x)(1 - z)(I_3 - C_2 + r) = I_3 - C_2 + (1 - xy)r$$

② 当项目法人选择弱监管策略时，其预期收益为：

$$U_{1-z} = xyI_3 + (1 - x)yI_3 + (1 - y)xI_3 + (1 - x)(1 - z)I_3 = I_3$$

③ 当项目法人选择混合策略时的预期收益为：

$$\bar{U} = zU_z + (1 - z)U_{1-z}$$

由项目法人强监管策略的预期收益，可得到项目法人选择强监管策略的动态复制方程为：

$$L(x,y,z) = z(U_z - \bar{U}) = z(1 - z)(U_z - U_{1-z})$$
$$= z(1 - z)[(1 - xy)r - C_2] \tag{7-4}$$

联立式（7-2）、式（7-3）和式（7-4）建立动态复制方程组：

$$\left.\begin{array}{c} F(x,y,z) \\ G(x,y,z) \\ L(x,y,z) \end{array}\right\} \tag{7-5}$$

式（7-5）即为工程项目参与方行为演化博弈模型。

7.2.3　重大工程交易参与方行为演化趋势分析

据 Friedman D 方法，微分方程系统的演化稳定策略可由该系统的雅可比矩阵（Jacobian）的局部稳定性分析得到[40]。故由式（7-5）求关于 x，y，z 的偏导数得到雅可比矩阵 J：

$$J = \begin{bmatrix} F'_x & F'_y & F'_z \\ G'_x & G'_y & G'_z \\ L'_x & L'_y & L'_z \end{bmatrix} \tag{7-6}$$

式（7-6）中：

$$F'_x = (1 - 2x)[zb_3 + \theta_1 + b_3(1 - z)(p_4 - yp_4 + yp_3) - y(\theta_1 - \theta_2)]$$

$$F'_y = x(1 - x)[zb_3 + \theta_1 + b_3(1 - z)(p_3 - p_4) - (\theta_1 - \theta_2)]$$

$$F'_z = x(1 - x)b_3(1 - p_4 + yp_4 - yp_3)$$

$$G'_x = y(1 - y)[-\mu_1 - p_4\mu_3(1 - z) + z(b_1 - p_1b_1 - p_2\mu_3) + \mu_2 + p_1b_1 + p_2\mu_3]$$

$$G'_y = (1 - 2y)[p_4\mu_3 + \mu_1 + z\mu_3(1 - p_4) - x\mu_1 - xp_4\mu_3(1 - z) + xz(b_1 - p_1b_1 - p_2\mu_3) + x(\mu_2 + p_1b_1 + p_2\mu_3)]$$

$$G'_z = y(1 - y)[\mu_3(1 - p_4) + xp_4\mu_3 + x(b_1 - p_1b_1 - p_2\mu_3)]$$

$$L'_x = -z(1 - z)ry$$

$$L'_y = -z(1 - z)rx$$

$$L'_z = (1 - 2z)[(1 - xy)r - C_2]$$

令方程 $F(x, y, z) = 0, G(x, y, z) = 0, L(x, y, z) = 0$,求解动态复制微

分方程组 $\begin{cases} F(x,y,z) = 0 \\ G(x,y,z) = 0 \\ L(x,y,z) = 0 \end{cases}$ 的均衡点,方程组的解如下。

$$x_1 = 0, x_2 = 1, x^* = \frac{\theta_2(\theta_1 + \mu_1) + \theta_1\mu_3 - \theta_3\mu_1}{\theta_1(\theta_2 + \mu_2)}$$

$$y_1 = 0, y_2 = 1, y^* = \frac{\mu_2(\theta_1 + \mu_1) + \theta_1\mu_3 + \theta_3\mu_1}{\mu_1(\theta_2 + \mu_2)}$$

$$z_1 = 0, z_2 = 1, z^* = \frac{\theta_2\mu_2(\theta_1 + \mu_1) + \theta_1\theta_2\mu_3 - \theta_3\mu_1\mu_2}{\mu_1(\theta_2 + \mu_2)}$$

其中: $\theta_3 = \dfrac{\theta_2\mu_1 + \theta_1\mu_3 - \theta_1\mu_2}{\mu_1}$。

通过求解微分方程组可以得到方程组的解的集合为: $\{(x_1, y_1, z_1),$ $(x_1, y_1, z_2), (x_1, y_1, z^*), (x_1, y_2, z_1), (x_1, y_2, z_2), (x_1, y_2, z^*), (x_1,$ $y^*, z_1), (x_1, y^*, z_2), (x_1, y^*, z^*); (x_2, y_1, z_1), (x_2, y_1, z_2), (x_2, y_1,$ $z^*), (x_2, y_2, z_1), (x_2, y_2, z_2), (x_2, y_2, z^*), (x_2, y^*, z_1), (x_2, y^*, z_2),$ $(x_2, y^*, z^*); (x^*, y_1, z_1), (x^*, y_1, z_2), (x^*, y_1, z^*), (x^*, y_2, z_1),$ $(x^*, y_2, z_2), (x^*, y_2, z^*), (x^*, y^*, z_1), (x^*, y^*, z_2), (x^*, y^*,$ $z^*)\}$。而局部均衡点为 $E_1(0, 0, 0), E_2(0, 0, 1), E_3(0, 1, 0), E_4(1, 0,$ $0), E_5(1, 0, 1), E_6(1, 1, 0), E_7(0, 1, 1), E_8(1, 1, 1)$。依据演化博弈理论,满足雅可比矩阵的所有特征值都为非正时的均衡点为系统的演化稳定点(ESS)。

当局部均衡点 $E_1(0, 0, 0)$ 时,雅可比矩阵为:

$$J_1 = \begin{bmatrix} \theta_1+p_4b_3 & 0 & 0 \\ 0 & \mu_1+p_4b_3 & 0 \\ 0 & 0 & r-C_2 \end{bmatrix}$$

从 J_1 中可得出,局部均衡点 $E_1(0, 0, 0)$ 对应的矩阵的 3 个特征值为 $\theta_1+p_4b_3; \mu_1+p_4\mu_3; r-C_2$。同理将余下的均衡点代入式(7-5)中,分别求得局部均衡点所对应的雅可比矩阵的特征值,如表 7-4 所示。

表 7-4　雅可比矩阵的特征值

均衡点	特征值 1	特征值 2	特征值 3
$E_1(0,0,0)$	$\theta_1+p_4 b_3$	$-\mu_1-p_4\mu_3$	$r-C_2$
$E_2(0,0,1)$	θ_1+b_3	$-\mu_1-\mu_3$	C_2-r
$E_3(0,1,0)$	$\theta_2+p_4 b_3$	$-\mu_1-p_4\mu_3$	$r-C_2$
$E_4(1,0,0)$	$-(\theta_1+p_4 b_3)$	$\mu_2+p_2\mu_3+p_1 b_1$	$r-C_2$
$E_5(1,0,1)$	$-(\theta_1+b_3)$	$\mu_2+\mu_3+b_1$	C_2-r
$E_6(1,1,0)$	$-(\theta_2+p_4 b_3)$	$-(\mu_2+p_2\mu_3+p_1 b_1)$	$-C_2$
$E_7(0,1,1)$	θ_2+b_3	$-\mu_1-\mu_3$	C_2-r
$E_8(1,1,1)$	$-(\theta_2+b_3)$	$-(\mu_2+\mu_3+b_1)$	C_2

为让数字建造情境下工程项目参与方的收益较为符合实际情况，可设置下列约束条件。

（1）在项目法人弱监管或强监管的情景下，工程监理方和承包方均存在机会主义行为动机，故假设工程监理方和承包方合谋违规的收益大于遵守规矩的收益，即对工程监理方和承包方存在约束条件 IR1 和 IR2：

$$\alpha_1(e_2-e)+(1-\lambda)e-b_3+C_1>0 \quad （IR1）$$

$$\alpha_2(e_1-e)+\lambda e-p_4(b_2+R_m)>0 \quad （IR2）$$

（2）在项目法人强监管的情境下，工程监理方和承包方单独违规的收益小于遵守规矩的收益，即对工程监理方和承包方存在约束条件 IR3 和 IR4：

$$\alpha_1 e_1-e_1-C_1+b_3>0 \quad （IR3）$$

$$\alpha_2 e_2-e_2+b_1+b_2+R_m>0 \quad （IR4）$$

（3）从项目法人面临的道德风险角度来考虑，在工程监理方和承包方存在机会主义动机的前提下，项目法人强监管的收益大于弱监管的收益，即对项目法人存在约束条件 IR5：

$$r-C_2>0 \quad （IR5）$$

根据上述实际约束条件可以判断均衡点的局部稳定性，如表 7-5 所示。

表 7-5　均衡点局部稳定性

均衡点	特征值 1	特征值 2	特征值 3	稳定性
$E_1(0,0,0)$	−	+	+	非稳定点
$E_2(0,0,1)$	−	−	−	ESS

续表

均衡点	特征值1	特征值2	特征值3	稳定性
$E_3(0, 1, 0)$	$-$	$+$	$+$	非稳定点
$E_4(1, 0, 0)$	$+$	$\mu_2+p_2\mu_3+p_1b_1$	$+$	鞍点
$E_5(1, 0, 1)$	$-$	$+$	$-$	非稳定点
$E_6(1, 1, 0)$	$-(\theta_2+p_4b_3)$	$-(\mu_2+p_2\mu_3+p_1b_1)$	$-$	无法确定
$E_7(0, 1, 1)$	$+$	$-$	$-$	非稳定点
$E_8(1, 1, 1)$	$-$	$-$	$+$	非稳定点

由表7-5可知,系统存在全局唯一稳定平衡点$(0, 0, 1)$,对应的数字建造情境下工程项目参与方行为的演化稳定策略是工程监理方和承包方违规、项目法人强监管。

在数字建造情境下,信息不对称程度得以降低。在数字建造平台等级逐渐提升的基础上,工程监理方和承包方违规行为被发现的概率p_1、p_2、p_3和p_4不断提高。当p_1、p_2、p_3和p_4趋近于1,使得$-(\theta_2+p_4b_3)<0$和$-(\mu_2+p_2\mu_3+p_1b_1)<0$,则该系统存在另一演化稳定点$(1, 1, 0)$,对应的数字建造情境下重大工程项目参与方行为的演化稳定策略是工程监理方和承包方遵规、项目法人弱监管。这说明在数字建造情境下,随着数字建造平台等级逐渐提升,工程交易信息不对称程度降低,工程监理方和承包方违规行为被发现的概率提高,其结果能有效地遏制工程监理方和承包方的违规行为。

7.2.4　重大工程交易参与方行为演化相关参数分析

7.2.4.1　敏感性参数

（1）项目法人监督成本C_2对参与方行为演化的影响。在中心点处,对监督成本求偏导数,结果如下:

$$\frac{\partial x^*}{\partial C_2} = \frac{\partial y^*}{\partial C_2} = \frac{\partial z^*}{\partial C_2} < 0$$

由$\frac{\partial x^*}{\partial C_2}<0$,$\frac{\partial y^*}{\partial C_2}<0$,$\frac{\partial z^*}{\partial C_2}<0$可以得出,项目法人监管成本$C_2$的增大对项目法人强监管的行为产生不利影响,而且会负向影响工程监理方和承包方遵守规矩的行为选择。监督成本的增高会使项目法人趋向于弱监管,行为演化系统的稳定策略将趋近于工程监理方选择违规合谋,承包方违规和项目法

人选择弱监管。

（2）项目法人强监管下获得的工程质量、安全等保证的相对收益 r 对参与方行为演化的影响。在中心点处对 r 求偏导数，结果如下：

$$\frac{\partial x^*}{\partial r} > 0, \quad \frac{\partial y^*}{\partial r} > 0, \quad \frac{\partial z^*}{\partial r} > 0$$

由 $\frac{\partial x^*}{\partial r}>0, \frac{\partial y^*}{\partial r}>0, \frac{\partial z^*}{\partial r}>0$ 可以得出，项目法人强监管所带来的工程质量、安全等保证的相对收益的增加能够提高项目法人强监管的积极性，而且与工程监理方和承包方遵守规矩的行为选择呈正相关。项目法人强监管能够降低道德风险，进而能够遏制工程监理方和工程承包方的违规合谋行为。

（3）项目法人对工程监理方违规行为的惩罚 b_3 对系统演化的影响。在中心点处，对工程监理方所受惩罚 b_3 求偏导数，结果如下：

$$\frac{\partial x^*}{\partial b_3} > 0, \quad \frac{\partial y^*}{\partial b_3} > 0, \quad \frac{\partial z^*}{\partial b_3} > 0$$

由 $\frac{\partial x^*}{\partial b_3}>0, \frac{\partial y^*}{\partial b_3}>0, \frac{\partial z^*}{\partial b_3}>0$ 可以得出，项目法人对工程监理方违规行为的惩罚对工程监理方选择遵守规矩存在正向影响，而且能够促进工程承包方遵规和项目法人强监管。同时惩罚额 b_3 的提高与工程监理方和工程承包方遵守规矩的行为选择呈正相关。

（4）项目法人发现工程监理方违规惩罚的概率 p_3 对系统演化的影响。在中心点处对工程监理方违规惩罚的概率求偏导数，结果如下：

$$\frac{\partial x^*}{\partial p_3} > 0, \quad \frac{\partial y^*}{\partial p_3} > 0$$

$$\frac{\partial z^*}{\partial p_3} \text{ 无法判断正负}$$

由 $\frac{\partial x^*}{\partial p_3}>0, \frac{\partial y^*}{\partial p_3}>0$，可以得出，项目法人对工程监理方违规惩罚的概率对工程监理方和承包方存在正向影响，对项目法人自身行为选择的影响不能判断。项目法人对工程监理方惩罚概率的提高能遏制其违规行为，进而提高工程监理方对工程承包方监管的积极性。

（5）工程承包方的"偷工减料"等违规行为所获得的收益 e_2 对系统演化的影响。在中心点处对工程承包方违规获益求偏导数，结果如下：

$$\frac{\partial x^*}{\partial e_2} > 0, \quad \frac{\partial y^*}{\partial e_2} < 0, \quad \frac{\partial z^*}{\partial e_2} > 0$$

由 $\dfrac{\partial x^*}{\partial e_2}>0$，$\dfrac{\partial y^*}{\partial e_2}<0$，$\dfrac{\partial z^*}{\partial e_2}>0$ 可以得出，工程承包方违规行为而获得收益的提高会导致工程承包方选择违规行为，而对项目法人选择强监管存在正向影响，项目法人的监管力度的加强会促使工程监理方选择遵守规矩。

（6）工程承包方的违规行为所受处罚 b_2 对系统演化的影响。在中心点处对工程承包方违规行为所受的惩罚求偏导数，结果如下：

$$\frac{\partial x^*}{\partial b_2} < 0, \qquad \frac{\partial y^*}{\partial b_2} > 0, \qquad \frac{\partial z^*}{\partial b_2} > 0$$

由 $\dfrac{\partial x^*}{\partial b_2}<0$，$\dfrac{\partial y^*}{\partial b_2}>0$，$\dfrac{\partial z^*}{\partial b_2}>0$ 可以得到，工程承包方违规行为所受惩罚的提高会遏制工程承包方的违规行为，即工程承包方违规行为处罚的提高对项目法人强监管存在正向影响。但是处罚的提高和项目法人的强监管会导致工程监理方松懈，不利于其积极监管。

（7）工程监理方对工程承包方的违规行为的处罚 b_1 对系统演化的影响。在中心点处对工程承包方受到工程监理方的处罚求偏导数，结果如下：

$$\frac{\partial x^*}{\partial b_1} < 0, \qquad \frac{\partial y^*}{\partial b_1} > 0, \qquad \frac{\partial z^*}{\partial b_1} < 0$$

由 $\dfrac{\partial x^*}{\partial b_1}<0$，$\dfrac{\partial y^*}{\partial b_1}>0$，$\dfrac{\partial z^*}{\partial b_1}<0$ 可以得到，工程监理方对承包方的违规行为的处罚对承包方选择遵守规矩存在正向影响，对项目法人和工程监理方的监管行为存在负向影响。

（8）工程监理方的监管成本 C_1 对系统演化的影响。在中心点处，对工程监理方监管成本求偏导数，结果如下：

$$\frac{\partial x^*}{\partial C_1}<0, \qquad \frac{\partial y^*}{\partial C_1}<0, \qquad \frac{\partial z^*}{\partial C_1} \text{无法判断正负}$$

由 $\dfrac{\partial x^*}{\partial C_1}<0$，$\dfrac{\partial y^*}{\partial C_1}<0$ 可以得到，工程监理方的监管成本增加对其选择监管行为存在负向影响，而且会导致承包方选择违规行为，对项目法人监管行为的选择不能判断。监督成本的增加会使工程监理方倾向于不认真监管。

（9）工程承包方违规行为导致所在企业也会受到相应的信誉损失 R_m 对系统演化的影响。在中心点处对工程承包方所在企业受到的信誉损失求偏导数，结果如下：

$$\frac{\partial x^*}{\partial R_m} > 0$$

$$\frac{\partial y^*}{\partial R_m}, \quad \frac{\partial z^*}{\partial R_m} \text{ 无法判断正负}$$

由 $\frac{\partial x^*}{\partial R_m}>0$ 可以得出,工程承包方所在企业相应的信誉损失的提高对工程承包方选择遵守规矩存在正向影响,对项目法人和工程监理方的行为选择不能判断。信誉的损失能够有效遏制工程承包方的违规行为。

(10) 工程监理方的交易合同价款收益 I_1 对系统演化的影响,在中心点处对工程监理方的固定收益求偏导数,结果如下:

$$\frac{\partial x^*}{\partial I_1} > 0, \quad \frac{\partial y^*}{\partial I_1} > 0, \quad \frac{\partial z^*}{\partial I_1} < 0$$

由 $\frac{\partial x^*}{\partial I_1}>0, \frac{\partial y^*}{\partial I_1}>0, \frac{\partial z^*}{\partial I_1}<0$ 可以得出,工程监理方的交易合同固定收益提高对其选择监管存在正向影响,进而促进工程承包方选择遵守规矩。因为工程监理方和工程承包方倾向于选择遵守规矩,这就导致项目法人倾向于选择弱监管。

(11) 工程承包方的合同固定收益 I_2 对系统演化的影响,在中心点处对工程承包方的固定收益求偏导数,结果如下:

$$\frac{\partial x^*}{\partial I_2} < 0, \quad \frac{\partial y^*}{\partial I_2} > 0, \quad \frac{\partial z^*}{\partial I_2} < 0$$

由 $\frac{\partial x^*}{\partial I_2}<0, \frac{\partial y^*}{\partial I_2}>0, \frac{\partial z^*}{\partial I_2}<0$ 可以得出,工程承包方的合同固定收益的提高对其选择遵守规矩存在正向影响,而对项目法人和工程监理方的监管行为存在负向影响。因为工程承包方固定收益的提高可降低其机会主义行为的动机,使其倾向于选择遵守规矩,这就导致项目法人和工程监理方倾向于选择不认真监管。

(12) 项目法人工程目标实现获得收益 I_3 对系统演化的影响,在中心点处对承包方项目法人的收益求偏导数,结果如下:

$$\frac{\partial x^*}{\partial I_3} > 0, \quad \frac{\partial y^*}{\partial I_3} > 0, \quad \frac{\partial z^*}{\partial I_3} > 0$$

由 $\frac{\partial x^*}{\partial I_3}>0, \frac{\partial y^*}{\partial I_3}>0, \frac{\partial z^*}{\partial I_3}>0$ 可以得出,项目法人工程目标的实现获得收益的提高对其选择强监管存在正向影响,进而促进工程承包方和工程监理方遵守规矩。

7.2.4.2　分类性参数

可将重大工程交易参与方行为演化影响参数归纳为支付参数和违规行为被发现概率两方面,而支付参数可进一步分为利导性参数和限制性参数。

(1)利导性参数,即对相应的行为策略选择存在正向促进作用的参数,包括如下:

① 工程监理方的利导性参数为:项目法人的工程目标实现而获得的收益和强监管的收益、项目法人对工程监理方违规行为的处罚和处罚概率、工程监理方的合同价款收益、承包方违规行为获得的收益。

② 承包方遵守规矩的利导性参数为:项目法人的工程目标实现而获得的收益和强监管的收益、项目法人对工程监理方违规行为的处罚和处罚概率、项目法人对工程承包方违规行为的处罚、承包方信誉损失、工程监理方的交易合同价款收益、承包方的合同价款收益。

③ 项目法人强监管的利导性参数为:项目法人强监管的获益、承包方违规的获益、项目法人对承包方违规行为的处罚及对工程监理方违规行为的处罚。从利导性参数分析可见,项目法人加强监管和对违规行为的处罚能够促进工程监理方和承包方遵守规矩;工程监理方和承包方收益的增加能够有效促进其遵守规矩。

(2)限制性参数,即对相应的行为策略选择存在负向抑制作用的参数,包括如下:

① 工程监理方监管守规的限制性参数为:工程监理方监管成本和违规收益、项目法人监管成本、项目法人对承包方违规的处罚、承包方合同价款收益。

② 承包方守规的限制性参数为:项目法人的监管成本、工程监理方监管成本、承包方违规行为的获益。

③ 项目法人强监管的限制性参数包括:项目法人的监管成本、工程监理方对承包方违规行为的处罚、工程监理方的交易合同价款收益和承包方的合同价款收益。从限制性参数分析,监管成本是限制项目法人和工程监理方的监管行为的重要因素,工程监理方和承包方的合同价款收益的提高能够遏制违规行为,违规行为的获益提高能够诱使承包方和工程监理方选择违规策略。

7.2.4.3　违规行为被发现的概率

工程监理方和工程承包方的行为演化受到其违规行为被发现的概率影响。在数字建造情境下,重大工程项目法人、工程监理方和工程承包方之间的信息不对称程度总体上说是降低了,并随数字建造平台等级的提升而不断降低,即随数字建造平台等级的提升,项目法人可以较为容易地发现工程监理方和工程承包方的"偷工"或"偷工减料"甚至违法行为。显然,随着"偷工"或"偷工减料"、违规行为被发现概率 p_1、p_2、p_3 和 p_4 的提高,当工程监理方和工程承包方违规期望收益低于违规行为的期望损失时,工程监理方和工程承包方将选择守规策略,而不会选择违规策略。这表明在数字建造情境下,信息不对称程度降低能够有效遏制工程监理方和工程承包方的违规行为,且这种效果随数字建造平台等级的提升而更加显著。

综上所述,从相关参数分析中可以看出,重大工程项目参与方的交易行为受自身收益和信息不对称程度的影响。故在数字建造情境下,数字建造平台的管理问题和数据/信息供给问题将成为关键。重大工程存在较高的不确定性,信息不对称程度比一般工程更为严重。因此,应围绕数字建造平台设计科学合理的管理方式,以高效实现项目目标。与此同时,也应设计一套行之有效的数字建造平台运行治理机制,促进重大工程承包/设计方提供项目实际信息以保证数据/信息的供给,进而降低信息不对称程度,实现项目绩效最大化。

7.3 重大工程数字建造平台管理方式和运行治理机制优化

数字建造在改变重大工程实体建设方式的同时,也改变着重大工程交易/实施参与方的行为方式。因而,在数字建造情境下,重大工程交易治理结构和治理机制存在新的优化空间。其中,重大工程数字建造平台管理(包括构建)方式及其运行维护扮演着重要角色,影响到重大工程交易治理结构设计乃至工程交易绩效,应将其列为首先优化的对象。

7.3.1 重大工程数字建造平台管理方式选择影响因素和优化

7.3.1.1 影响重大工程数字建造平台管理方式选择的因素

在工程实践中,数字建造平台管理已形成了多种方式,如表 7-2 所示。有哪些因素会影响这些方式的选择?许多文献开展了相关研究,梳理分析结果如表 7-6 所示。

表 7-6 数字建造/BIM 应用影响因素文献分析成果

序号	影 响 因 素	参考文献
1	应用成本、应用效果、业主方管理难度、项目规模。	赵彬等[30]

续表

序号	影 响 因 素	参考文献
2	实施成本、协调难度、应用扩展性、运营支持程度（运营效益）、对业主方要求。	孙峻等[31]
3	业主方 BIM 能力要求、应用成本、BIM 应用程度、各方协同程度、业主受益程度。	吕坤灿等[32]
4	BIM 的有效应用需要业主方的有效管理。	何关培[41]
5	BIM 效益的实现需要付出一定成本，包括直接成本（硬件、软件和安装成本）和间接成本（组织与人力成本）。	Love P E D 等[42]
6	员工 BIM 经验，BIM 人才引进，BIM 能力、成本、应用效果等因素影响业主方 BIM 应用。	Giel B 和 Issa R R A[43]
7	效益对业主方 BIM 应用至关重要。	Love P E D 等[44]
8	应用成本、应用效果、软件使用学习、公司领导支持等是影响 BIM 实施的主要因素。	Migilinskas D 等[45]
9	投资和效益是 BIM 应用过程中使用者最为关注的因素，BIM 应用需要对员工的培训。	Yan H 和 Damian P[46]
10	高层管理者的支撑、BIM 专业技术人员、BIM 培训和成本等因素影响用户对 BIM 的应用。	Xu 等[47]
11	业主方有力的管理，BIM 专业人员及 BIM 专业人员的培训是 BIM 效益能够充分发挥的基础。	申玲等[48]

本课题研究团队参考数字建造技术应用影响因素分析的相关成果，结合重大工程实践的调研，认为数字建造平台构建方式选择的主要因素指标如下。

① 工程项目特性。包括：工程项目规模、复杂程度，以及工程建成后运行管理的要求。

② 项目法人的能力和目标。包括：项目法人性质、项目管理能力、数字建造技术应用能力和战略目标。

③ 建设环境。包括：建设市场发育程度、工程交易参与方数字建造技术应用能力、项目投资主体对应用数字建造技术的支持力度。

7.3.1.2　重大工程数字建造平台管理方式优选

针对重大工程项目，在表 7-2 中，应选择何种数字建造平台管理方式？可根据上述影响因素，并参考第 3 章或第 4 章类似方法，或其他一些决策方法，对数字建造平台管理方式进行优选，这里不再详细介绍。

7.3.2　重大工程数字建造平台运行治理：数据/信息供给激励机制

重大工程项目一般不确定性较大，因而充分发挥数字建造平台的作用,对其在运行过程中进行优化具有重要意义。而其中,如何构建激励机制,促进工程承包方/设计方积极为该平台提供客观有效的工程数据/信息,这是重大工程数字建造平台运行治理中的一个重要问题。在工程实践过程中,工程承包方/设计方信息提供可能存在离散(提供或不提供)和连续(信息提供质量与工程承包方信息获取努力程度及分享意愿相关)两种情境,即在离散和连续两种情境下分析重大工程数字建造平台数据/信息供给激励机制。

7.3.2.1　离散情况下数字建造平台数据/信息供给激励分析

重大工程建设过程中,工程承包方/设计方存在及时向数字建造平台提供数据/信息和不提供数据/信息两种相对简单的情况[49]。因此,首先考虑离散简化情况下重大工程数字建造平台信息供给激励机制问题。

1) 基本假设

假设 1:重大工程实施过程中工程承包方有两种策略可以选择,即及时向数字建造平台提供数据/信息和不向数字建造平台提供数据/信息。在此,设工程承包方向数字建造平台提供数据/信息用 $\vartheta = 1$ 表示,不向数字建造平台提供数据/信息用 $\vartheta = 0$ 表示。工程承包方向数字建造平台提供数据/信息时考虑其付出的信息生产成本,在此可设为 $DC_1(\vartheta = 1)$,且有 $DC_1(\vartheta = 1) > 0$;工程承包方不向项目数字建造平台提供数据/信息时,无须考虑工程承包方信息生产成本,即此时取 $DC_1(\vartheta = 0) = 0$。

假设 2:在重大工程实施过程中,工程承包方向数字建造平台提供数据/信息时,基于该平台信息的有效利用能够使项目实现额外的增值 V。在此可理解为因工程承包方积极向该平台提供信息,基于数字建造平台有效利用实现的项目效益提升额度,如工程造价降低、工期的节约等,在此可以以货币形式度量。工程承包方不愿意向项目数字建造平台提供信息时,重大工程建设不能因数字建造平台工程承包方信息的有效利用获得额外的增值,即此时 $V = 0$。

假设 3:基于数字建造平台信息的有效利用实现的重大工程项目额外增值 V 与工程项目不确定程度 $\hbar$ 相关,工程项目不确定程度 $\hbar$ 越高,V 越大;反之,工程项目不确定程度 $\hbar$ 越低,V 越小。即有 $V = \Pi(\hbar, \vartheta)$。

假设 4:交易合同签订时,双方可以约定,工程承包方向数字建造平台提供信息时,在项目因工程承包方向数字建造平台提供的信息基于该平台有效应用取得额外增值的情况下,项目法人给予工程承包方一定奖励。设项目法人将基于数字建造平台内工程承包方提供信息有效利用实现的项目额外增值 V 的 λ 部分给予工程承包方作为激励,λ 可称为激励系数。此时所对应的激励水平 $IA = \lambda V$。

假设 5：工程承包方向数字建造平台提供信息时，项目法人也存在一定的数字建造平台信息使用成本，在此设为 $UC_2(\vartheta = 1)$，且有 $UC_2(\vartheta = 1) > 0$；工程承包方不愿意向平台提供信息时，项目法人也不存在额外的数字建造平台信息利用成本，即此时有 $UC_2(\vartheta = 0) = 0$。

假设 6：暂不考虑工程承包方风险偏好，此种情况较为简单。

2）模型构建

（1）工程承包方效用分析。根据上述假设分析，在重大工程实施过程中，工程承包方愿意向项目数字建造平台提供自己所掌握的信息时，其效用（净收益）V_1 为：

$$V_1 = IA - DC_1(\vartheta = 1) = \lambda \Pi(\hbar, \vartheta) - DC_1(\vartheta = 1) \qquad (7\text{-}7)$$

当工程承包方不愿意向数字建造平台提供信息时，项目法人不会给予工程承包方激励。因此，工程承包方不愿意向数字建造平台提供信息的情况下其效用为 0。

（2）项目法人效用分析。在重大工程实施过程中，工程承包方向项目数字建造平台提供项目信息时，项目法人可以基于数字建造平台及平台内工程承包方提供的信息对工程进行优化或实现管理效率的提升，从而使项目获得额外的增值。当项目取得额外增值后项目法人给予工程承包方一定的激励。因此，对重大工程项目法人而言，在工程承包方积极向数字建造平台提供关键信息时，基于数字建造平台及平台内工程承包方提供信息的有效利用，其能够获得的效用（净收益）V_2 为：

$$V_2 = V - IA - UC_2(\vartheta = 1) = (1 - \lambda)\Pi(\hbar, \vartheta) - UC_2(\vartheta = 1) \quad (7\text{-}8)$$

工程承包方不愿意向项目数字建造平台提供信息时，重大工程实施不能基于数字建造平台通过信息的有效利用获得额外增值，此时项目法人也不会给予工程承包方激励，同样项目法人也不存在数字建造平台内信息利用的成本。因此，此时项目法人的效用也同样为 0。

（3）激励模型。依据激励理论，在委托代理关系中，任何有效的激励机制设计都必须满足两个原则：一是参与约束 IR，即代理人履行委托代理合同所获得的收益应不低于其在等成本约束条件下从其他委托人处能够获得的收益水平。二是激励相容约束 IC，即代理人在努力工作条件下所能够获得的收益应大于其不努力工作时所获得的收益[50]。

因此，基于上述原则，可以建立项目法人激励工程承包方积极向数字建造平台提供信息的基本激励模型（数字建造平台信息供给基本激励模型）：

$$\max_{\lambda} V_2 = (1 - \lambda) \Pi(\hbar, \vartheta) - UC_2(\vartheta = 1)$$

$$\left.\begin{array}{l} \lambda \Pi(\hbar, \vartheta) - DC_1(\vartheta = 1) \geqslant \tilde{\omega}, \quad (IR) \\ \lambda \Pi(\hbar, \vartheta) - DC_1(\vartheta = 1) \geqslant 0, \quad (IC) \end{array}\right\} \qquad (7\text{-}9)$$

式(7-9)中,$\tilde{\omega}$为工程承包方的保留效用,即在工程承包方向重大工程数字建造平台提供信息情况下预期获得的最低净效益,此处可以考虑为工程承包方信息提供的机会成本,即取$\tilde{\omega} = OC_1$。

此时,最优激励机制的设计就转化为对式(7-9)关于激励系数 λ 求最优解,从而依据最优激励系数制定相应激励方案。

3)模型求解与分析

通常情况下,工程承包方向重大工程项目数字建造平台提供关键信息时存在机会成本,其保留效用大于 0,即 $\tilde{\omega} > 0$。因此,当上述激励模型参与约束 IR 满足的条件下,激励相容约束 IC 肯定能满足。因而,上述重大工程项目数字建造平台信息供给基本激励模型可转化为:

$$\max_{\lambda} V_2 = (1 - \lambda) \Pi(\hbar, \vartheta) - DC_2(\vartheta = 1)$$

$$\lambda \Pi(\hbar, \vartheta) - DC_1(\vartheta = 1) \geqslant \tilde{\omega}, \quad (IR) \qquad (7\text{-}10)$$

由式(7-10)可以看出,目标函数是关于 λ 的减函数。因此,要使得目标函数取得最大值,只需使得参与约束条件 IR 取等号即可,即有:

$$\lambda \Pi(\hbar, \vartheta) - DC_1(\vartheta = 1) = \tilde{\omega} \qquad (7\text{-}11)$$

从而可求得项目法人给予工程承包方积极向数字建造平台提供项目信息的最优激励系数为:

$$\lambda^* = \frac{\tilde{\omega} + DC_1(\vartheta = 1)}{\Pi(\hbar, \vartheta)} \qquad (7\text{-}12)$$

根据最优激励系数,项目法人可以确定相应的数字建造平台信息供给激励方案。与此同时,可得到:

$$IA = \lambda \Pi(\hbar, \vartheta) = \tilde{\omega} + DC_1(\vartheta = 1) \qquad (7\text{-}13)$$

式(7-13)可以表示项目法人给予工程承包方数字建造平台信息提供的最优激励水平。且由式(7-13)可以看出,最优激励水平 IA 等于工程承包方的保留效用 $\tilde{\omega}$ 及工程承包方信息生产成本 $DC_1(\vartheta = 1)$ 之和。即,项目法人给予工程承包方向数字建造平台提供关键信息的激励水平至少应满足工程承包方向数字建造平台提供信息时所需要付出的代价(包括保留效用 $\tilde{\omega}$,信息生产成本 $DC_1(\vartheta = 1)$)。

此外,应该注意到,项目法人激励工程承包方向重大工程数字建造平台提供信息的目的是利用数字建造平台及平台内工程承包方提供的信息来提升项目的整体效益,使得项目能够实现额外增值。因此,需要满足项目法人也有净收益,即应有 $V_2>0$,从而可求得:

$$\lambda < 1 - \frac{UC_2(\vartheta = 1)}{\Pi(\hbar,\vartheta)} \tag{7-14}$$

当式(7-14)不能得到满足时,即项目法人不能因重大工程数字建造平台内工程承包方提供信息的利用获得收益时,重大工程数字建造平台信息供给激励也就失去了意义,此时项目法人也不会对工程承包方实施激励。

7.3.2.2　连续型情况下数字建造平台信息供给激励分析

1) 基本假设

假设1:假设工程承包方向数字建造平台提供信息的努力程度为 χ_1,简单起见,设 χ_1 为一维连续变量,用 0 到 1 之间的实数表示,即 $\chi_1 \in [0,1]$。χ_1 越大说明工程承包方向数字建造平台提供信息努力程度越高,$\chi_1 = 0$ 说明工程承包方不愿向平台提供项目关键信息。

假设2:在重大工程建设过程中,基于项目数字建造平台,通过工程承包方提供的信息的有效利用能够降低工程的造价和/或缩短项目的建设周期等,从而能够提升重大工程实施的效益,实现项目额外的增值 V。项目增值 V 与工程项目不确定程度 $\hbar$、工程承包方信息提供的努力程度 χ_1 相关,即 $V=f(\hbar,\chi_1)$。在此,重大工程不确定程度 $\hbar$ 可以理解为重大工程增值空间,同样设其为一维变量,并取 $\hbar \in (0,1)$。$\hbar$ 越大,在重大工程数字建造平台内,工程承包方提供信息的利用所能实现的增值越大。

假设3:在重大工程实施过程中,项目法人和工程承包方均为理性“经济人”,双方均以追求自身利益最大化为目标。

假设4:作为代理人,工程承包方往往具有一定风险规避程度,同样考虑工程承包方绝对风险规避程度为 ρ。当 $\rho>0$ 时,说明工程承包方为风险规避者;当 $\rho=0$ 时,说明工程承包方为风险中性者。

2) 模型构建

通常情况下,数字建造平台基于重大工程承包方提供信息的有效利用能够实现的项目额外增值 V 包含工程造价的节约、工期的节约或工程建设管理效率的提升等。显然,V 与工程合同价格 P 存在一定关系,且受外在环境因素影响。进一步考虑重大工程不确定程度 $\hbar$ 以及工程承包方向数字建造平台提供信息的努力程度 χ_1,在此可假设:

$$V = f(\hbar,\chi_1) = \alpha_1 \chi_1 \hbar P + \theta \tag{7-15}$$

式(7-15)中,α_1 为工程承包方向数字建造平台提供信息的效用系数,代表工程承包方提供信息的价值大小，$0 \leqslant \alpha_1 \leqslant 1$。$\alpha_1$ 越大说明工程承包方向数字建造平台提供信息的价值越高，$\alpha_1 = 0$ 说明工程承包方向数字建造平台提供的信息毫无价值；θ 为随机干扰变量，表示外界环境因素对数字建造平台内工程承包方提供信息的有效利用实现的项目额外增值的影响，假定 $\theta \sim N(0, \sigma^2)$。

由 7.3.2 节假设 4，并设重大工程实施过程中工程承包方向项目数字建造平台提供信息的收益为 V_1，项目法人相应的收益为 V_2，则有：

$$V_1 = IA = \lambda(\alpha_1 \chi_1 \hbar P + \theta) \tag{7-16}$$

$$V_2 = V - IA = (1 - \lambda)(\alpha_1 \chi_1 \hbar P + \theta) \tag{7-17}$$

信息的获取与提供需要工程承包方付出一定的成本，设工程承包方信息获取与提供的成本（信息生产成本）为 DC_1。通常情况下工程承包方信息获取与提供的成本与其自身努力程度 χ_1 正相关，且边际成本递增，即有 $\partial DC_1 / \partial \chi_1 > 0$，且 $\partial^2 DC_1 / \partial^2 \chi_1 > 0$。在此，不妨设工程承包方信息获取与提供的成本（信息生产成本）为：[51]

$$DC_1 = \frac{1}{2}\beta_1 \chi_1^2 \tag{7-18}$$

式（7-18）中，β_1 为工程承包方信息获取与提供的成本系数。

将工程承包方向项目数字建造平台提供信息的收益减去其信息生产成本，可得到工程承包方向项目数字建造平台提供信息的净收益 V_1^* 有：

$$V_1^* = V_1 - DC_1 = \lambda(\alpha_1 \chi_1 \hbar P + \theta) - \frac{1}{2}\beta_1 \chi_1^2 \tag{7-19}$$

此时，工程承包方向重大工程数字建造平台提供信息的效用（净收益）期望 $E(V_1^*)$ 为：

$$E(V_1^*) = \lambda \alpha_1 \chi_1 \hbar P - \frac{1}{2}\beta_1 \chi_1^2 \tag{7-20}$$

其方差 $D(V_1^*)$ 为：

$$D(V_1^*) = [V_1^* - E(V_1^*)]^2 = \lambda^2 \sigma^2 \tag{7-21}$$

进一步考虑工程承包方风险偏好，工程承包方为风险规避者，根据 Arrow Pratt 风险厌恶测度，其风险成本为 $\frac{1}{2}\rho\lambda^2\sigma^2$[52]。考虑工程承包方风险成本，其向项目数字建造平台提供信息的确定性等价效用（净收益）V_1^{**} 可表示为：

$$V_1^{**} = \lambda(\alpha_1 \chi_1 \hbar P + \theta) - \frac{1}{2}\beta_1 \chi_1^2 - \frac{1}{2}\rho\lambda^2\sigma^2 \tag{7-22}$$

此时,考虑风险成本的工程承包方向数字建造平台信息提供确定性等价效用期望为:

$$E(V_1^{**}) = \lambda \alpha_1 X_1 \hbar P - \frac{1}{2}\beta_1 X_1^2 - \frac{1}{2}\rho\lambda^2\sigma^2 \qquad (7\text{-}23)$$

设重大工程实施过程中,项目法人基于数字建造平台内工程承包方提供的信息实现项目整体最优过程中付出的成本为 UC_2,在此,UC_2 可看做是项目法人对数字建造平台内工程承包方提供信息的利用成本。项目法人数字建造平台信息的利用成本 UC_2 与数字建造平台内信息的供给程度及信息利用成本系数呈正相关,并随数字建造平台信息供给程度边际成本递增。数字建造平台信息供给程度与工程承包方向数字建造平台提供信息的努力程度相关,可以用工程承包方向数字建造平台提供信息的努力程度 X_1 来表示。因此,在此可假设:

$$UC_2 = \frac{1}{2}\beta_2 X_1^2 \qquad (7\text{-}24)$$

式(7-24)中,β_2 为项目法人数字建造平台信息利用的成本系数。

将项目法人基于数字建造平台通过工程承包方提供信息利用能够获得的收益减去其自身信息利用的成本,可得到项目法人基于数字建造平台并利用工程承包方提供的信息进行优化所能够实现的净收益 V_2^* 为:

$$V_2^* = V_2 - UC_2 = (1 - \lambda)(\alpha_1 X_1 \hbar P + \theta) - \frac{1}{2}\beta_2 X_1^2 \qquad (7\text{-}25)$$

此时,项目法人的效用(净收益)期望 $E(V_2^*)$ 为:

$$E(V_2^*) = (1 - \lambda)\alpha_1 X_1 \hbar P - \frac{1}{2}\beta_2 X_1^2 \qquad (7\text{-}26)$$

同理,依据激励理论,考虑参与约束 IR 及激励相容约束 IC,连续型情况下项目法人激励工程承包方向重大工程数字建造平台提供信息的激励模型(数字建造平台信息供给激励模型)为:

$$\max_{\lambda, X_1} E(V_2^*) = (1 - \lambda)\alpha_1 X_1 \hbar P - \frac{1}{2}\beta_2 X_1^2$$

$$\left.\begin{array}{ll} \lambda\alpha_1 X_1 \hbar P - \dfrac{1}{2}\beta_1 X_1^2 - \dfrac{1}{2}\rho\lambda^2\sigma^2 \geqslant \tilde{\omega}, & (\text{IR}) \\[2mm] X_1 \in \operatorname{argmax}E(V_1^{**}), & (\text{IC}) \end{array}\right\} \qquad (7\text{-}27)$$

式(7-27)为参与约束,式(7-27)为激励相容约束;$\tilde{\omega}$ 为工程承包方的保留效用,即工程承包方向重大工程数字建造平台提供信息期望能够获得的最低净效益,此处可以考虑为工程承包方向数字建造平台提供信息的机会成本，即取 $\tilde{\omega} = OC_1$。

此时，最优激励机制的设计就转化为对式（7-27）关于激励系数 λ 求最优解，从而依据最优激励系数制定相应激励方案。

3）模型求解与分析

为对比分析，模型的求解可以分为完全信息和不完全信息两种情况[53]。所谓完全信息是指重大工程建设过程中项目法人可以观察到工程承包方向项目数字建造平台提供信息的努力程度；不完全信息是指项目法人不能观察到工程承包方向数字建造平台提供信息的努力程度。完全信息是较为理想的情况，少数情况下可能会发生，在此为对比不完全信息情况下数字建造平台信息供给激励机制设计而分析。

（1）完全信息情况下模型求解分析。在重大工程实施过程中，工程承包方相对项目法人会较容易获取工程现场实际信息，具有相对的信息优势。如果工程承包方不能及时向数字建造平台提供这一信息，信息极有可能会丧失其应用的价值，因而项目法人需要激励工程承包方及时准确地向项目数字建造平台提供信息。完全信息情况下，项目法人能够观察到工程承包方向数字建造平台提供信息的努力程度，此时激励相容约束不起作用[54,55]。因此，此时重大工程数字建造平台信息供给激励模型转化为：

$$
\left.
\begin{array}{l}
\max\limits_{\lambda,\chi_1} E(V_2^*) = (1 - \lambda)\,\alpha_1\chi_1\,\hbar P - \dfrac{1}{2}\beta_1\chi_1^2 \\[3mm]
\lambda\alpha_1\chi_1\,\hbar P - \dfrac{1}{2}\beta_1\chi_1^2 - \dfrac{1}{2}\rho\lambda^2\sigma^2 \geq \tilde{\omega}, \ (\mathrm{IR})
\end{array}
\right\}
\tag{7-28}
$$

此时，由于项目法人可以观察到工程承包方向项目数字建造平台提供信息的努力程度，工程承包方的不努力行为是作为委托人的项目法人不愿意看到的。当工程承包方向数字建造平台提供信息的效用不小于其保留效用时，工程承包方选择偷懒也是不明智的。因此，对项目法人而言其最优选择为当工程承包方选择积极向数字建造平台提供信息时使其所能够获得的效用等于其保留效用即可。即激励模型的最优解为 $\chi_1 = 1$，此时取式（7-28）等式成立，从而可求得最优激励系数：

$$
\lambda_1 = \frac{\alpha_1\,\hbar P + \sqrt{\alpha_1^2\,\hbar^2 P^2 - \rho\sigma^2(2\tilde{\omega} + \beta_1)}}{\rho\sigma^2}
\tag{7-29}
$$

$$
\lambda_2 = \frac{\alpha_1\,\hbar P - \sqrt{\alpha_1^2\,\hbar^2 P^2 - \rho\sigma^2(2\tilde{\omega} + \beta_1)}}{\rho\sigma^2}
\tag{7-30}
$$

显然，有 $\lambda_1 > \lambda_2 > 0$。对于项目法人而言 λ 取值越小越优。因此，项目

法人只需取 $\lambda = \lambda_2$ 即可。即项目法人给予工程承包方向数字建造平台提供信息的最优激励系数 λ 为：

$$\lambda = \frac{\alpha_1 \hbar P - \sqrt{\alpha_1^2 \hbar^2 P^2 - \rho\sigma^2(2\tilde{\omega} + \beta_1)}}{\rho\sigma^2} \qquad (7\text{-}31)$$

由式(7-31)可看出，最优激励系数 λ 与项目不确定程度系数 $\hbar$、工程承包方保留效用 $\tilde{\omega}$、工程承包方数字建造平台信息提供的努力成本系数 β_1、工程承包方绝对风险规避程度 ρ、项目合同价格 P 及工程承包方向数字建造平台提供的信息的效用系数 α_1 相关。其中，与工程承包方绝对风险规避程度 ρ 呈负相关。

此时，项目法人给予工程承包方向数字建造平台提供信息的最优激励水平 IA 为：

$$IA = \lambda V = \frac{1}{2}\beta_1 \chi_1^2 + \frac{1}{2}\rho\lambda^2\sigma^2 + \tilde{\omega} \qquad (7\text{-}32)$$

由式(7-32)可知，在完全信息情况下，项目法人给予工程承包方最优激励水平 IA 等于工程承包方的保留效用 $\tilde{\omega}$、工程承包方向数字建造平台努力提供信息的成本 $\frac{1}{2}\beta_1\chi_1^2$ 以及工程承包方风险成本 $\frac{1}{2}\rho\lambda^2\sigma^2$ 之和。也就是说，项目法人给予工程承包方的激励水平至少应满足工程承包方积极向数字建造平台提供信息时所需要付出的代价（包括保留效用 $\tilde{\omega}$，信息生产成本 $\frac{1}{2}\beta_1\chi_1^2$ 以及风险成本 $\frac{1}{2}\rho\lambda^2\sigma^2$）。另外，与离散情形激励额度相比，不难看出此时激励机制的设计与离散情形类似。由式(7-32)可以看出，在连续型情况下，项目法人给予工程承包方向数字建造平台提供信息的最优激励水平也是对工程承包方信息提供成本的补偿。

此外，还应注意到，项目法人激励工程承包方向数字建造平台提供信息的目的是利用数字建造平台及平台内工程承包方提供的关键信息以提升项目的整体效益，使得项目能够实现额外增值。因此，需要满足项目法人有净收益，即应有：

$$V_2^* = V - IA - \frac{1}{2}\beta_2\chi_1^2 > 0 \qquad (7\text{-}33)$$

当式(7-33)不能得到满足时，即项目法人不能从重大工程数字建造平台信息供给获得收益时，重大工程数字建造平台信息供给激励就失去了意义，此时，项目法人也不会对工程承包方实施激励。

（2）不完全信息情况下模型求解分析。在重大工程建设实践中，更多的是项目法人难以观察到工程承包方向项目数字建造平台提供信息的努力程度，即不完全信息的情况。因此，有必要重点讨论不完全信息情况下的重大工程数字建造平台信息供给激励机制设计的问题。该情况下，重大工程数字建造平台信息供给激励模型为：

$$\max_{\lambda, \chi_1} E(V_2^*) = (1 - \lambda) \alpha_1 \chi_1 \hbar P - \frac{1}{2} \beta_2 \chi_1^2$$

$$\left. \begin{array}{l} \lambda \alpha_1 \chi_1 \hbar P - \frac{1}{2} \beta_1 \chi_1^2 - \frac{1}{2} \rho \lambda^2 \sigma^2 \geqslant \tilde{\omega}, \quad (\text{IR}) \\ \chi_1 \in \text{argmax} E(V_1^{**}), \quad\quad\quad\quad (\text{IC}) \end{array} \right\} \quad (7\text{-}34)$$

相关研究表明，不完全信息情况下，委托代理双方信息不对称。代理人往往相对于委托人具有信息优势，此时也就存在代理人利用信息优势获取额外利益的机会，委托人和代理人的努力水平也会因此而发生变化。通常在这种情况下，双方所采取的行为是非完全合作的，往往是以谋求自身效用最大化来选择相应的努力水平[56]。

由式（7-34）可知，工程承包方向数字建造平台提供信息的期望收益 $E(V_1^*)$ 与其信息提供努力程度相关，且关于其自身信息提供努力程度存在极大值。因此，对式（7-34）关于 χ_1 求一阶导数，并令其等于零，即 $E'(V_1^{**}) = 0$，可求得仅考虑自身利益最大化条件下，工程承包方向数字建造平台提供信息的最优努力程度 χ_1^* 为：

$$\chi_1^* = \frac{\lambda \alpha_1 \hbar P}{\beta_1} \quad (7\text{-}35)$$

从式（7-35）可以看出，仅从自身利益最大化角度出发，工程承包方向数字建造平台提供信息的最优努力程度与项目法人给予其的激励系数 λ 及信息效用系数 α_1 呈正相关，即对工程承包方而言，激励系数 λ 越大以及信息效用系数 α_1 越高，工程承包方向数字建造平台提供信息的努力程度会越高；工程承包方向数字建造平台提供信息的最优努力程度与其自身努力成本系数 β_1 呈负相关，即其自身努力成本系数 β_1 越大，其向数字建造平台提供信息的努力程度会越低。此外，工程承包方向数字建造平台提供信息的最优努力程度与项目不确定程度系数 $\hbar$ 呈正相关，即项目不确定程度系数 $\hbar$ 越大，工程承包方向数字建造平台提供信息的努力程度会越高。

将式（7-35）代入式（7-34）目标函数，可得项目法人净收益期望值为：

$$E(V_2^*) = \frac{(1 - \lambda) \lambda \alpha_1^2 \hbar^2 P^2}{\beta_1} - \frac{\beta_2 \lambda^2 \alpha_1^2 \hbar^2 P^2}{2 \beta_1^2} \quad (7\text{-}36)$$

　　此时,重大工程数字建造平台信息供给激励机制设计问题就转化为项目法人如何设定合理的激励系数 λ,从而使得自身效用最大化。式(7-36)关于 λ 存在极大值,因此,项目法人仅考虑自身收益最大化条件下,只需对式(7-36)关于 λ 求一阶导数,并令其等于零且对 λ 求解,便可求得仅考虑自身收益最大化条件下给予工程承包方向数字建造平台提供信息的最优激励系数 λ^* 为:

$$\lambda^* = \frac{\beta_1}{2\beta_1 + \beta_2} \tag{7-37}$$

　　从式(7-37)可以看出,在不完全信息条件下,项目法人给予工程承包方数字建造平台信息提供的最优激励系数 λ^* 仅与自身数字建造平台信息利用成本系数 β_2 及工程承包方向数字建造平台提供信息的努力成本系数 β_1 相关。通过模拟分析,可得到 λ^* 与 β_1 及 β_2 的关系,如图7-3所示。

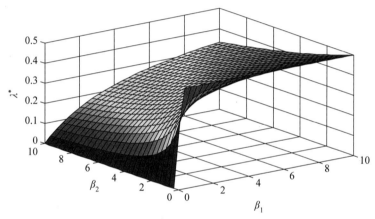

图 7-3　λ^* 与 β_1 及 β_2 的关系

　　此时,可得到项目法人给予工程承包方向数字建造平台提供信息的最优激励水平 IA 为:

$$IA = \lambda^* V = \frac{\beta_1 \alpha_1^2 \hbar^2 P^2}{(2\beta_1 + \beta_2)^2} \tag{7-38}$$

　　由式(7-38)可以看出,项目法人给予工程承包方向数字建造平台提供信息的最优激励水平 IA 与项目法人自身数字建造平台信息利用成本系数 β_2、工程承包方向数字建造平台提供信息的努力成本系数 β_1、工程承包方提供信息的效用系数 α_1、重大工程不确定程度系数 $\hbar$ 以及项目合同额 P 相关。

　　对式(7-38)分别关于 α_1,β_1,β_2 和 $\hbar$ 求导可得到:

$$\frac{\partial IA}{\partial \alpha_1} = \frac{2\beta_1 \alpha_1 \hbar^2 P^2}{(2\beta_1 + \beta_2)^2} \tag{7-39}$$

$$\frac{\partial IA}{\partial \beta_1} = \frac{(\beta_2 - 2\beta_1)\alpha_1^2 \hbar^2 P^2}{(2\beta_1 + \beta_2)^3} \tag{7-40}$$

$$\frac{\partial IA}{\partial \beta_2} = -\frac{2\beta_1 \alpha_1^2 \hbar^2 P^2}{(2\beta_1 + \beta_2)^3} \tag{7-41}$$

$$\frac{\partial IA}{\partial \hbar} = \frac{2\beta_1 \alpha_1^2 \hbar P^2}{(2\beta_1 + \beta_2)^2} \tag{7-42}$$

由式(7-39)可知,$\frac{\partial IA}{\partial \alpha_1} > 0$。因此,项目法人给予工程承包方数字建造平台信息供给的最优激励水平 IA 关于 α_1 递增,即随着工程承包方向数字建造平台提供信息的效用系数 α_1 的增大,项目法人需要给予工程承包方的激励水平 IA 要更高。

由式(7-40)可知,当 $\beta_1 > \frac{\beta_2}{2}$ 时,有 $\frac{\partial IA}{\partial \beta_1} < 0$,此时,$IA$ 关于 β_1 递减,即随着工程承包方向数字建造平台提供信息的努力成本系数 β_1 的增大,项目法人给予工程承包方的激励水平 IA 会不断降低;当 $\beta_1 < \frac{\beta_2}{2}$ 时,有 $\frac{\partial IA}{\partial \beta_1} > 0$,此时,$IA$ 关于 β_1 递增,即随着工程承包方向数字建造平台信息供给的努力成本系数 β_1 的增大,项目法人需要给予工程承包方的激励水平 IA 会不断提升。

由式(7-41)可知,$\frac{\partial IA}{\partial \beta_2} < 0$,$IA$ 关于 β_2 递减,即随着项目法人自身数字建造平台信息利用成本系数 β_2 的增大,项目法人给予工程承包方向数字建造平台信息提供的激励水平 IA 会不断降低。

由式(7-42)可知,$\frac{\partial IA}{\partial \hbar} > 0$。因此,项目法人给予工程承包方向数字建造平台信息供给的最优激励水平 IA 关于 $\hbar$ 递增,即随着重大工程不确定程度的增加,项目法人需要给予工程承包方向数字建造平台提供信息的激励水平 IA 要更高。

此外,重大工程数字建造平台信息供给激励的目的是基于数字建造平台内信息的有效利用实现项目的增值。当项目法人不能基于项目数字建造平台从工程承包方提供信息的应用中获取收益时,项目法人也将不会给予工程承包方激励。因此,应满足目标函数式(7-34)大于0,从而可得到:

$$\lambda^* < 1 - \frac{\beta_2 X_1}{2\alpha_1 \hbar P} \tag{7-43}$$

当式(7-43)不能得到满足时,即项目法人不能从重大工程数字建造平台内工程承包方提供信息的利用获得收益时,重大工程数字建造平台信息供给激励也就失去了意义,此时,项目法人也不会对工程承包方实施激励。

7.4　本 章 小 结

以 BIM 为基础的数字建造平台/技术在颠覆重大工程建造方式和过程的同时,改变着工程交易信息传递方式与效率,并改变着传统工程项目管理/治理的方式和方法,也促进着人们重新审视在这一情境下重大工程交易治理结构和治理机制的优化。

(1)在分析数字建造平台/技术发展及对重大工程交易影响的基础上,提出了数字建造平台等级划分标准/方法,以及数字建造情境下重大工程交易治理结构模式的重构。以 BIM 为基础,融合 GIS、云计算、大数据、物联网等形成的数字建造平台并不存在一个标准化的框架,而应根据工程特点、项目管理/治理等方面的要求而设计。为方便设计,本研究根据工程项目管理/治理功能要求和该平台特点,提出了其等级划分方法/标准,可为工程应用和后续研究提供支持。此外,根据工程调研所得数字建造平台建设和运行管理的典型方式,将其纳入重大工程交易治理结构模式,初步重构了数字建造情境下重大工程交易治理结构模式,为后续深入研究奠定了基础。

(2)数字建造平台推动着重大工程交易各参与方行为方式的改变。据此,应用演化博弈理论,提出了重大工程各交易方行为演化模型。数字建造平台在重大工程交易中扮演重要角色,其是重大工程交易信息存储、传递和应用的中心,也是参与工程交易各方项目计划、控制,以及管理决策的中心。同时,其也改善着工程交易过程信息的可观察性、对称性,并改变着传统工程交易中各交易方的行为。因而,本研究借用演化博弈理论,通过构建基于演化博弈的数学模型、工程交易各参与方行为演化趋势分析、工程交易各参与方行为演化相关参数敏感性分析,以及交易各参与方行为演化相关参数归类分析,以揭示数字建造情境下重大工程交易各参与方行为演化的规律。

(3)在数字建造情境下,工程交易新增了数字建造平台这一交易要素。该平台采用什么方式构建?该平台在运行过程中如何治理?这对发挥数字建造平台的作用,提升重大工程项目绩效影响较大。显然,与一般工程交易治理结构模式相比,数字建造情境下的重大工程交易治理结构模式增加了一个维度,并增加了多个影响因素,主要包括项目法人数字建造技术应用能力和战略目标,以及市场主体应用数字建造技术能力等。保证数字建造平台高效运行的另一重要问题是,工程实施过程相关数据信息的供给,即仅当工程实施数据能客观、及时地提供时,才能充分发挥数字建造平台的作用,而这些数据信息的主要供给侧是工程咨询方和工程承包方,因而出现了新的"信息不对称"问题。围绕如何激励它们积极、及时地向数字建造平台提供客观的工程数据信息这一问题,本课题依据经济激励理论,通过构建模型,提出了激励承包方供给客观信息的治理机制。

(4) 本章主要创新体现为:提出了数字建造平台等级划分标准/方法,以及数字建造情境下重大工程交易结构模式的重构模型;借用演化博弈理论,揭示了数字建造情境下重大工程交易各参与方行为演化的规律;提出了数字建造情境下重大工程交易治理结构设计方法和平台运行治理机制优化理论和方法。

数字建造给建筑业,特别是重大工程建设带来了一场史无前例的变革,其影响或产生的效果不仅体现在工程建设期,还包括工程运行期。因此,数字建造技术/平台的广泛应用是必然的发展方向。总体而言,数字建造技术/平台在重大工程实施中的应用刚起步,相关技术还在不断发展,相应的管理/治理也随之变化,本章内容在这方面也只为初步研究,随着数字建造技术的进步和发展,还有许多经济管理问题有待不断探索,此处主要从理论上进行分析,以为抛砖引玉。

参 考 文 献

[1] FROESE T M. The impact of emerging information technology on project management for construction[J]. Automation in Construction, 2010, 19(5): 531-538.

[2] JIN R, HANCOCK C M, TANG L, et al. BIM investment, returns, and risks in China's AEC industries [J]. Journal of Construction Engineering and Management, 2017, 143(12): 04017089.

[3] 刘刚. 数字建筑推动行业转型升级[J]. 建筑, 2018(2): 10-15.

[4] 李春云. 数字建造时代正在到来! ——专访中国工程院院士、华中科技大学校长丁烈云[J]. 住宅与房地产, 2018(9): 8-11.

[5] 丁烈云. 数字建造导论[M]. 北京: 中国建筑工业出版社, 2020.

[6] PORWALA P, HEWAGE K N. Building information modeling——based analysis to minimize waste rate of structural reinforcement[J]. Journal of construction engineering and management, 2012, 138(8): 943-954.

［7］Autodesk. Building Information Modeling［M］. San Rafael, CA, Autodesk, Inc., 2013.

［8］杨宝明. 数字建造技术应用现状与展望［J］. 建筑施工, 2006, 28（10）：840-844.

［9］BILAL M, OYEDELE L O, QADIR J. et al. Big data in the construction industry：a review of present status, opportunities, and future trends［J］. Advanced engineering informatics, 2016, 30（3）：500-521.

［10］BARACHO R M A, PEREIRA M L, ALMEIDA M B. Ontology, internet of things, and building information modeling（BIM）：an exploratory study and the interrelations between technologies［C］. Proceedings of the IX Seminar on Ontology Research in Brazil and I Doctoral and Masters Consortium on Ontologies. Brazil：Universidade Federal do Rio Grande do Sul, 2017：141-146.

［11］张云翼, 林佳瑞, 张建平. BIM 与云、大数据、物联网等技术的集成应用现状与未来［J］. 图学学报, 2018, 39（5）：806-816.

［12］钟炜. BIM 技术驱动工程项目管理管控创新机制及流程再造研究［M］. 北京：经济科学出版社, 2018.

［13］何关培, 王轶群, 应宇垦. BIM 总论［M］. 北京：中国建筑工业出版社, 2011.

［14］丁烈云. BIM 应用·施工［M］. 上海：同济大学出版社, 2015.

［15］张德群, 关柯. 建筑业信息模型及信息不对称分析［J］. 哈尔滨建筑大学学报, 2000（4）：93-95.

［16］LIANG J, CAI S. Quantificational study on information asymmetry based on information cognition［C］//2006 IEEE International Conference on Industrial Informatics. LEEE, 2006, 405-410.

［17］袁霄. 采纳建筑信息模型的建设项目信息不对称模型研究［J］. 工程管理学报, 2014,28（6）：91-95.

［18］钟炜,乜凤亚,杜泽超. BIM 情境下公建项目多利益方协同要素分析［J］. 科技管理研究, 2016,36（22）：192-196.

［19］乜凤亚. BIM 情境下建设项目业主与承包商利益均衡策略研究［D］. 天津：天津理工大学, 2017.

［20］徐韫玺,王要武,姚兵. 基于 BIM 的建设项目 IPD 协同管理研究［J］. 土木工程学报, 2011, 44（12）：138-143.

［21］PÄRN E A, EDWARDS D J, SING M C P. The building information modelling trajectory in facilities management：A review［J］. Automation in Construction, 2017（75）：45-55.

［22］张建设, 石世英, 吴层层. 信息论视角下工程项目的信息表达空间及损失［J］. 土木工程与管理学报, 2018, 35（6）：101-106.

［23］MIN H, ZHOU G G. Supply chain modeling：past, present and future［J］. Computers & Industrial Engineering, 2002, 43（1）：231-249.

［24］SWAN W, KHALFAN M M A. Mutual objective setting for partnering projects in the public sector[J]. Engineering, Construction and Architectural Management, 2007, 14 (2): 119-130.

[25] 张洋. 基于 BIM 的建筑工程信息集成与管理研究[D]. 北京: 清华大学, 2009.

[26] BEAN T K, MUSTAPA M, MUSTAPA F D. A preliminary review on transaction cost components within the BIM adopted procurements[J]. International Journal of Built Environment and Sustainability, 2019, 6(1-2): 161-167.

[27] KASSEM M, SUCCAR B, Macro BIM adoption: Comparative market analysis[J]. Automation in construction, 2017(81): 286-299.

[28] LINDBLAD H, VASS S. BIM implementation and organisational change: A case study of a large Swedish public client[J]. Procedia Economics and Finance, 2015(21): 178-184.

[29] 王秋燕. 基于 BIM 平台的信息化技术在大型城市综合体施工中的应用[J]. 建筑施工, 2018, 40(12): 2021-2023.

[30] 赵彬, 袁斯煌. 基于业主驱动的 BIM 应用模式及效益评价研究[J]. 建筑经济, 2015, 36(4): 15-19.

[31] 孙峻, 李明龙, 李小凤. 业主驱动的 BIM 实施模式研究[J]. 土木工程与管理学报, 2013, 30(3): 80-85.

[32] 吕坤灿, 秦旋, 王付海. 基于社会网络分析的项目 BIM 应用模式比较研究[J]. 建筑科学, 2017, 33(2): 138-147.

[33] LEE S, YU J. Comparative study of BIM acceptance between Korea Unite States[J]. Journal of construction engineering and management, 2016, 142(3): 1-16.

[34] ARAYICI Y, COATES P, KOSKELA L, et al. Technology adoption in the BIM implementation for lean architectecural practice[J]. Automation in construction, 2011, 20(2): 189-195.

[35] MA P, ZHANG S B, HUA Y Y, et al. Behavioral perspective on BIM postadoption in construction organizations[J]. Journal of Management in Engineering, 2020, 36 (1): 04019036.

[36] 谢康. 微观信息经济学[M]. 广州: 中山大学出版社, 1995.

[37] 樊兴菊, 李海涛, 陈通. 公共文化设施建设业主、承包方和公众三方进化博弈行为分析[J]. 工业工程, 2015, 18(2): 80-86.

[38] 吴光东, 杨慧琳. 基于演化博弈的建设项目承包商道德风险及防范机制[J]. 科技进步与对策, 2018, 35(24): 56-63.

[39] 乐云, 刘明强, 张馨月, 等. 重大工程组织学习机制的演化博弈分析——基于全过程咨询介入机制的业主与咨询方合作视角[J]. 工业工程与管理, 2019, 24 (2): 157-166.

[40] FRIEDMAN D. Evolutionary games in economics[J]. Econometrica, 1991, 59(3): 637-666.

［41］何关培. 业主 BIM 应用特点分析［J］. 土木建筑工程信息技术, 2012, 4(4)：32-38.

［42］LOVE P E D, SIMPSON I, HILL A, et al. From justification to evaluation：Building information modeling for asset owners［J］. Automation in Construction, 2013, 35 (11)：208-216.

［43］GIEL B, ISSA R R A. Framework for evaluating the BIM competencies of facility owners［J］. Journal of management in engineering, 2016, 32(1)：1-15.

［44］LOVE P E D, MATTHEWS J, SIMPSON L, et al. A benefits realization management building information modeling framework for asset owners ［J］. Automation in Construction, 2014, 37(1)：1-10.

［45］MIGILINSKAS D, POPOV V, JUOCEVICIUS V, et al. The benefits, obstacles and problems of practical BIM implementation［J］. Procedia Engineering, 2013, 57(1)：767-774.

［46］YAN H, DAMIAN P. Benefit and barriers of building information modeling［C］：12th International Conference on Computing in Civil and Building Engineering, Beijing, 2008.

［47］Xu H, FENG J C, Li S d. Users-orientated evaluation of building information model in the Chinese construction industry［J］. Automation in Construction, 2014, 39(4)：32-46.

［48］申玲, 宋家仁, 钱经. 基于 DEMATEL 的 BIM 应用效益关键影响因素及对策［J］. 土木工程与管理学报, 2018, 35(2)：45-51.

［49］DING J Y, CHEN C, AN X W, et al. Study on added-value sharing ratio of large EPC hydropower project based on target cost contract：a perspective from China［J］. Sustainability, 2018, 10(10)：3362.

［50］马费成. 信息经济学［M］. 武汉：武汉大学出版社, 2012.

［51］安晓伟, 丁继勇, 王卓甫, 等. 主体公平关切行为对联合体工程总承包项目优化的影响［J］. 北京理工大学学报(社会科学版), 2017, 19(6)：87-94.

［52］LIU J C, GAO R L, CHEAH C Y J, et al. Incentive mechanism for inhibiting investors' opportunistic behavior in PPP projects［J］. International Journal of Project Management, 2016, 34(7)：1102-1111.

［53］张秀东, 郑琪, 王基铭. 考虑承包商风险偏好的工程项目成本酬金合同优化［J］. 工业工程与管理, 2015, 20(1)：34-42.

［54］曹晓丽, 马金芳, 樊伟芳. 高新技术成果转化项目信息共享激励模型研究［J］. 天津大学学报(社会科学版), 2017, 19(4)：310-314.

［55］安晓伟. 水利水电项目 BIM 平台构建模式及管理机制研究［D］. 南京：河海大学, 2019.

［56］COOPER R, ROSS T W. Product warranties and double moral hazard［J］. The Rand Journal of Economics, 1985, 16(1)：103-113.